南ドイツの川と町

～イーザル、イン、ドナウ、ネッカー～

柏木貴久子
松尾誠之
末永豊

三修社

プロローグ

ドイツの町を歩いていると（ドイツに限りませんが）、どこかで橋にぶつかります。川が流れているのがわかります。そんな時の川はおおむね「渡るべき川」にすぎません。目指す美術館や博物館、教会あるいはホテルは川の向こうにあるので、橋を渡って先を急ぎます。貴重な時間のことを考えれば、川だからといって水面を見やるゆとりもありません。

市壁をくぐり抜けると急に視界が広がり、目の前を大きな川が流れています。ゆったり流れているようで、満々と水を湛える川の中ほどは意外に流れが早く、全体のゆったりとした印象とずいぶん違うことに気づきます。

川はとどまることなく滔々と流れています。「よくこんなに水があるものだ」とか「うん、行く河のながれは絶えずして、しかも、もとの水にあらず、というとおりだ」とか、感を深くして誰かとことばを交わすかもしれません。

「よどみに浮かぶうたかたは」とみれば、足下の水面には「うたかた」ならぬ、ワラのような小さなごみが浮かんでいます。ごみは流れずに浮かんでいる。岸に接する辺りでは水は滞るようです。さらに、ごみはゆらゆら川上に遡上すらしている。といっても、本流に逆らうのではなく、どちらかといえば流れから取り残された様子で、つまみ上げて流れに乗せてあげたくなるが、いずれは流れていくのだろう、とやめておく。

こんな具合に川と対面すると、川が帯のように感じられます。川をみていると、この流れはあの町を通ってきたのだ、このまま下っていけばあの町の傍らを通りかかるのだと思えてきます。


川と交差するのではなく、川の流れのままに、流れに沿って歩けば川や町はどのようにみえるのだろう。歩くといっても鉄道やバスのお世話になるのですが。知らない町や土地に出会えるにちがいない。知っている町であっても、もしかしたらこれまでと異なる横顔をみせてくれるかもしれない。そんな想いから三人がつどって、それぞれが愛着を覚えている川とその川沿いの町を歩くことにしました。三人が愛着を感じる川は南ドイツに多いことが分かりましたので、タイトルを『南ドイツの川と町』としました。私たちが訪れたのはイーザル、イン、ドナウ、ネッカーの四つの川です。

本書は事典のように、川や町の客観的な記述を目指してはいません。あくまで三人が目と足で捉えた川や町の姿です。もちろん恣意的であってはいけないので、できるだけ多くの資料等に目を通し、客観性に努めました。インターネットの恩恵にも与っています。しかし事典のような冷静な正確さのための努力とは違います。

執筆者によって書き方のスタイルが違うのも、基本的にはこのような理由によります。スタイルを統一する方がお読みになりやすいことと思いますが、各自に委ねることで、それぞれの発見や感じている魅力を描き出しやすいと考えた結果です。

町のあとのカッコ内の数字は海抜を表わします。ただ、純然と川の海抜を示すこともありますが、多くは町の海抜です。

また、案外迷ったのが人名、地名等固有名詞の表記の仕方です。たとえばMariaやDonauは、なるべくドイツ語の原音に近づけるために、マリーア、ドーナウにしようかと思いましたが、すでに定着している書き方で統一することにしました。ですからマリア、ドナウです。なお、典拠先等の記載のない写真は執筆者が撮影したものです。

それでは前置きはこれくらいにして、南ドイツの川と町、イーザル川とミュンヒェンの第一歩を踏み出すことにしましょう。

南ドイツの川と町

～イーザル、イン、ドナウ、ネッカー～

目次

ドナウ川

イーザル川

柏木貴久子

die Isar

デッゲンドルフ
ドナウ川
ディンゴルフィン
ランツフート
フライジング
ミュンヒェン
バート・テルツ
ミッテンヴァルト
シャールニッツ

イーザル川

ミュンヒェンの危険な恋人

イーザル川は、オーストリアのチロルからドイツのバイエルンへと流れるドナウ川の支流である。東アルプスの北石灰岩山地に位置するカルヴェンデル山脈を水源とし、「バイエルンの森への入り口」とも称される人口三万四千人の「ドナウの町」デッゲンドルフを対岸に臨みながら、海抜約三一〇メートルでドナウの長流へと流れ込む。その間およそ二九五キロメートル。アルプスを源流とするイーザル川は氷河の透明な薄青から、木々を映す緑へとその色を変えながら、オーストリアのシャールニッツからドイツのミッテンヴァルトへと二国間の境を越え、保養地として知られるバート・テルツ、バイエルンの州首都ミュンヒェン（München）、その北に隣接する司教座の町フライジング、バイエルン南部のランツフート、ディンゴルフィンを流れていく。イーザル川はその流域の多くを、ドイツ最大面積を誇るバイエルン州の東南部に有し、ミュンヒェンの中心をも流れている。そのためミュンヒェンの人々にとってはもっとも身近に在る大河川であり、それゆえ「緑の川」と呼ばれるこの流れこそは、彼らの「心の川」といえる存在であろうと想像される。しかしながら、ライン川やドナウ川に対して人々がしばしば抱く、鷹揚たる流れへの畏敬や安堵の念といったものを、どうやらこの川は与えていないようである。ミュンヒェンの人々はどこかイーザル川への精神的な距離感をもっている、と

ミヒャエル＝マティアス・プレヒトル『ローラの筏』
(Michael Mathias Prechtl: Lolas Floß)

今でもよくいわれる。この川は、包容力や安心感を与えてくれる母なる、あるいは父なる川というよりは、扱いにくいところもあるものの、抗いがたい魅力のある恋人といった存在のようなのである。

風刺画家ミヒャエル＝マティアス・プレヒトル（一九二六〜二〇〇三）が描いたポスター画に『ローラの筏』（別名『筏下り』）という作品がある。この絵はプレヒトルが、ミュンヒェンの歴史文化を専門とするミュンヒェン市博物館の委託を受けて描いた、企画展のための一連のポスターの中のひとつであった。一九八三年開催の「イーザル川」特別展のためのポスターは、今日彼のもっとも有名な作品のひとつである。特別展の副題は「あるレーベンスラウフ」という。このレーベンスラウフ Lebenslauf という語は「経歴、履歴」を意味するが、川に引っかけて「レーベン Leben（生活、人生、生命）のラウフ Lauf（流れ）」とも読むことができ、人と川の密接な関係を示唆している。プレヒトルの絵の中心に描かれているのは裸の女性、その横には「イーザル川」（ちなみに女性名詞である）と書き込まれている。若々しく、力強さにあふれた裸体に、ミュンヒェンの民族衣装をまとった初老の男が、筏から落ちそうになりながらも必死にしがみついている。筋肉質で引き締まった足と腕を優雅に伸ばしながら、泡立つ波の上でポーズをとる女性は、落ち着き払った、しかし挑発的な眼差しを向けている。その豊かに束ねられた黒髪は、作品のタイトルが表す通り、バイエルン王ルートヴィヒ一世の愛人で稀代の女ペテン師といわれたローラ・モンテスを髣髴《ほうふつ》とさせる。ローラ・モンテスというのは源氏名であるが、いかなる女性であったのか。本名エリザベス・ギルバート、彼女は一八二一年イギリス将校である父とアイルランドの田舎貴族の血をひく母の間に生まれ、一度目の結婚に失敗したあと一八四三年ロンドンに赴き、スペイン・セビリアのダンサーとして名を馳せた。しかしその偽りの経歴故にヨーロッパ大陸へと逃避行することとなり、そこで数々の色恋を重ね、スキャンダルを巻き起こしながら、一八四六年にはミュンヒェンでバイエルン王宮および国立劇場の踊り手の地位を得る。折しも芸術に造詣の深い国王ルートヴィヒ一世の時代。彼こそはミュンヒェンを「イーザル川のアテネ」にしようと文化、芸術、学問の発展に寄与した、芸術の都ミュンヒェンの立役者といえる人物である。産業・経済の育成にも能力を発揮したが、愛人の多さにも定評があった。美貌の舞踊家ローラは間もなくルートヴィヒ一世の愛人となり、豪奢な邸宅と爵位まで与えられ、ランツフェルト伯爵夫人という貴族名を得ている。だが要求の多さと、人事への介入、さらには封建制に反対する学生組合の若者との情事、その活動の援助などで周囲を騒がせた。一八四八年三月革命が起こり、折しも封建制が崩れる混乱の世の中、ミュンヒェンでも革命運動が盛り上がったが、彼女はその要因のひとつを作ったともいわれる。活動家との繋がりは当然、王の側近たちの反発を招いた。国王ルートヴィヒ一世の退位を機に、素早くスイスへ逃げ、一旦イギリスに帰った後一八五一年『メモワール』なる手記を出版。同年にはアメリカ大陸へ渡り、自らの伝記を題材としたレビューをニューヨークや西海岸で演じ踊る機会を持った。生涯のうちに何度も政略的に婚姻を結んだ彼女は、しかし最後はニューヨークで貧しく生を閉じている。一八六一年、まだ四〇歳の誕生日を迎える前のことであった。彼女を写実的に描いた当時の肖像画としては、ルートヴィヒ・シュティーラーが一八四七年に描いたものがもっとも有名である。しなやかそうな体を黒いドレスに包み、豊かな黒髪をたっぷりと結い上げ、遠くへ向けられた挑戦的な強い眼差しが印象的な彼女の肖像画は、バイエルン王家夏の離宮ニュンフェンブルク城にある美人画ギャラリーで、今もひときわその妖しい美しさを放っている。華やかなる都ミュンヒェンを振り回し、奔流のごとく周りに水しぶきをたてたローラだが、その存在に当時の国王は魅せられ、執着してもいたのだ。だから『ローラの筏』はこの二人の関係と、それに振り回される都ミュ

ルートヴィヒ・シュティーラー
『ローラ・モンテス』
(Joseph Karl Stieler: Lola Montez. Münchner Stadtmuseum)

ンヒェンを意味すると見ることができる。ローラの左に描かれたライオンは、ハインリヒ獅子公が建てた都ミュンヒェンを象徴しているが、筏の端に前足をかけたライオンは、緊迫した事態が飲み込めていないのか、どうすることもできずに呆然としているのか、きょとんとした眼を向けている。彼女に振り回されたのは王個人だけでなく、その周囲にいる人々、ひいてはバイエルンの民でもあったということだろう。ローラが操る舵がマイバウム（五月柱）になっているのも面白い。マイバウムは生命力の象徴、春から初夏へと息吹く力の象徴として立てられる柱であるが、絵に描かれているように、バイエルンにおいては、天空を表すバイエルン国旗の青と白で彩られている。マイバウムは五月一日に地域共同体の行事としてその地区の中心、すなわち市《いち》が立つ生活の場、あるいは市庁舎広場（大都市以外では生活と行政の場である両者が同一広場であることが多い）に立てられ、設置の共同作業は地域の連帯を意味する。マイバウム上方には小看板が並べられ、そこで商いを営む業者・職人あるいは所属地区の紋章が描かれる。五月末までのみ飾られる地方も多いが、バイエルンでは年を通じて飾られることから、マイバウムはもっとも身近にある共同体のシンボルだといえよう。それをプレヒトルの描く女性はいとも簡単に操っている。

さて、優れた作品は様々な要素を含むものだが、筏から振り落とされそうになりながらも必死にローラにしがみつき、眉間にしわ寄せ、口を曲げながら耐える男の顔は「バイエルンの父」ことエドムント・シュトイバー（一九四一〜）に似ていなくもない。ミュンヒェン大学、レーゲンスブルク大学で法学を修めた彼は一九七四年からバイエルン州議会所属、七八年からはフランツ・ヨーゼフ・シュトラウス党代表のもとCSU（キリスト教社会同盟、CDU〈キリスト教民主同盟〉と政治活動を共にするバイエルンの政党）の事務総長を務めるという出世街道を歩み、二〇〇七年九月末に引退するまでの間、一九九三年からバイエルンの州政府首相、九九年からCSU代表を勤めた。シュトイバーは二〇〇五年、当時野党だったCDU／CSUの候補者戦で現首相メルケル女史に敗れ、次期連邦首相の座を逃した。保守タカ派として名高いシュトイバーだが、バイエルンの独自性を尊重する姿勢から地元での支持を集めてきた。彼のバイエルン訛りは物真似の格好の対象であり、バイエルンというイメージを体現している政治家でもある。『ローラの筏』は、必死にトップ政治家の座を求めるシュトイバーへの政治的風刺とも捉えられる。しかしさらに見方を拡大すれば、河川とその周囲の生活者、すなわちバイエルン、そしてミュンヒェンの人々との関係を表しているとも見ることができる。集落の誕生以来の課題である河川整備、今日では急務である環境保護対策は、行政を行う側にとって常に対処を迫られる大きな課題である。何しろイーザル川という存在は人々の生活に直接関わっているのである。河川に振り回されるのは、その地の生活者全てである。度々氾濫を起こすじゃじゃ馬のようなイーザル川は、しかし恵みをもたらす重要な川であり、人々はその存在を常に意識しながら生活することになる。

この二者の関係を見るために、ここで都市ミュンヒェンの成り立ちと川の関係をふりかえってみることとしよう。

ヴェルフェン朝のハインリヒ獅子公によって建てられた都市ミュンヒェンは、もともと、イーザル川のほとりに密接して造られたのではなく、本流から微妙に距離をとって建てられた。その隔たりは約一キロメートルあり、そのためミュンヒェンは「川の町」と呼ぶには当たらない、準河岸都市とも言える立地で成立した都市であった。かの地にまたがる塩の道に着目したハインリヒ獅子公は、ザルツブルクとアウグスブルクをつなぐルートに注目し、商業と交通の要地としての都市を誕生させるべく、一一五八年イーザル川に橋をかけ、塩の税関を設置した。イーザル税関橋と呼ばれるものである。実はその前に、フライジングの司教であったオットー（オットー・フォン・フライジング）が、現在のオーバーフェーリングにすでに塩の税関橋を架けていたのだが、一一五六年からバイエルンを治めることとなったヴェルフェン朝のハインリヒ公はそれを破壊し、改めて自分の領土として数キロ離れた場所に新たな橋を建設したのだという。現在のルートヴィヒ橋のところである。通常この橋の建設を都市の起こりとする。川は、都市建設の必須項目である生活用水の確保を可能にし、運搬・交通のための水路の活用は重要な商取引の地としての発展に寄与することとなった。獅子公以前のミュンヒェンに目を向けてみると、西ゲルマンのバイエルン族が、やはり川から少しばかり離れたところに集落を作ったのが六世紀半ばごろ。パージング、ギージング、ゼンドリング、シュヴァービングなど語尾に -ing を持つ地名がその名残をとどめている。ミュンヒェン（München）という名の由来は、テーゲルン湖修道院の修道僧たちが一〇世紀からイーザル川周辺に居を築き、そこが「僧侶のもとに」を意味する古語 apud Munichen と呼ばれたことによる。ミュンヒェン市の紋章が、金色に縁取りされた黒い修道服をまとった僧になっているのもこのためである。テーゲルン湖修道院は、八世紀中頃に貴族出身のアーダルベルト（初代修道院長）とオトカル兄弟によって建てられ、三世紀にローマで殉教した聖クイリヌスを守護聖人とし、彼への信仰とともに発展した。地の利に恵まれた豊かな修道院であったが、一〇世紀にハンガリーが南ドイツへ侵攻した際、応戦のための財源を確保するために財産の多くを失い、九七〇年には修道院の建物の多くが焼失するという災難におそわれている。しかし九七八年には神聖ローマ皇帝オットー二世によりトリアーからの僧侶が招かれ、帝国修道院として再建された。修道僧たちがイーザル川周辺に集落を築いたのも、このような混乱の時期を背景としている。

イーザル川は、古ドイツ語では Isara、Isura、Isargus というが、しばしば「強い流れ」という形容を付して magnus fluvius Isara と呼ばれていた。古代ローマ時代においてもすでに、速い流れの川（Isara rapidus）と呼ばれ、ローマ人たちに怖れられていたのである。その荒々しさのために川と生活区域の間に常に一定の距離が必要とされ、ミュンヒェン建都の際にも川から微妙に距離をとるという措置がとられたのである。獅子公ハインリヒの都は河川の東側、洪水による危険を被るほど近くではないが、仕事上不便を被るほどには河岸の設備から遠過ぎず、という位置に造られた。近づきすぎるとけがをするが、一定の距離を保って身を守るのであれば生活に潤いをもたらすというわけだ。

さて、人々はまず、幾多にも分岐するイーザル川のあちこちで毎年起こる氾濫から確実に身を守ることができる西側台地、いわゆる旧都市中心部（ゼンドリンガー通り、リンダーマルクト、ペーター教会の丘、レジデンツ宮殿をつなぐ区域）に住み着いた。徐々に都市が発展し、一三世紀後半、現在のイーザル門のところまでミュンヒェンが拡張した後も、低地部はイーザル川の細流の影響を強く受けていたため、一九世紀初頭まではイーザル本流に対して安全のための距離がとられていた。その距離約五〇〇メートルであった。都市の拡大は居住地域と川の流れの接近をもたらし、移動のための多くの橋の建設も必要となった。とりわけ経済的文化的に華やぎを見た一八八六年から一九一二年にかけてのミュンヒェン黄金の日々、ルイトポルト・フォン・バイエルンが、精神障害を患う甥のオットー一世に代わって政治を行ったいわゆる「摂政時代」において橋の建設が進められた。人々の日常が地理的にますます川に近づくことになっても、つまり近づくことが技術的に可能になっていっても、川の脅威が直ちになくなるわけではない。実際、一四六二年から一四九一年の間に、五回もの歴史的大洪水が記録され、現在のルートヴィヒ橋の位置に架けられていたイーザル橋は一五世紀に六回も陥落したという。時を隔て一九世紀になってからも、一八一三年九月一三日には、橋の上で轟音を立てて流れる川を見物していた人々が橋の陥落により川に落ち、百人を超える犠牲者を出すという惨事が起きている。街中の増水対策も急務であった。一八一五年に建てられたプラーターダムにより、下流の船着場では十分な水辺が確保できるようになり、安全な発着が可能となった。河口やダムのさらなる建設によってイーザル川に対して差し迫った脅威を持たなくてすむようになったのは、一九世紀半ば以降なのである。

イーザル川をはさんで ―― 左岸と右岸

もともとミュンヒェンの行政地区に属していたのはイーザル川左岸であったが、一九世紀半ばになって、人口増加により河川の対岸にも都市を拡張する必要が生じた。当時まだ独立自治集落であったギージング、アウ、ハイドハウゼンは一八五四年に統合され、ミュンヒェンに属することとなった。これを境にイーザル川は都市ミュンヒェンの真ん中を流れることとなり、以後都市計画の中心に川の存在が据えられることとなる。もちろんそれまでも川の整備は大きな関心事であり、定期的に起こる氾濫に対する河川工事も行われていたが、橋や道路のさらなる建設の要、さらに居住区としての需要が高まった沿岸部を水害から守るための対策が急務となったのである。小さな支流は整理され、強固な岸壁が築かれ、増水に耐える河床の拡張が進められた。

さて、イーザル川左岸の街から両岸の街へ拡大したミュンヒェンだが、このことは施設名称にも名残をとどめている。今日でも、川を隔ててミュンヒェンの大病院は「イーザル川左岸病院」と「イーザル川右岸病院」に分けられる。前者はミュンヒェン大学医学部付属病院にあたり、正式名称は「ミュンヒェン大学市内病院」となる。名称に含まれる「市内」(市の中心地)が表わすようにイーザル川の左岸、すなわち旧来の都市ミュンヒェンに存在する病院・医院施設の総称であり、一五〇四年から中枢病院施設として存在している。専門分野の細分化などにともない様々な施設が加えられたり、移築したりしている。例えば外科は、フェノール使用によるリスター式制腐法を普及させたネポムク・フォン・ヌスバウムの主導により、一八九一年王立外科としてゼンドリンガー門近くのヌスバウム通りにおかれた。バイエルンにおけるさらなる医学の発展を目指して患者と学生に門戸を開いたわけだが、その前身となっているのは一八一三年、ヌスバウム通りに隣接するツィームセン通りに新設された市立一般病院であり、この病院は通称イーザル川左岸一般病院と呼ばれた。さて対する後者のイーザル川右岸病院は、現在の正式名もそのように称する。この病院はミュンヒェン工科大学付属病院であり、立地はまさに川沿いである。今日の右岸病院の成り立ちは、その昔貧しい地区であったハイドハウゼン（Haidhausen）の運命と密接に関わっている。一八五四年以前、ハイドハウゼンがまだ独立行政地区であったとき、この地の患者は左岸病院に収容されていた。しかし診療費支払いの滞りを理由に、患者の収容を断られてしまう。これを契機に自らの地域における病院の必要性が高まり、一人の書記官と一人のボランティア医師が立ち上がった。現在のイズマーニンガー通りにあったかつてのコーヒーハウスを賃借りし、寄付金によって改造、一八三四年に二階建ての小さな病院としてスタートした。年々増加する患者数に対応できなくなったため、地区評議会は一八四二年新しい病院の建設を決定した。財政的には厳しかったものの隣接地を買い取り、四階建ての新病院を建設、四八年には操業を開始した。五四年の市政統合以降も、病院は拡大発展を続け、第二次世界大戦では爆撃により床数は二百しか提供できなくなったが、戦後は公的資金の投入により数々の建物が新築・改修され、早急に復興を遂げた。現在のように工科大学付属病院となったのは一九六七年のことである。ミュンヒェン大学が増え続ける医学生を受け入れきれなくなり、新たな医学部の設置が急務となったためである。ミュンヒェン工科大学医学部の教育と研究に対応するため、あらたな施設や部署が作られ、病院はますますその重要性を高めていき、現在に至っている。

左岸右岸という名称に関しては、病院のほかに劇場も挙げられる。「イーザル川左岸劇場」と「イーザル川右岸劇場」と称する劇場がそれである。双方とも川近くに建てられた小規模な劇場で、イーザル中洲の博物館島をはさんで対岸に位置する。右岸劇場はハイドハウゼンのアインシュタイン通りにあり、現在は「アインシュタイン文化センター・イーザル川右岸劇場」という正式名称で、ジャズ・ライブから前衛劇、カバレットまで多彩なプログラムを提供している。左岸劇場の方は演劇に重点が置かれており、俳優ジルベルト・フォン・ゾーレルンが一九九〇年代に役者活動を始めた劇場でもある。ゾーレルンはＡＲＤ（ドイツ国営放送）の人気探偵シリーズ「ブラウン牧師」で成功を収めた、遅咲きの有名俳優である。博物館島は全長約八〇〇メートルあり、自然科学と技術に関する博物館としては世界最大規模といわれる「ドイツ博物館」があることで知られる。この中州には現在大きな橋が二つ架かっている。ルートヴィヒ橋とライヒェンバッハ橋がそれである。ギージング、アウ、ハイドハウゼンが一八五四年にミュンヒェンに組み入れられてからは、これら新興地区と旧都市部をつなぐ重要な役割を担う橋である。しかし安全性が確保されるには長い道のりがあった。先に述べた一八一三年のイーザル橋陥落の惨事は、鉄製の橋の建設が必要であることを示唆したが、審美的観点から拒否されてしまったという。一八三二年にようやく完成したライヒェンバッハ橋も木の構造による橋であった。マキシミリアン二世は対岸の整備に力を入れ、マキシミリアン通りを抜け右岸左岸を直接結ぶ橋の建設を計画した。一八六三年に完成し、彼の名がつけられたこの橋はレンガのアーチ型建築である。王宮レジデンツ、国立歌劇場から東へ伸びるマキシミリアン通りは、現在五つ星ホテル、有名ブランドが立ち並ぶ、ミュンヒェンでもっとも高級な通りである。イーザル川を渡りきったところには、橋と同時に建設されたマキシミリアネウムと呼ばれる神殿のような建物が聳え立ち、王宮都市ミュンヒェンを華やかに彩っている。なおマキシミリアネウムにはバイエルン州議会が置かれている。一八九九年には再び川の増水によりことごとく橋が打撃を受け、その再整備を整えるのに一〇年もの月日が費やされた。二〇世紀の技術を待ってようやく人々はイーザル川が荒れ狂うのを制御できるようになったのである。

イーザル川右岸はかつて旧市街地から見るといわば社会的弱者が住む、貧しい川向こうの地であった。「対岸は違う世界」という印象を、左岸に住む人々には与えていたようである。しかし、都市化にしたがってこの新興の地域に対する印象も変わってきた。独仏戦争が終った一八七一年、ハイドハウゼン駅が開通したのを契機に、その東にある空き地がフランス人地区（Franzosenviertel）の名で開発された。その中心を成すのは三輻射線構造を持つオルレアン広場である。この地区はフランスの都市計画に倣って作られ、広場の名は独仏戦争においてプロイセン率いるドイツ側が勝利を収めた戦いの地にちなんでつけられている。この開発地区は一九〇〇年頃まで、新ルネッサンス様式、つづいて新バロック様式を中心とした住居建設により、「貧しい右岸」とは異なる顔を有することとなった。「荒地の家々」を意味するハイドハウゼンは、高級住宅地へと変わっていくのである。第二次世界大戦でミュンヒェンも多大な損害を受けたが、ハイドハウゼンは隣接地区のアウが八割方損壊したのに反し、比較的うまく爆撃を逃れた。そのため歴史的建造物保護の立場から、七〇年代からの大がかりな都市再開発事業の対象地区として優先されたという事情がある。この七〇年代からの再開発により、流行に敏感な人々の関心を集めるおしゃれな地域として注目されるようになり、今に至っている。

マキシミリアン橋から望むイーザル川。左岸（写真左）と右岸（右）

ミュンヒェンで芸術・文化活動の中心地とされるのは旧市街中心に位置するシュヴァービングであるが、ハイドハウゼンはこれに対抗するライバル地区となっているのである。規模は小さいがそれぞれトレンドを意識した個性的な専門店、カフェ・飲食店、ブティック、また地名からフランスにちなんだ店（例えばフランス語しか通じないフレンチ・レストランなど）が数多くあり、ヨーロッパ的風情を喧騒から離れて楽しめる地域である。

ミュンヒェンがイーザル川対岸へと拡大する時代の様子をふりかえってみよう。一八九四年からミュンヒェン住民となった作家トーマス・マンは、一九一九年に出版された短編小説『主

ポッシンガー通りに立つ「新」トーマス・マン邸

人と犬』の中で当時のイーザル川を詳細に記している。作家自身の体験を基にしているこの作品で冒頭に語られるのは、イーザル川辺の住宅地に居を構える紳士と愛犬との散歩の様子である。外に出る喜びに昂った猟犬とその主人が庭木戸を出ると、彼らを真っ先に包むのは「泡立つ急流」イーザル川の「海に似たざわめき」である。住宅地は川にあまり距離を置かずに建てられており、間を隔てているのはちょっとした草地の部分と、ポプラの並木道と高木ヤマナラシの植わった道で、道は増水の場合を想定して流れよりも高いところに造られている。早朝の散歩で聞こえてくるのは水、そして木々のざわめき、鳥たちのさまざまな鳴き声、さえずりであり、さらには空を横切る飛行機、川の上手からは工兵部隊が行う架橋訓練の音——重いブーツが橋板を踏む音と指揮官の号令——が、加えて川の向こう岸からは工場の騒音が聞こえてくる。主人の家から少し下流へ下ったところには「時代にふさわしく規模を拡大する」機関車工場があり、夜も工場の光が闇を貫いている。操業活発なこの工場では機関車の試運転が行われ、美しく塗装されたばかりの真新しい列車は汽笛の音を響かせ、高い煙突から煙がもくもくと吐き出す。しかしながら煙は風向きにより対岸の森の方へ流れるので、幸いにも侵入してくることはほとんどない。ここは都市中心部から離れた新興的かつ半ば村落的な地域であるわけだが、そこには「沈静する自然から聞こえる音が人間の営みのそれと」混じり合っているのである。

英国庭園を静かに流れるイーザル川支流

作品では、トーマス・マンが実生活において一九一四年に購入し家族と共に移り住んだ家の周囲の様子、イーザルの川辺の様子が事細かに描かれる。太古の面影を残した自然、木々の様子、鳥のさえずり、水の音、人気のない川沿いの道は愛犬バウシャンとの散歩において観察されたものである。北ドイツの沿岸都市リューベック生まれのマンは海への愛着が深く、もともと水の近くでの生活を希望していたのだが、その彼が目をつけたのがイーザル川右岸の川沿いの住宅地、英国庭園にも隣接する旧市街対岸のボーゲンハウゼン地区だったのである。マンが購入したのはヘルツォーク・パーク（大公公園）と呼ばれた一角で、名称の由来はかつての所有者であったバイエルンのマックス大公、シュタルンベルガー湖畔ポーゼンホーフェン城の城主、シシィことエリーザベト・オーストリア皇后の父の名からきている。この広い一角を彼の息子カール・テオドアは一九〇〇年に売却、高級新興住宅地の建設に大いに与することとなった。一九〇六年には通りに名前がつけられ、区画整理がなされていった。「ミュンヒェンは輝いていた」という印象的な一文を小作品『神の剣』にしたためたマンであるが、北ドイツ出身のいわば「よそ者」であるマンは、華やかな輝きを湛える従来からの伝統的高級住宅地よりも、都会と自然の中間に位置する新興の土地に、より大きな安らぎを見出したのかもしれない。作品からは、当時の開発の進み具合、急激に進む工業化の過程がよくわかる。以前は荒れた沼地だったというところに郊外型の新興住宅地が作られ、干拓が進められ、それは当然ながら低地にも変化を及ぼす。しかしながらこの土地には、どこかしら他とは違う「奇妙な特殊性」がみられるという。

トーマス・マン邸近くのイーザル川辺

この土地は、いってみれば、土地開拓事業が活発化して、人家の庭以外にも至るところに人の手が及ぶことになってもなお、始源的な特殊性を有しているのであり、原初的な元来の植生が、あとから新たに植えられた植物に対し、明確に優位性を保っている。

(Thomas Mann, Herr und Hund, S. 43)

人の手が加わっていても発揮される原初のおもむき。森でもない、公園でもないこの土地を、マンは作品中で「魔法の園」と表現した。原生の植物が優位を保つというのは、何か太古の力を感じさせる。そして変わることのない川の流れの激しさ、「海に似たざわめき」、「泡立つ川」はまさにイーザル川の特質を捉えているといえよう。実際このあたりの川沿いを歩くと、今なおそのような激しさを体感するのである。ポプラ並木の通りをはずれて水際まで降りると、上述されているような川岸の帯状平地を目にすることができる。野生的に育った植物と湿り気を感じさせる土のせいで、足元は少しおぼつかない感覚にとらわれるが、力強い流れを間近に見ることができる。普段でも水の流れが強いのだが、雨のあとなどは水位が上がり、勢いも増し、威嚇されているような気さえする。濃緑色と土色がまざった水が轟々と音を立てて流れさまを見ていると、ミュンヒェンのような大都会にあって、このような原始的な水の流れを感じるというのが不思議に思えてくる。さて、マンの家はポシンガー通り一番地にあり、愛称ポッシーと呼ばれていたが、一九三三年にはマンが妻のカティアとともに出先から亡命を余儀なくされたために、いわば主なき家となった。邸はナチスのヒムラー指導により、アーリア人種の保守保存を目的とする研究所レーベンスボルンの事務所として使われることとなった。ポシンガー通り一番地そのものは一九五二年マンにより売却されており、大戦中の爆撃もあり、結局は跡形もなく片付けられた。トーマス・マン没後五〇年にあたる二〇〇二年には、ARD国営放送が三部作テレビ映画『マン家の人々』を制作したが、その撮影のための「マン邸」はバヴァリア映画村に再現された。本来の土地の方は、その後何度も所有者が入れ替わったが、二〇〇一年にゴールドマン・サックスのドイツ支社長であるアレクサンダー・ディベリウスが買い受け、彼の個人的情熱から、保管されていた設計図をもとにトーマス・マン・ヴィラを当地に再建して世間を驚かせた。家は当然彼の個人的所有物であり、セキュリティも万全に整えられ、普段は硬く門を閉ざしている。何かものものしい雰囲気すら漂わせているが、トーマス・マンに関する催しにはたまに会場として提供されることもある。

イーザル川の流れに乗って

プレヒトルの絵でも登場した、イーザル川の力強い流れに乗って進む筏は、長きにわたってイーザル川沿岸部にある村落、市場、街を象徴するものであった。イーザル川の筏の歴史は古い。八世紀、フライジングの司教アルベオが書き残したところによると、クラインヘルフェンドルフで殉教した聖エメラムの遺体が筏によりミュンヒェン北部のアッシュハイムからレーゲンスブルクへ運ばれたという。これが本当ならば七世紀の終わりには筏による運送が行われていたということになる。ミュンヒェンの繁栄とともに意味を持つようになったイーザル川の筏運送だが、最盛期の一八六〇年から一八七六年にかけては年間八〇〇〇もの筏がミュンヒェンへ向かったという。主要な運搬品は木材であったが、そのほか建設材料の石材、ビールやワイン、肉類、チーズといった食料品、織物、飼料なども運ばれたという。筏運送にともなって、ミュンヒェンのイーザル川沿いには飲食店もで

イーザル川のサーファー

き、賑わいをみせた。筏乗りのマイスターになるのも簡単ではなく、一五九六年には四年から五年ほどイーザル川を運行していること、舵取りとしてリンツ、クレムス、ウィーンといった遠隔都市への運行を経験していることが条件となった。とりわけ帝国都市ウィーンへの運送は重要視されたが、新しい交通手段の発達とともに、長く運搬手段として重視されてきた筏運送も必然性を失っていくことになる。一八六〇年にミュンヒェン―ザルツブルク―ウィーンを結ぶ鉄道が開通すると、筏による運送は需要を失った。幅一二メートル、長さ五七メートルもの大きな筏に荷物を積み、筏の上に作られた小屋で料理をし、眠り、八、九日間かけてウィーンへ向かう、これを夏には一五回から一八回ほど繰り返す、というような筏乗りの生活は、急激に消滅していったのである。現在、筏は運送手段としては成立せず、観光の資源として残っているのみである。

強く速い流れのイーザル川であるが、現在その脅威がなくなったというわけではない。近年ヨーロッパ各地で起きる洪水は、地球温暖化、新たな環境の変化によるとも言われる。さらに環境の変化で今後ますます水環境の問題が発生すると予測されている。そのためイーザル川流域の自然を保護・回復し、より安全な整備を実現しようというイーザル川計画が市・州政府と地元研究所、企業との連携で進められている。ミュンヒェンっ子にとって近くて遠いイーザル川、近づきすぎると危険な流れではあるが、その危険を利用するという新たな付きあい方も提案されている。イーザル川の速い流れを楽しむミュンヒェン近郊でのカヌーだけではない、ミュンヒェンの都市中心部でもウォータースポーツが楽しめるのである。レーエル地区（Lehel）の中心、近現代美術を展示するハウス・デア・クンスト（「芸術の家」）に程近い英国庭園の一角に、用水の設計上波がたつ箇所があり、そこでサーフィンの練習をする光景が二〇年ほど前から見られ、今では英国庭園の風物詩となっているのだ。波がたつのはほんの全長一〇メートルほどなので、サーファーは全一五メートルほどの波乗りを何度も繰り返す。場所が狭いため、きちんと順番待ちをして、一人ずつ波に乗る。大きな危険はないようだが、なかなかの水の勢いではある。特に降水後は水量も勢いも上がるので、波乗りの練習には適するようである。常に集まるギャラリーの視線を半ば楽しみながら、日々サーファーたちがこの小さな場所を訪れ、練習に励んでいる。その様子を見て楽しむ散歩客たちにとっては、もう一歩英国庭園へと足を進め、イーザル川の細支流がひかえめに引かれた芝生のなかをゆったり歩くというのがお決まりのコースのようである。

引用文献

Mann, Thomas: Herr und Hund. In: Gesammelte Werke in Einzelbänden. Späte Erzählungen. Hg. von Peter de Mendelssohn. Frankfurt a. M. S. Fischer 1996

参考文献

Dirk Heißerer: Im Zaubergarten. Thomas Mann in Bayern. München. C. H. Beck. 2005

Die Isar. Wildfluss in der Kulturlandschaft. Hg.von Christian Magerl und Detlev Rabe. Vilsbiburg. Kiebitz Buch. 1999

Die Isar. Ein Lebenslauf. Hg. von Marie-Louise Plessen. Münchner Stadtmuseum. 1983

Links und rechts der Isar. Bilder aus dem groß- und kleinbürgerlichen München 1895-1935. Fotografiert von Georg Petendorfer. Hg. u. eingeleitet von Richard Bauer. München. Hugendubel. 1991

Wolfgang Görl: SZ-Serie. Die Stadt und ihr Fluss. Teil 8. In aller Freundschaft. Süddeutsche Zeitung von 20. Aug. 2005

ミュンヒェン・フライジング司教座　http://www.erzbistum-muenchen-und-freising.de/default.asp

ミュンヒェン工科大学建築局　http://www.batum.bayern.de/html/klinikum_rechts_der_isar.html

ミュンヒェン大学医学部外科　http://chirinn.klinikum.uni-muenchen.de/klinik/kli_〇八.htm

ミュンヒェン市　http://www.muenchen.de/Rathaus/dir/stadtarchiv

ミュンヒェン治水局　http://www.wasserwirtschaftsamt-muenchen.de

ハイトハウゼン友の会　http://www.freunde-haidhausen.de/

バイエルン放送　Michael Mathias Prechtl im Gespräch mit Dr. Thomas Rex
http://www.br-online.de/alpha/forum/vor0107/20010716

イン川

松尾誠之

der Inn

ドナウ川
パッサウ
ヴァッサーブルク
ローゼンハイム
クーフシュタイン
インスブルック
シュヴァーツ
ハル
ランデック
フィンスターミュンツ
アルデッツ
シルヴァプラーナ

イン川

川の始まり

イン川という川をご存じの方はどのくらいいらっしゃるだろうか。イーザル川と同じく、ドナウ川の支流の一つである。インスブルックを訪れた方なら町の中を流れているのをご覧になったことだろうし、サンモリッツへ行かれた方は湖として目にされたはずである。サンモリッツ湖はイン川の一部なのである。このイン川は、スイスの上エンガディンの山中に発し、エンガディン地方を流れたのち、オーストリアに入ってチロル地方を西から東へ貫流し、さらにドイツのバイエルン地方に入り、最後の約六〇キロではドイツとオーストリアの国境を流れ、パッサウでドナウ川に注ぐ。全長五一七キロの川である。一〇月から四月はドナウ川の方が水量は多いが、年平均ではドナウ川よりむしろイン川の方が多く、その水でドナウ川の水量は倍増する。もっともここまでのドナウ川の長さは六四七キロであり、長さではイン川をしのいでいる。水源の海抜は二四八四メートル、ドナウ川に注ぐ地点の海抜は二九一メートル、その差は二一九三メートルである。

ラテン語ではイン川をアエヌスといい、レートロマン語ではエンという。ローマの歴史家タキトゥスの『歴史』に「ラエティア人とノリクム人の間を流れるアエヌス川」とあるのが文献上の初出例である。語源としてはケルト語「エニオス」という語形が推定され、「(沼などの)水」を意味する近縁の中期アイルランド語「エン」との関係が考えられている。これはレートロマン語のエンと一致する。以上の推定が当たっていればインの元来の意味は「水」というようなものであったことになる。なおラエティアはローマの属州で現在のスイス東部、オーストリア西部、ドイツ南東部を含んでいた。ノリクムもローマの属州でイン川の東、ドナウ川の南にあった。

この川は、スイスで唯一東へ流れる川である。山中の水源から七〇〇メートル程の高度差を経て海抜一八〇〇メートルの平地へ達したイン川は、まずシルス湖に流れ込む。そこから北東へ向かい、シルヴァプラーナ湖、チャンプフェル湖、サンモリッツ湖を経由して九一キロの距離を流れ、オーストリアとの国境に達するころには海抜一〇〇〇メートルくらいになる。スイスとオーストリアを流れている間は湖となったり、切り立った岩の渓谷を通ったり、山々が両側に聳えるなどして景観に富む。ドイツに入ってからは平坦な土地を流れるため、まわりの風景は単調になる。

イン川が生まれるエンガディンは、スイス東部のグラウビュンデン州に属し、その（南）東側に位置する地域である。ツェネッツのあたりを境にして、南の上エンガディンと北東の下エンガディンに分かれる。エンガディンの「エン」は先に述べたようにイン川を意味する。

上エンガディンの中心は、世界的にもよく知られた保養地サンモリッツである。このサンモリッツから南西に一五キロ程バスで行き、マローヤの村に近いシルス湖畔から西側の山を登ってルンギン湖

（海抜二四八四メートル）を目指した。このルンギン湖がイン川の水源である。あたりは草もまばらで荒涼とした風景が広がり、南側にはルンギン峰（二七八〇メートル）が、北側にはグレヴァサルヴァス峰（二九三二メートル）がそびえている。湖の北側は急な斜面である。登っていくと家畜の鈴の音がして、見上げれば遠くの山肌に米粒ほどの大きさに見える動物の群れが動いていた。ルンギン湖でこのヤギの群れに

イン川の水源ルンギン湖

行き会ったが、群れを連れているのは旅行者かと思うような派手な格好をした若い男女の二人連れ。ボーダーコリーも連れているのだが、ヤギの扱いはぞんざいで、三、四頭残したままでもどんどん行ってしまう。残されたヤギの方が鳴きながら後を追いかけている始末。時代とともにヤギ飼いも変わるのか、と思った。ルンギン湖からさらに上へ登っていくと、ルンギン峠（海抜二六四五メートル）があり、道中はいよいよ岩だらけの風景になる。この峠には「ここは三つの海への河川の分水嶺である」との標識が立っている。ひとつはライン川に注いで北海に至り、もうひとつはイタリアのポー川を経てアドリア海に注ぐ。残る一つがここで述べるイン川であり、ドナウ川を経て黒海へ注

シルス湖

ぐ。このルンギン峠は交通史上においてさほどの意味を持たないが、ここから西方約二キロの所には、ローマ帝国時代からアルプス越えの重要な峠であったセプティマー峠（海抜二三一〇メートル）がある。

山を下りていると、杖を持ち、皮の長ズボンをはいた初老の男性がボーダーコリーを連れて登ってきた。男性はヤギの群れを見なかったかと訊く。観光客にヤギを貸したが帰ってこない、心配して様子を見に来たというので、彼らの向かった道を教えた。ヤギ飼いではもはや採算がとれないのであろう、観光牧畜だったのである。

ルンギン湖から流れ出た水はシルス湖の西側で平地に達し、湖まで野原の中を流れていく。シルス湖はきれいに澄んだ湖である。周囲には山々がそびえているが、広々とした印象を受ける。下エンガディンやチロルでは、インスブルックまでは山が迫っており、この広々とした感じはない。湖と山の取り合わせがいかにも保養地という景観である。シルス湖からサンモリッツ湖を出るまでは先に述べたように四つの湖が続き、川の姿をして流れている部分は短い。

シルヴァプラーナ（海抜一八一五メートル）――ニーチェゆかりの町

シルヴァプラーナ湖から次のチャンプフェル湖へ移行するあたりにシルヴァプラーナ（Silvaplaner）の村がある。ここも保養地として著名な所である。

シルヴァプラーナ湖畔の岩

この村から二つの湖の間にかかる橋を渡って少し行くとスルレイの集落があり、上に登れば三二九五メートルの所まで行けるコルヴァッチュ峰ロープウェー乗り場がある。橋を渡って直ぐに右に曲がり、シルヴァプラーナ湖の岸に沿ってしばらく行くと、湖岸にピラミッド状の岩がある。ここは哲学者ニーチェが永劫回帰の想を得たところである。『この人を見よ』の中で『ツァラトゥストラかく語りき』の成立について「作品の基本構想、永劫回帰の考えは…一八八一年八月に得たものである。私はあの日、森を通ってシルヴァプラーナ湖岸を歩いていた。スルレイから遠くない巨大なピラミッド状にそびえた岩の所で立ち止まった。その時この考えが浮かんだのだった」と記している。但しそこには説明板も何もなく、観光客にも知られていない。

シルス湖とシルヴァプラーナ湖との間、サンモリッツからは一〇キロ程のところにシルス（Sils）という村がある。ニーチェは一八八一年から八九年までこの村で夏を過ごし、『ツァラトゥストラかく語りき』の主要部分を執筆した。ニーチェの住んだ家は現在博物館になっており、湖に突き出た半島状のチャシュテという場所には、記念碑も立てられている。

アルデッツ（海抜一四六七メートル）――レートロマン語とスグラフィトの家

サンモリッツから狭軌のレーティア鉄道（Rhätische Bahn かつての地名ラエティアにちなむ）に乗り、サメダンで乗り換え、終点のシュクオル・タラシュプの一つ手前で降りると、そこがアルデッツ（Ardez）である。ここは下エンガディンになる。列車の車内にはワンマンカー式の停車ボタンがあり、いかにもローカル線という風情である。アルデッツ駅は勿論無人駅で、自動券売機もあるが、郵便局でも切符を売ってくれる。また駅には押しボタンがあって、列車の前に立って列車を止めるな、止めるときはボタンを押せ、と説明がある。列車に乗る時に押すものなのか、それとも非常時に押すボタンなのか、と出発の日に迷ってしまった。離れて様子を見ていたら、後から来た若者が当然のように押していた。

押さなかったら列車は停車してくれなかったのだろうか。アルデッツは小さな村なので、貸し部屋はかなりの数があるがホテルは二軒しかなく、食料品店も一軒あるのみである。観光案内所は午後数時間だけ開いている。

　イン川は村から見て南側になる谷底を流れており、両側のあちこちから細流が注ぎこみ、滝になっている所もある。谷の両側には三〇〇〇メートル級の山が聳えている。北側はシルヴレッタ山群、南側をセスヴェンナ山群という。訪れた年は、八月の末であるというのにやや寒い日が続き、山の上の方は雪で真っ白に覆われていた。村は南斜面に広がっている。小さくない家が密集して建っており、道も広くはない。耕作地をできるだけ広く取るためとのことである。人家の途切れた直ぐ先の斜面の牧草地ではノロジカが草を喰《は》みに来ているのを見かけた。

アルデッツの泉

　この村には九つの泉（Brunnen《ブルネン》）がある。シューベルトの「菩提樹」の訳詞が「泉にそいて」と歌われるように、伝統的に泉と訳されるが、ここでは水が常時流れ、それを溜める大きな浴槽のようなものがある施設のことをいう。昔は昼までは洗濯に、正午に水を入れ替えて午後は家畜の水飼い場に使われた。馬を連れてきて水を飲ませているのを実際に見かけたが、なるほど午後のことであった。土曜日ごとに輪番で清掃することになっているのだという。

エンガディンはイタリア語などと同じくラテン語を祖とし、スイス第四の言語として認められているレートロマン語の地域である。中でもここアルデッツは他のどこよりもレートロマン語がよく保存されていると町のパンフレットに喧伝されている。実際、地元の人同士ではレートロマン語で会話をしていた。とはいえドイツ語の通じない人はおらず、困るようなことはなかったのだが。学校ではイタリア語、英語、フランス語も習わなければならないとのことである。これに比べ、上エンガディンはサンモリッツをはじめとする有数の保養地・観光地を抱えているために外部からの流入者が多く、自然とレートロマン語の使用が後退している。

西隣のグアルダと並んで、この村には家の壁面に独特の装飾をほどこしたものが多いことで知られている。これはスグラフィトといわれるイタリアから伝わった技法で、引っ掻くという意味のイタリア語グラフィアーレと関係がある。壁に彩色を施した後、その上に漆喰を塗り、乾かないうちに、表面の漆喰を掻き落として下の彩色を現すのである。ドイツ語圏ではテューリンゲン、ヘッセン、現ルーマニアのトランシルヴァニア地方に見られる。漆喰といっても日本でいうものとは異なり、ギプス等のように焼石膏を水に溶いたものである。壁面に格言風の言葉が書かれている家も少なくなく、その殆どはレートロマン語で書かれている。こうした家の様子は村のホームページにも紹介されている。

村の北側斜面を少し登ったところに、イン川と並行する古道ヴィア・インペリアーラ（帝国道）がある。イタリアのコモ湖方面とチロルとを結んでおり、古道の常として細い道である。この道を東へ

アルデッツの家

しばらく行くと、一軒の家の廃墟がある。かつてはこのあたりにチャノウアという集落があり、これはその集落で最も重要な家であった。九世紀のカロリング朝の土地収入簿に、ここに国営飲食店があったとあり、これがこの家に関する最古の記録である。かつては運送業者のための宿であり、荷物の積み替え所でもあった。一七四二年には火災に遭ったが、その後再建されている。ある年代記によれば一七七三年にアルデッツの家畜市に来た人々がここで昼食を取ったという。一八五〇年の国勢調査ではここには一家族五人が住むだけになっていた。一八六七年に下方の谷沿いに新道が建設された後は、建物の手入れも放棄されたが、住居部分は一九一〇年まで使われた。

チャノウアの廃墟

説明板の復元図によれば、一一メートル×三三メートル程の家で、住居、馬小屋、倉庫の用途に分かれていた。倉庫部分が半分、四分の一が馬小屋、残りが住居である。倉庫、馬小屋部分は二階建てで、住居部分は三階まであり、二階・三階が住居として使われ、一階は物置となっていた。今も西側の壁はほぼ原形を保っている。石を積み上げて漆喰で固めたもので、壁の厚いところでは一メートル近くもあった。一般に伝統的なエンガディンの農家は似たような構造を持ち、食堂兼居間の隣に台所がある。煙が食堂に行かないように仕切られているが、竈《かまど》は食堂と接する側に作られ、食堂を暖めるようになっている。ちなみに煙道あるいは煙抜きの部分には肉片をぶら下げておく。これがドイツ語でビュントナー・フライシュと呼ばれる、この地方の名物である乾し肉となるのである。

ところでヨーロッパの水は一般に石灰分が多く、やかん等にこびりついた石灰分を取り除く除去剤が一般に売られているほどである。従って我々日本人には飲めない場合が多い。しかしこのあたりは飲料水の水質もよく、ホテルの水道から出る水も飲むのになんら問題がないものであった。

鉄道は隣のシュクオルの駅が終点で、そこからランデックの間はバスを利用することになる。

フィンスターミュンツ（海抜一一三七メートル）——谷底の関所

このあたりからイン川はオーストリア領へ入る。オーストリアを流れる距離は一九〇キロほどで、流域は全てチロルと呼ばれる地域である。ここまで東へ流れてきたイン川はこのあたりから方向を変え、北に向かって流れていく。このあたりは深い渓谷となっており、道路は谷底よりはるか上の所を通っているため、ランデックまでの道中では、バスの窓から谷底深く流れるイン川が見える。谷底を流れるイン川を挟んでスイス―オーストリア間の道路とイタリア―オーストリア間を結ぶ道路とが併走しており、このフィンスターミュンツ（Finstermünz）から三キロ下流にあるカイエタン橋で一本に合流する。

谷底へ下りたところはアルト（古い）フィンスターミュンツ（海抜九九五メートル）と呼ばれる。周囲に岸壁が高くそびえ、イン川の流れは速く、迫力のある渓谷で、「美しきオーストリア」シリーズの一枚として切手にも取り上げられている。イン川にかかる橋、川の中ほどに監視塔、岩の上の要塞ジー

アルトフィンスターミュンツ

クムンツエック、一五〇二年から三五年かけて作られた塔クラウゼントゥルムなどがあり、一六〇四年に完成した礼拝堂も現存している。

かつての道はこの谷底でイン川を渡った。この道はローマ時代からのもので、クラウディア・アウグスタ街道の名があり、ローマ皇帝クラウディウス（在位四一～五四）が整備させたものである。南はレッシェン峠を越えてトレント、ヴェローナなどイタリア方面へ、北はランデックを通り、フェルン峠を越えてドイツのアウクスブルク方面へ通じていた。二世紀にイタリア方面への道として東のブレンナー峠が整備され、この街道の重要性は相対的に低下した。第一次世界大戦の結果南チロルがイタリア領となったため、現在レッシェン峠より南はイタリアである。この街道に沿って南に下った所に保養地として著名なメラーン（イタリア名メラーノ）の町がある。古く一四二〇年まではこのメラーンがチロルの都であった。メラーンから山の手へ登っていった所にチロル城があり、現在の地域名としてのチロルは、この領主チロル伯の居城に由来する。

チロルは一三世紀後半にチロル伯マインハルト二世によって統一された。その子ハインリヒ二世には男子がなく、娘のマルガレーテ・マウルタッシュ（「大口」の意）が相続人となった。ボヘミアのルクセンブルク家、バイエルンのヴィッテルスバッハ家、オーストリアのハプスブルク家が皇帝位を激しく争っていたこの時代、彼女の人生も否応なくこの三つ巴の争いに巻き込まれることになる。マルガレーテはルクセンブルク家のモラヴィア辺境伯ヨハン・ハインリヒと結婚するが、一三四一年に離婚。翌年ヴィッテルスバッハ家のブランデンブルク辺境伯ルートヴィヒ（皇帝ルートヴィヒ四世の子）と再婚する。しかしかつてヨハン・ハインリヒの兄カール（後の皇帝カール四世）の教師を務めたこともある教皇クレメンス六世は、この結婚の無効を宣言、結婚を強行した皇帝ともども二人を破門した。二人の間にマインハルト三世が生まれると、ハプスブルク家のアルブレヒト二世公は、教皇に破門を取り消させる代わりに娘をマインハルト三世に嫁がせた。

一三六三年、マインハルト三世が子のないままメラーンで死去する。アルブレヒト二世公の子のルドルフ四世は、真冬の悪路をチロルに急行、マルガレーテに、チロルをハプスブルク家に譲渡する証書へ署名させた。後にウィーン大学を創設、聖シュテファン教会を建立して建設公と呼ばれたルドルフ四世は、カール四世の「金印勅書」がハプスブルク家を選帝侯から除外したのに対抗して「大特許状」なる偽文書を作成させてもいるが、この際にもヴィッテルスバッハ家の主張する相続権を封ずるべく、その証書の日付を改竄《かいざん》したと伝えられる。ヴィッテルスバッハ家との対立が最終的に決着するのは一三六九年のシェルディング和約においてで、ルドルフ四世はそれ以前の一三六五年に二七歳の若さで没しているが、チロルがハプスブルク家領になることは、事実上この時決まった。マルガレーテは一三六九年にウィーンでこの世を去った。

一四七一年、ルドルフ四世の弟の孫にあたるジークムント豊貨公は、国境に近いこの地に関所を整備した。岩の上の要塞ジークムンツエックも、彼が建てて自らの名をつけたものである。彼の治世下でシュヴァーツの銀産出量が増え、メラーンからハルへ移された貨幣鋳造所で大銀貨が鋳造されるなどしたことから「豊貨（münzreich）」と称される。芸術を愛し、狩猟・魚取りを好んだこの君主は、チロルの民衆には人気があった。しかし領内に数多くの狩猟用居館を建てるなどしたその財政はかなり乱脈で、銀山採掘権もフッガー家などに借金の担保として押さえられていく。五〇人からの非嫡出子があったといわれ、彼らを養うための出費がまた相当だったようだが、正嫡はいなかった。これに目をつけてチロルの領有を狙ったのがヴィッテルスバッハ家のアルブレヒト四世公で、領有権を担保に多額の融資をした上、従弟のジークムントのもとに皇帝フリードリヒ三世が預けていた娘のクニグンデと強引に結婚してしまった。これに対抗するべくフリードリヒ三世はチロルの諸身分と協議し、最終的に、一四九〇年ジークムントがフリードリヒ三世の子マクシミリアンにチロル領主の地位を譲渡することで決着する。ジークムントはその後は年金をもらい、チロル領内の全ての場所で好きな狩猟・魚取りをする権利を保持し、趣味に生きたのであった。

ランデック（海抜八一六メートル）――チロル民兵、バイエルン軍を破る

ランデック城

南から流れてきたイン川が突き当たったところがランデック(Landeck)である。ここからイン川は東へ向かう。周囲から山々が迫り、いかにも谷底という景観である。ここで西方から流れてきた支流ザンナ川がイン川に注ぐが、水量はザンナ川の方が多いのでは、と思われるほどである。ランデックは東西方向と南方向との交通がT字に交わる地点であるため、古来より交通の要衝であった。現在西はチューリヒ方面へ、東はウィーン方面へと鉄道が通じている。

ランデックの町の中心街は川近くの低い部分に広がっているが、周辺の集落は山の方へと延びている。中には見上げるような高さの所にある集落も見える。交通の要衝の常として、町の

南東側にランデック城があり、イン川とランデックの町を見下ろしている。訳語をあてるとすれば城となるが、実際は岩山の上にそそり立つ堅固な砦といった感じの建物である。もっとも軍事専用の建造物ではなく、一三〇〇年頃から裁判権を持つ代官が在住し、裁判が行われる場所でもあった。天守閣に相当する部分まで登れば、吹き曝しになっていることもあって、眺望を楽しむことができる。城の近くを山の手へ向かって、先に述べたクラウディア・アウグスタ街道が通っており、説明板も立っている。

ランデックの町の中をイン川に沿って歩いていると、ポントラッツ橋という橋の近くで、ある碑板が目にとまった。一七〇三年七月一日にこの橋を勇敢に防衛したことを記念して云々とある。後で調べて分かったのだが、これはスペイン継承戦争の中で起きたことであった。オーストリアとルイ一四世のフランスが敵対したこの戦争で、フランス側についたバイエルンは、北イタリアに展開するフランス軍と合流するためにチロルへ侵入し、レッシェン峠をめざしてこの地を通過しようとした。しかし、地元民兵組織が狭い地形を利用した攻撃によって大きな被害を与え、バイエルン軍は撤退を余儀なくされたのだった。この時代、オーストリアの正規軍が機能しなかった一方で、チロルの民兵組織は大きな働きをしていたのである。見過ごしかねないほどの目立たない碑板ではあるが、ヨーロッパの歴史の一こまを記すものとして興味深い。

一八〇五年、アウステルリッツの三帝会戦でナポレオン軍に敗れたオーストリアは、プレスブルクの和約でフランスの同盟国バイエルンにチロルを割譲させられる。しかし、これに不満を抱くチロルの民衆は、一八〇九年四月、オーストリア軍の侵入に呼応して武装蜂起を起こした。この場所ではバイエルンの連隊が約百年前と同じ運命をたどったという。この解放闘争は結局成功しなかったものの、ナポレオンが没落すると、ウィーン会議の結果、チロルはオーストリア帝国へ復帰した。

ランデックの町の東、駅との間にペルイェンの集落がある。イン川にかかる橋の近くに説明板があって、この付近で長さ三七センチ青銅製の短剣が出土したことが記されている。初期あるいは中期青銅器時代（紀元前一七世紀）のものかと推定されている。古くは川に神が宿ると信じられ、その捧げ物として剣が奉納されることがあり、このような奉納の習慣は新石器時代から中世・近世にまで見られるという。出土品の多い場所は古くからの重要な渡河地点であることになる。

インスブルック（海抜五八三メートル）――チロル州の州都

ランデックから東へ約七〇キロのところに、現在のチロル州の州都、インスブルック（Innsbruck）がある。インスブルックとは「イン（川）の橋」を意味し、ここが交通の要衝であったことを表して

聖アンナ記念柱

いる。スイス方面からインスブルック方面へ向かう列車の中からは、山々の眺めと共に鉄道と並行して流れるイン川を目にすることができ、その先もクーフシュタインの少し先までは、車窓からイン川が見える。インスブルックまでは左手に、インスブルックからは右手に（ただしラッテンベルクとヴェルグルの間は左手）に見え、川面の高さは線路の高さとさほど違わない。インスブルックの町の中を流れるイン川は、川幅が広くなり、石灰分のため白濁している。

目抜き通りのマリア・テレジア通りには、聖アンナ記念柱なるものが立っている。ランデックの碑板と同様、チロルの民兵組織が、一七〇三年夏に侵入したバイエルン軍を撃退した記念として建てられたものである。バイエルン軍の総帥マックス・エマヌエル選帝侯がインスブルックを撤退したのは七月二六日、聖アンナ（聖母マリアの母）の日であった。そのためチロルの人々はバイエルン軍からの解放を感謝して建てた聖母マリア記念柱に聖アンナの像を加え、また聖アンナの日である七月二六日にはこの記念柱までの祝祭行列を行うことを誓った。そういうわけで一般に聖アンナ記念柱と呼ばれるようになったものの、柱の上に立っているのは実は聖母マリアで、聖アンナはチロルの守護聖人聖ゲオルギウスや他の聖人と共に台座の部分に立っているのである。

ハプスブルク家の領土をネーデルラントからスペイン、ハンガリーにまで拡大し、中世最後の騎士とも呼ばれる皇帝マクシミリアン一世は、一四九〇年にジークムント豊貨公からチロルを譲り受ける。マクシミリアンはこのインスブルックの町を愛し、王宮をかまえたほか、墓所もこの地と定めた。彼自らが設計した霊廟は、孫であるフェルディナント一世が完成させた宮廷教会の中にあり、大理石の棺を皇帝ゆかりの人のブロンズ像二八体が囲む壮麗なものである。しかしマクシミリアンの遺骸は、実際にはここではなく生地ヴィーナーノイシュタットに眠っている。

この宮廷教会には、チロルの英雄として名高いアンドレアス・ホーファーの大理石像と遺骸もある。先に述べたように、ナポレオン戦争の時代、バイエルンの支配下に置かれたチロルの民衆は、一八〇九年四月に武装蜂起を起こす。この中心となって農民軍を指揮し、フランス・バイエルン連合軍を数度にわたって破ったのがアンドレアス・ホーファーであった。彼は旅館を営む傍ら、家畜やワインの売買を手広く行っていたため、チロル各地で広く人々の間で知られており、また人望もあった。たとえ一時的であったにせよ、民衆の手でチロルの自治を行ったことは注目に値する。しかしその間にオーストリアはチロル奪還を諦め、ナポレオンと和議を結んでしまう。アンドレアス・ホーファーはこの事態を受け入れる方向で動き始めたが、これに反対する過激派の主張に押され、結局戦いを続けることを余儀なくされる。多少の戦果はあったものの、ついに逃亡生活に追い込まれ、彼の首には一五〇〇グルデンの懸賞金が懸けられた。最後は故郷のパッサイアー谷（現在はイタリア領）に潜んでいたところを捕らえられ、一八一〇年二月二〇日に北イタリアのマントヴァで銃殺刑となった。しかしながら、現在にいたるまで彼はチロルの人々の誇りとなっている。

余談になるが、ドニゼッティに「連隊の娘」という、このナポレオン戦争時代のチロルを舞台にしたフランス語のオペラがある。話の筋はたわいもない恋物語で、時代背景を云々しても始まらないが、幕が上がるとフランス軍の襲来におびえるチロル民衆の合唱である。それでいてチロルの若者がフランス連隊に志願、「フランス万歳」でハッピーエンドとは……と思わないではない。

ハル（海抜五七四メートル）——かつての製塩と水運と銀貨鋳造の町

インスブルックからイン川を約一〇キロ下った所にハル（Hall）の町がある。イン河畔から山の手へ延びる斜面にあり、中世後期の町並みをよく残している。一三〇〇年頃にはイン川にかかる橋のことが文献に現れており、この橋は町によって維持管理されていた。一三〇三年にはインスブルックの都市法が与えられ、自治権を得た。この頃市壁が建設され、現在北側にその一部が残っている。市のシンボルとなっているミュンツァー塔は、現在一つだけ残っている市門で、一四八〇年に建てられた。ハルは下級裁判権を持ち、当初は年ごとに選ばれる一二人の陪審員と近くのタウア在の領主から送られる裁判官によって行使された。一五世紀になると市長が筆頭になる。一五〇〇年頃には町の戸数は約三百戸であった。

ミュンツァー塔

ハルとかハレとかいう地名は製塩所と関係がある。ザルツブルクの南西にあり、競合する製塩所を有したバート・ライヒェンハルのハルも同様である。同じ地名が他にもあるため、正式にはハル・イン・ティロール、即ちチロルのハルという。一九四〇〜七五年にかけては、保養施設があったことからゾールバート・ハルと名乗ったこともある。「塩泉（保養地）のハル」の意である。この名が示すように、かつてここでは製塩が行われていた。岩塩鉱山は山の手の海抜一六〇〇メートル程の所にあり、そこから水に溶かしてハルの町まで運ばれた。かつての塩の貯蔵所が残っており、その内部の石の柱は塩で腐食し

かつての塩倉庫

た跡が見られる。塩の積まれなかった天井近くには腐食していない部分があるので、違いを見比べることができる。柱は直径約八〇センチで、全部で一二本ある。

塩は人間にとって必須のものであるが、どこでも採れるわけではなく、そのため古くから重要な商品であった。ハルの製塩所が初めて文献に現れるのは一二三二年のことである。一四～一五世紀にかけて徐々に生産が伸び、一五〇〇年頃に安定する。ハルの塩の販路は、イン川下流方面ではオーストリア領内までであった。これはバート・ライヒェンハルなどの大きな岩塩鉱山がザルツブルク周辺にあり、その販路とぶつかるためである。上流方面へは小型の船でインスブルックから約二五キロ先のテルフスの町まで運び、そこからは陸路でチロル、更にスイス東部、南西ドイツにまで運ばれた。また南へはインスブルックを経由せずにハルからブレンナー峠へ達する塩運搬道路も作られている。しかしながらハルの生産する塩の質は並であり、南ではイタリアからの、また北、東ではバイエルン、ザルツブルクからの塩と競合した。チロル内でも地域により入手し易さ、塩質の点でバート・ライヒェンハル産のものの方が好まれることもあった。一七、一八世紀になると、ハルにおける製塩の重要性は著しく後退する。販路がないために、生産能力以下の生産しか行われなくなっていった。一九三八〜四五年には製塩所は停止され、戦後一九四六年からは化学的方法により製塩が続けられたが、六七年に終了した。

ハルはイン川水運の起点としても重要な位置を占めていた。鉄道の発明以前の物資の大量輸送に河川水運の占めていた役割は大きなものがある。イン川の航行についての確実な記録としては、一二世紀以降のバイエルンの修道院の収入簿、一三〇〇年以降のハルの製塩所の帳簿がある。一三一七年にはチロル伯、ザルツブルク大司教、バイエルン公がインスブルックとヴァッサーブルク間の通行の保証を取り決めている。一三世紀半ばには製塩所の周辺に市場が開かれるようになり、一三五六年には年二回年の市を開催する権利を得た。貨物の積み替え所として重要な交易中継点となったハルは、通過物資に対して販売強制権を持ち、インスブルックの市《いち》をしのぐようになった。一三五〇年頃には水運業者のギルドはハルの町で重要な階層となっている。

製塩所では大量の木材を必要とするため、上流から流れてくる木材を取る目的で川の中に櫛状の構築物が設置された。しかしこのためにイン川上流への航行はハルで妨げられることにもなった。イン川では一四世紀にはすでに、両川岸の船引道を利用して、馬で川を遡って曳航することが行われていた。下流の地域から運ばれてくるものは穀物で、クーフシュタインの町からハルまで船をいくつかつないだものを一五から二〇頭の馬に引かせて、四、五日かかった。下りの場合、やや大型の船には主としてワインやイタリア産の織物生地が積まれた。鉱物、塩、木材のような大量物資はプレッテ船と呼ばれる長さ三〇メートル、幅三メートル程の船で運ばれた。ハルからクーフシュタインまで下るのに五時間程度、そこから先ドナウ川をウィーンまで行くのに条件が良ければ六日程であった。そこで船は解体され、材木として売られた。

一八世紀以来街道が整備され、小容量の高価な物資は水上から陸上輸送へ移行するようになる。しかし上りの穀物輸送、下りの木材・鉱物輸送は一九世紀前半にあってもイン川水路が通常の輸送形態であった。イン川水運にとどめを刺したのは一九世紀半ばの鉄道の敷設である。一八五八年にイン下流方面へ、一八六七年にブレンナー峠へ鉄道が敷設されるに及び、交通上の重点はインスブルックへ移っていった。一八八〇年代末まではプレッテ船でセメントがウィーンやハンガリーへ運ばれていたが、まもなく鉄道輸送に取って代わられる。最後のプレッテ船がハルの船着き場から出て行ったのは一八九二年のことであった。

ハプスブルク家がチロルを獲得するとバイエルンが侵入してくるがハルの町はこれをよく防ぎ、その功によりルドルフ四世から都市および関税特権について更に優遇を受けるようになった。ハルの市庁舎は一四〇六年にレオポルト四世公から町に与えられたものである。一四四七年には大火に遭ったが、その後再建された。市庁舎としてはこぢんまりとしたものであるが、その会議場は重厚な木の柱、梁、天井など一見の価値がある。現在は会議だけでなく結婚式にも使われている。

一四七七年、前述のジークムント豊貨公によって、領主貨幣鋳造所が南チロルのメラーンからハルへ移された。この町が選ばれたのは、銀鉱のあるシュヴァーツに近いことが理由であった。当初の場所は現在のイエズス会教会の南側に接するシュパルベレック城であったが、一五六七年には大公フェルディナント二世によってハーゼック城に移された。この城は市に昇格した後まもなく、製塩所やイン川の橋、河川通行、塩の道を警備するために、ミュンツァー塔に接して建てられたものである。一五七〇年には初めて水力のローラー式の刻印機が使用される。最後の貨幣はチロルの英雄アンドレアス・ホーファーの下で一八〇九年に造られた。バイエルンの占領下で貨幣鋳造は終了したが、一九七六年にインスブルックで第一二回冬期オリンピックが開催された際、記念コインが再

市庁舎の会議場

びここで造られている。ハーゼック城には現在、貨幣博物館があり、貨幣とその鋳造の歴史を見ることができる。日本語版の音声ガイドもある。

ジークムント豊貨公治世下の一四八四年（八六年とする史料もある）にここハルでヨーロッパ最初の大銀貨が鋳造された。一二五二年にフィレンツェで鋳造されたフロリン金貨はドイツ語圏ではグルデンと呼ぶが、これと等価の銀貨であった。この銀貨はまもなく他地域でも模倣されるようになり、一五一九年以降ボヘミア（現チェコ）のザンクト・ヨアヒムスタール（チェコ名ヤーヒモフ）で作られた銀貨が最も流通したため、「ヨアヒムスタールの」を意味するヨアヒムスターラーを省略したターラーの名称が一般化した。貨幣史上の話としてよく言及されていることだが、アメリカの通貨のドル（ダラー）の名称の起源がこの「ターラー」である。

シュヴァーツ（海抜五四五メートル）――ヨーロッパ有数の銀山

ハルから二〇キロ程下ったところにシュヴァーツ（Schwaz）の町がある。鉄道の駅などは右岸にあるが、町の中心は橋を渡った左岸に広がっている。山が後退し、風景はハルよりも広々とした印象を与える。イン川左岸に立って対岸東側の山の手を眺めるとフロインツベルク城が目に入るが、中世にはここの城主がアンデックス伯、チロル伯の代官としてシュヴァーツを治めていた。一三三三年には市《いち》の開催地として記録に現れている。一四四九年には重罪裁判権および村有地に立つ鉱夫用住居に対する地代徴収権がフロインツベルク家に与えられた。しかし新たに起こった貨幣経済の流れに押されて、一四六七年にはドイツ南西部シュヴァーベン地方のミンデルハイムの領地と交換することでフロインツベルク家はシュヴァーツを去っていった。これによりシュヴァーツは領邦君主の直属領となる。

シュヴァーツ

ヨーロッパ有数の銀・銅鉱山を擁するシュヴァーツは、一六世紀の最盛時には二万人の住民を数え、オーストリア領内ではウィーンに次いで第二の人口を誇っていた。一六〜一七世紀のハルの人口が二千五百から三千人、インスブルックでも五千から六千人だったことを思えば、当時のシュヴァーツの繁栄ぶりが窺《うかが》われる。一五二五年頃に建てられ当時の当主アントンが居住したこともあるフッガー家屋敷、現在は市庁舎として使われている鉱山業者シュテッケル家の邸宅、ホール式教会としてチロル最大で四廊の教区教会などの壮麗な建物が今も残っており、往時が偲ばれる。

鉱山の採掘の始まったのは青銅器時代の初期である。先史時代には既に中部ヨーロッパで最も産出量の多い銅鉱山の一つとなっていた。一四二〇年にはファルケンシュタイン鉱区で豊かな鉱脈が見つかり、ボヘミアやザクセンなどの鉱山から多くの鉱山技術者などがシュヴァーツへ集まってきた。銀は領主に売らなければならなかったが、銅は自由に市場で売買することができた。

初期の経営は小規模であったが、徐々にフッガー家などの少数の有力資本家が、君主への貸し付けの担保として販売権のみならず採掘権をも手に入れるようになり、寡占体制へと移行していった。一四七六〜九九年にかけての総採掘量は、銀二八〇トン、銅一六、八〇〇トンと見積もられている。中心的なファルケンシュタイン鉱区だけでも二百以上の坑道で採掘が行われており、ヴァッテンス（ハルとシュヴァーツとの間の町）からクンドゥル（シュヴァーツとクーフシュタインとの間の町）までの約三五キロの間では、イン川に沿って製錬所が立ち並んだ。一五二三年頃が採掘量の頂点で、年間産出量は一五・七トン。これは当時の全世界における銀産出量の八五％に相当した。一五〇〇〜二九年にかけての総採掘量は銀三四六トン、銅二万二四〇〇トンと推定される。その後は産出量が徐々に減少し、一五五二年には地元の鉱山業者として最後まで残っていたテンツル家とシュテッケル家が破産する。また一六世紀半ば以降新大陸（メキシコ、ペルー、ボリビア）からヨーロッパへ大量に銀が流入したこともあって、一六六〇年頃にはフッガー家も鉱山事業から撤退した。

一五一九年の皇帝選挙では選帝侯の買収が行われ、フッガー家が用立てた莫大な資金によってカール五世が選ばれたのは有名な話であるが、フッガー家の財力の裏には、このシュヴァーツの豊かな銀があったのである。またこのシュヴァーツで開発された採鉱技術や鉱夫の社会的諸権利などは一九世紀末まで世界に広く影響を及ぼした。ちなみに、ルネッサンス期の錬金術師・医師・哲学者として知られるパラケルススは一五一六年と一五三三／三四年の二回シュヴァーツを訪れ、鉱山労働者の病気を研究している。

鉱山は現在では観光用に公開されており、ガイド・ツアーで内部を見学することができる。見学者はヘルメットと雨合羽という出で立ちになり、グループごとに小さなトロッコに乗って坑内に入る。ガイドの元気のよい女の子が出発に当たって合図すると、全員声を合わせて「グリュック・アオフ（「無事に帰れ！」を意味する坑夫仲間特有の挨拶）」と言わなければならない。「声が小さい！」と何度もやり直しをさせられた。ここでは記念メダルも売っているが、自らが大ハンマーを振り下ろし、昔ながらのやり方で打刻を体験することもできる。女性客には、民族衣装の男性が手を貸してくれる。

クーフシュタイン城

クーフシュタイン（海抜四九九メートル）――要塞の町

シュヴァーツからさらにイン川を下っていくとクーフシュタイン（Kufstein）の町がある。インスブルックを出たイン川は徐々に東北東から北東へと流れの向きを変える。このあたりで、東西に延びるカルク（石灰岩）アルプスと呼ばれる山地を突き破り、更に北へと流れの方向を変えるのである。ここから下流のエルルまでは、川の真ん中をドイツとオーストリアの国境が走っている。

この町ですぐ目を引くのは岩山の上にそびえるクーフシュタイン城である。文献には一二〇五年に初めて現れるこの建物は、城というよりも防衛目的の要塞といった感じの堅固な建築物である。この風景も「美しきオーストリア」シリーズの一枚として切手に取り上げられている。

クーフシュタインの駅から旧市街へ行くには、途中イン川にかかる橋を渡ることになるが、この橋に司教の姿の像が立っている。これは聖ネポムクの像である。ヤン・ネポムクはプラハ大司教総代理だった人物で、国王と大司教との争いの渦中で、時のドイツ国王兼ボヘミア国王ヴァーツラフ（ドイツ名ヴェンツェル）に捕らえられ、一三九三年プラハを流れるヴルタヴァ（ドイツ名モルダウ）川に突き落とされ、溺死した。後にボヘミアの再カトリック化の流れの中で、ヤン・フスに代わる殉教者としてカトリック側から担ぎ出され、一七二九年に聖人に列せられた。川で殉教したことから、橋・船の守護聖人とされる。他の聖人に比べてさほど歴史は古くないのだが、ドイツおよびその周辺の国では、橋あるいはその近くでしばしば彼の像を見つけることができる。勿論本家のプラハのカレル橋にも彼の像（一六八三年制作）がある。

ネポムク像

クーフシュタインは一二世紀頃にはレーゲンスブルク司教領であり、後にバイエルン公領となった。一三三九年には皇帝ルートヴィヒ四世からミュンヒェンの都市法が与えられ、自治権を得ている。イン川の橋の維持管理義務と引き替えに税金は免除されていた。その息子のブランデンブルク辺境伯ルートヴィヒは年二回の市場開催権を町に与えた。この地を通過する物資に対する強制売買権を得たことにより、商業上の中心となることができたのである。

ルートヴィヒは、チロル女伯マルガレーテと結婚する際、クーフシュタインをラッテンベルク（シュヴァーツとクーフシュタインとの間のイン河畔にある）、キッツビューエルと共にマルガレーテに贈った。しかし、マルガレーテはチロルをハプスブルク家に譲渡した際、これらの町も併せて譲渡してしまう。一三六九年にオーストリアとバイエルンとの間でシェルディング和約が成立し、オーストリアはチロルを確保する代わりに、バイエルンに巨額の和解金を払い、クーフシュタインはラッテンベルク、キッツビューエルと共に再びバイエルン領となった。

この地がオーストリア領として確定するのは、一五〇四年のことである。ヴィッテルスバッハ家の下バイエルン系が断絶、その相続権をめぐって娘婿のプファルツ系と従弟にあたる上バイエルン系の当主とが争うこととなった。下バイエルンの主都がイーザル河畔のランツフートであったことからランツフート継承戦争と呼ばれる。この争いで皇帝マクシミリアンはその代償にラッテンベルク、キッツビューエルの二都市及びこのクーフシュタインを得るとの条件で、妹の夫である上バイエルン系の当主アルブレヒト四世公を支援した。当初は無抵抗で降伏し、その地位を保った城代ハンス・フォン・ピーンツェナウだったが、再びプファルツ側につき、徹底抗戦のかまえをみせた。皇帝マクシミリアンは九千人の兵で包囲したが、埒があかないと見て、インスブルックの武器庫から当時のドイツでは最大級の大砲二門を運んでこさせた。百〜百五〇キロの重さの砲弾を撃ち出せるこの物騒な代物には、「たたき起こせ」と「ドンと鳴れ」という愉快な名前がついていた。この大砲からの砲弾によって城は瓦解、城主と主だった者一〇名（一七名とも）は斬首となった。その後城の再建が行われ、一五二二年に完成。皇帝塔、市民塔など主要なものはこの時に建造された。

一七〇三年のスペイン継承戦争の際には、バイエルン選帝侯マックス・エマヌエルの率いるバイエルン軍がクーフシュタインを襲った。町の守備隊長ヴォルケンシュタインは防衛上の理由から町の外の部分に火を放つ。ところが火は市内へ、更には城塞へと燃え広がり、弾薬の貯蔵された皇帝塔と二つの弾薬庫は爆発した。城の守備隊長のコルナウはなおも抗戦を続けたが、白昼にもかかわらず密かに岸壁をよじ登った敵の突撃隊に急襲され、ついに陥落。翌一七〇四年までバイエルンの支配下にあった。ナポレオン戦争中の一八〇五〜一四年の間にも、全チロルと共にバイエルンの支配下に置かれている。

河川水運を使った物資輸送の商業上における重要性は、ハルのところで述べたとおりだが、この水運はまた軍事的にも重要であった。クーフシュタイン城包囲戦の際、皇帝マクシミリアン一世は二門の大砲を筏で運ばせたほかに、軍隊も船で輸送している。また一五三二年に皇帝カール五世は、スペイン人・イタリア人の傭兵を、ハルとクーフシュタインからトルコ軍の攻撃を受けているウィーンへ輸送した。しかし危険がなかったわけではなく、一五三八年には傭兵輸送船がクーフシュタインの橋に激突し、大きな被害を出している。

川はまた、王侯貴族が移動するのにも利用された。一五一八年秋には皇帝マクシミリアン一世がクーフシュタインからローゼンハイムまで船でイン川を下ってチロルを去り、再び戻ることはなかった。また一七六五年八月にインスブルックで突然死去した皇帝フランツ一世の遺体は、やはり水路でウィーンへ運ばれた。一週間後、その後を追って皇后マリア・テレジアと息子ヨーゼフ二世が大勢のお供と共に一九隻の船でウィーンへ向かったが、悪天候のためクーフシュタインからやや下ったエルルで一日待たされるということもあった。

現在クーフシュタインからは観光船が出ており、船からの眺めを楽しむことができる。途中の橋には船の高さすれすれのものもあり、そこを通過するときは、乗客はデッキから船室へ退避するように命じられ、その度に大移動をしなければならない。

ローゼンハイム（海抜四四六メートル）――マングファル川と合流

イン川はクーフシュタインを出るとやがてドイツに入る。クーフシュタインから約三三キロ下ったところにローゼンハイム（Rosenheim）がある。イン川はこの町の東側、中心部から少し離れた所を流れている。町の中心からイン通りを東へしばらく行くと、イン川の支流であるマングファル川にかかる橋がある。この橋のすぐ右手にはイン博物館があり、全長一五メートルのプレッテ船などイン川に関する資料が展示されている。イン通りを更に行けば目指すイン川にたどりつく。そこから下流へ向かってしばらく行くと、マングファル川が左手後方からイン川に流れ込む合流点がある。このマングファル川はローゼンハイムの西にあるテーゲルン湖に発する全長約六〇キロの川である。この川の水は澄んでいて、合流地点に立って眺めてみると、イン川の白濁した水の色との対比がはっきり見える。岸辺の水面すれすれに見える石は白っぽい。石灰岩なのか、あるいは水の白濁に染まったものだろうか。マングファル川の水の量だけではイン川の白濁は到底きれいにはならないが、さらに支流の水を迎え入れることにより、ドナウ川に注ぐころには、イン川の水は青く澄んだものとなっている。

左手後方からマングファル川

イン川にかかる橋から下流のマングファル川との合流地点へ

歩いていくと、その途中にローマ時代の古道ユーリア街道の標識がある。マングファル川、イン川を横切って東西に通じているこの道は、ローマ時代の軍用道路の一部で、西はアウクスブルク（ラテン語名アウグスタ・ウィンデリコールム）から東はザルツブルク（ラテン語名ユワーウゥム）までの部分がユーリア街道と呼ばれている。しかし実はローマ人によってアルプスの北側に作られた道は、ランデックのところで述べたクラウディア・アウグスタ街道を別にすれば、名前の知られているものはない。このユーリア街道という名称は初代皇帝アウグストゥス（在位前二七〜後一四）によって建設されたことがほぼ確実とされていることから、彼の氏族名であるユーリアの名前を採って現代になってつけられたものなのである。この街道は現在のフランスから東のコンスタンチノープルに至る道路の重要な一部であり、皇帝セプティミウス・セウェールス（在位一九三〜二一一）の建てた里程標石が一五も残っていることはその現れである。現在、道路全区間に渡って標識が建てられており、自転車道路として利用することができる。

ローゼンハイムには城塞があり、ヴァッサーブルク伯が領有していた。この城塞のことは一二三四年の文書に現れる。ヴァッサーブルク家の紋章がバラであったことがローゼンハイムの名称の起源となったのではないかといわれている。町はイン川を挟んで城塞と反対側の、川からやや離れたところにできたが、それは町とイン川の間にマングファル川があり、もとは湿地帯だったそのあたりを避けためである。一三二八年には市場開設権を獲得、一六世紀には塩輸送の中継地として認可された。次項で述べるヴァッサーブルクなどと同様、一つにはイン川の物資の運搬、もう一つは塩の運搬上の要路に当たることで繁栄した。

この町の中心となるマックス・ヨーゼフ広場は、広場とはいうものの半ば大きな通りといった感じのもので、形も長方形である。ここでは、先に述べた橋の守護聖者ネポムクが広場の中心に立っている。イン・ザルツアッハ（河畔都市）と呼ばれる建築様式、即ち出窓、バルコニー、それに建物の前がアーケードになっているなどの特徴がみられ、南国的雰囲気は感じられるが、たびたび火災に遭ったため、歴史の古い建物はあまりない。

マックス・ヨーゼフ広場

市庁舎も現代の建物で、もとは鉄道の駅舎であった。ドイツの市庁舎には、たいてい地下にラーツケラーと呼ばれる食事をする場所がある。味や雰囲気がなかなか良いことが多いので、ここで食事をするのがドイツの町を旅行する楽しみの一つになっている。しかし、いくら探してもこの市庁舎の中には見あたらない。

そこで職員に尋ねてみた。「ラーツケラー？　食事をするところ？　それなら外にいくらでも食堂があるよ」

かつてはここでも製塩所が営まれていた。バート・ライヒェンハルからここへ塩水を送る工事が完成したのは一八一〇年、ベルヒテスガーデンからバート・ライヒェンハルまでの工事が一八一七年のことであった。ベルヒテスガーデンからここローゼンハイムまでは一〇八キロの長さである。技師ゲオルク・フォン・ライヒェンバッハの手によるもので、木管が使われた。鉄管が発明されてからも、塩水を通す場合、鉄管のように腐食せず、かえって腐りにくくなるために、木管が長く使われた。

ヴァッサーブルク（標高四二七メートル）――川に囲まれた「水城」

ローゼンハイムから二五キロほど下流にヴァッサーブルク（Wasserburg）の町がある。ここでイン川は、反時計回りに馬蹄形を描いて蛇行し、町を囲むように流れており、町は舌を延ばした半島のような形をしている。イン川が囲む面積は、一二世紀から現在に至るまでの土砂の堆積によって約二倍に拡大したという。現在の町の地図を見ると、旧市街は南側に片寄っており、イン川が蛇行している東側、および競技場で言えばバックストレッチに相当する北側に土砂が堆積したことが見て取れる。

町の対岸は森になっていて、南東の丘の上から町全体を眺めることができる。一九世紀から二〇世紀初頭にかけて建設された道路・鉄道の幹線から外れてしまい、発展から取り残されたためにかえって古い町並みをよく残している。歩道がアーケードになっているところなどはローゼンハイムと共通する。

ヴァッサーブルク

町の南側にイン川にかかる橋があり、橋の中央には例によってネポムクの像が立っている。橋の手前に市門があり、かつては東方のオーストリア、ハンガリー方面からミュンヒェン方面への人や物資がこの門を通過していった。昔の船着き場はこの辺りにあった。橋を渡って少し坂を登ると、聖アハツ礼拝堂がある。かつてはハンセン病患者のための建物で、市外にあることもそのことと関係があろう。これはヴォルフガング・ヴィーザーによって建てられたもので、彼はまた前述の市門を作り、更に一五世紀初めから建築の始まった聖ヤコブ教区教会を一四七八年に完成させた最後の監督でもあった。

ヴァッサーブルクとは「水城」の意である。文献には、一一世紀末の教会文書に初めてその名前が現れる。一一三七年には城塞として文書に現れるが、そのブルクという名前から、それ以前から城塞があったものと考えられている。一二〇一年には市場として文献に現れ、一二二〇年には市壁が建設された。ヴァッサーブルク伯がこの町を支配していたが、一二四七年からバイエルンのヴィッテルスバッハ家の支配下に入る。一三三四年に皇帝ルートヴィヒ四世から都市法を与えられ、自治権を得た。この町は塩の交易とイン川航行とから富を得ていた。東方のライヒェンハルからミュンヒェンへ塩が運ばれていく途中に位置し、町は塩の量に応じて税をかけ収入を得たのである。一五〇三年にランツフート継承戦争が始まると、市民は町をプファルツ側に明け渡した。しかし、皇帝マクシミリアン一世によるケルン裁定の結果、ヴァッサーブルクは上バイエルン側のものとなり、アルブレヒト四世公は報復として町から塩独占権を剥奪し、町は打撃を受けた。しかし次のヴィルヘルム四世公は城塞を現在見るような公の居館に改築させるなど町に好意的であった。一五八五年にはその孫であるヴィルヘルム五世が町に重罪裁判権を与えている。一八一〇年に前述のローゼンハイムに製塩所ができるとヴァッサーブルクは致命的な打撃を受けた。

モーツァルトはミュンヒェン、パリへの途中三度ここに滞在している。聖ヤコブ教区教会は、七歳のモーツァルトが生まれて初めてパイプオルガンを弾いた場所である。小説『ゴーレム』の作者として知られる怪奇文学作家グスタフ・マイリンク（一八六八〜一九三二）の小説『白衣のドミニコ会士』はこの町を舞台としている。但し町の名前は記されていない。

ヴァッサーブルクを出た後、イン川はしばらく蛇行を繰り返しながら流れていく。三〇キロ程下流にあるミュールドルフ（海抜三八三メートル）は、一三二二年に皇帝ハインリヒ七世の後継をめぐってバイエルン公ルートヴィヒとオーストリアのフリードリヒ美公とが戦い、前者が勝利した戦場となったことで歴史上に名を残している。

ここから直線距離にして約三〇キロ東の地点で、南からザルツブルクを通って流れてくる支流ザルツアッハ川が流れ込む。この合流地点からはイン川がドイツとオーストリアの国境となる。右岸に広がるインフィルテル（イン川地域）は元来バイエルンに属していた土地で、バイエルン継承戦争の結果オーストリア領となったのは一七七九年と比較的新しい。

ドナウ川に合流するまでの残る道中には、ザルツアッハ川との合流点から八キロ程行ったオーストリア側にヒトラーの生まれた町ブラウナウ（海抜三五一メートル）、またパッサウの手前一二キロ程のオーストリア側に、チロルがハプスブルク家領となることが確定したシェルディング和約締結の町シェルディング（海抜三一三メートル）など興味を引かれる町が残っているが、ひとまずこのあたりでイン川の旅を終えることとしたい。

参考文献

『オーストリア史』エーリヒ・ツェルナー　リンツビヒラ裕美訳　彩流社　二〇〇〇年

『ハプスブルクをつくった男』菊池良生　講談社　二〇〇四年

Bloch, Peter André: NIETZCHE-HAUS in Sils-Maria. 3. Erweiterte Fassung. 2004

Einsle, Hans: Das Bayerische Lexikon. Mühlacker, Irdning / Steiermark. 1988

Ernst, Wili und Edmund: Wasserburg am Inn. Raubling. 2001

Harb, Rudolf / Hölzl, Sebastian / Stöger, Peter: Tirol. Texte und Bilder zur Landesgeschichte. Innsbruck. 1985

Huter, Franz [Hrsg.]: Handbuch der historischen Stätten Österreich. 2. Bd. Alpenländer mit Südtirol. Stuttgart. 1978

Pross-Weerth, Heddy: Prag und die Tschechoslovakei. Olten u. Freiburg im Breisgau. 1983

Frhr. v. Reitzenstein: Lekikon bayerischer Ortsnamen. München. 1986

Riedmann, Josef: Geschichte Tirols. Wien. 1988

Rosendorfer, Herbert: Polyglott-Reiseführer. Oberbayern. Östlicher Teil. 10. Auflage. München. 1981/82

シルヴァプラーナ　http://www.silvaplana.ch/

シルス　http://www.sils-segl.ch/

アルデッツ　http://www.ardez.ch/

アルト・フィンスターミュンツ　http://www.altfinstermuenz.com/

インスブルック　http//www.innsbruck.at/

ドイツ語版 Wikipedia のイン川、各都市、Via Claudia Augusta, Via Julia の項

ドナウ川

末永　豊

die Donau

レーゲンスブルク
シュトラウビング
ノイブルク
デッゲンドルフ
ドナウヴェルト
ヘヒシュテット
ノイシュタット
パッサウ
フォーブルク
ウルム
インゴルシュタット
ブリーガハ川
インメンディンゲン
ジークマリンゲン
ブレーク川
ドナウエッシンゲン
イーザル川
イン川

ドナウ川

ドナウエッシンゲン（海抜六八〇メートル）――「源泉」の町

ドナウ川といえばウィンナ・ワルツのウィーンのドナウ、あるいは「ドナウの真珠」と謳われるブダペストのドナウが思い浮かぶ。ところで黒海に注ぐまでの二八四五キロメートルのうち、はじめの六四七キロはドイツを流れていて、流域十か国のなかでドナウ川が一番長く流れるのがドイツなのだ。ドイツを流れるこの六四七キロ、つまりドナウエッシンゲン（Donaueschingen）からパッサウまでの流れは「ドイツ《ドイッチェ》・ドナウ《ドーナウ》」と記されることがある。といっても、ドナウはドイツの川だと言っているわけではなく、あくまで地理上の位置のことで、ウルムでも、パッサウでもドナウはつねにドナウである。

「黒い森山地《シュヴァルツヴァルト》」に発して「黒海」に至るので「黒い川（シュヴァルツァー・フルス）」と呼ばれることがあるようだが、実際にドナウ川がこの名で呼ばれるのを聞いたことはない。

ドイツ語で「暗記《メルク》句《シュプルフ》」といわれるものがある。何かを覚えやすいように考えられた詩句のことで、日本なら「啼くよ　うぐいす　平安京」などがこれにあたりそうだ。そんな「暗記句」の一つに「ブリーガハとブレーク、ドナウを実現す（ブリーガハ　ウント　ブレーク　ブリンゲン　ディー　ドー

ナウ　ツヴェーク）」というのがある。ツヴェークではなく、ツヴェーゲのこともある。ブレークに韻を合わせるためか、ツヴェークのことが多い。とにかく、ドナウ川と、ドナウ川を生みだす二つの川の名がこの句で覚えやすくなるようだ。覚えやすくなるといっても、語呂も語感も異なる私たちには句を覚える手間が増えるだけで、ピンとこない。やはりドイツ語を母語とする人たちに効果を発揮するのがドイツ語の「暗記句」なのだ。

ブレークとブリーガハの水の精は、現在は宮殿公園で石の池に囲まれた泉の精を訪れる。三人はお喋りに興じ、別れ難い思いでいる。一人ではさびしいのだ。三人のなかで一番の器量よしでリーダー格のブレークが、自分たちの源流を一緒に流れさせましょうと切り出す。大きな川ができて旅ができるし、もう一人ぼっちではなくなるというのだ。一人でいるのが好きなドナウエッシンゲンの小さな泉の精はびっくりして、泉の水と共に地中に戻ってしまう。ブリーガハはブレークと一緒に行くことにする。

地中に戻った小さな精は幸せではない。水がしみ込んでしまうからだ。水の精が生きていくには水と空気が必要で、時には陸に上がりたくなることがある。潜んでいるのが辛くなった彼女は、連れていってとブリーガハに頼む。今やきれいで大きな川ができあがったが、この川に誰の名前をつけるかで、ブレークとブリーガハが言い争う。意見がまとまらないので二人の源流の水が合流する地点から川をドナウと呼ぶことにする。

ブレークとブリーガハはじきにまたいがみ合う。ブリーガハはライン川のもとを訪れて、ラインに同行してボーデン湖へ行きたかったけれど、ブレークはもっと遠くへ行きたかったのだ。彼女は遠い国々や黒海を夢見ていた。二人がひどく争うものだから川は波立ってシュヴァーベン高地の山の精の足を濡らしてしまう。怒った山の精はドナウを岩山にしみ込ませて、水の精たちも捕まえてしまう。

でも山の精は悪い精ではない。じきに彼女たちのことが気の毒になる。それに彼はブリーガハが好きだった。「ドナウともどもブレークを黒海に行かせよう。でもお前は私のところに残るんだ。私には素晴らしい洞穴がたくさんあって、お前はそこに住める」「あまり長く地面の中にいて、私の水がしみ込んでしまうと、私は死んでしまいます。私には川か湖が必要なの。お願いだから私を行かせてちょうだい」

山の精は悲しくなるが、水の精を愛していたので自由にしてあげる。彼女は水と共に勢いよく地中から飛び出す。水は泉となってとある池にほとばしり込む。人々はのちに池をアーハ池と呼んだ。水の精はアーハ川と一緒にラインの所へ行き、ラインは、彼女がずっと行きたいと願っていたボー

ドナウエッシンゲンの「ドナウの源泉」。二人の女性が斎藤茂吉の歌碑の前に立っている

デン湖まで送ってあげる。

山の精はブレークをドナウと一緒に洞穴に捕らえていたが、自由にしてほしいと彼女が願うと、彼はドナウを地上に出して、その川床を流れさせてあげる。水の精は大喜びでドナウと共にさらさらと流れていく。長い旅の途上で彼女はほかの水の精や川の精と友だちになる。みんなは、ドナウがついに力強い流れとなって黒海に注ぎ込むまで、彼らの水をドナウに与えているのだ。

これは『ドナウ川の泉の精たち』という言い伝えのあらましだ。ドナウ川の本当の源流といえるブレーク川を姉さん格にして、ブリーガハ川、ブリーガハ川に注ぐ「ドナウの源泉」の流れを配し、アーハ川はまずボーデン湖に流れ込むので順番がおかしいけれど、ドナウ川の最上流の様子を一つのドラマに仕上げている。後で触れる「ドナウ川のしみ込み」やしみ込んだドナウ川の水がアーハの地で湧き出たあと、ボーデン湖、ライン川に至るという、地元の人が「自然の不思議」と呼ぶ現象までがしっかり織り込まれていいる。みごとに織り込まれているために、言い伝えとはいえ、かなり新しいのではないかと思えるほどだ。けれどもドナウの名の由来や源流域の不思議が水の精や山の精のおかげで親しめるものになっている。

ブレークとブリーガハという二つの川が合流してドナウ川になるのがドナウエッシンゲンの町だ。北西から町に入るとブリーガハ川は向きを真東に変える。流れは人の手で直線に変えられたのだろう。氾濫を避けるためだ。ブレーク川は町の南から北東に流れてブリーガハ川と合流する。ここからドナウ川がはじまる。

ドナウ川の源流を訪ねて斉藤茂吉がドナウエシンゲンに着いたのは第一次大戦が終わって六年後の一九二四（大正一三）年四月一八日夜一〇時三〇分のこと。まっすぐ「シュッツェ」という「旅館」に向った茂吉は、宿の人に夕食の準備の指示を出すとドナウ川の流れる場所を教えてもらって、すでに深夜といってもいい時刻なのに外に出る。よく歩く人だったようだが、月明かりの夜とはいえ、はじめての土地で暗い夜道や木立の中を一人歩くとは、不安はなかったのだろうか。茂吉は紀行文『ドナウ川源流考』でほとんどは「僕」だが、時々「僕ら」と書くことがあって、ひと気のない暗がりを平気で歩くのも、もしかしたら同行者がいたからではないかと思いたくなるが、どうやらそれは間違

ここからドナウ川が始まる。左のブレーク川と右のブリーガハ川

いで、茂吉は一人旅だった。時々の「僕ら」は、茂吉と同行者のことではなく、漠然と、茂吉ら列車の乗客を指すにすぎない。

　市内からドナウ川の起点に行こうとすれば茂吉が歩いたルートを辿ることになる。以前歩いたのは九月中旬で、夕刻とはいえ昼のように明るい。でもブリーガハ川の右岸側の木立に入ると薄暗く、人も少ない。夜中にこんな場所を一人で歩くはずはなく、同行者がいたに違いないと思ったのは「僕ら」という書き方のためだった。ところが今回、川に沿って遊歩道が設けられていて、それればかりか深い木立は切り払われて、車が走れる道路が通っている。数年で一変することがあるのか、ただの記憶違いだったのか、腑に落ちないまま遊歩道を歩く。

　しばらくして小さな橋を渡って左岸に移るのは前と変わらない。前回は、左岸に渡ると明るい日差しにほっとしたものだった。右岸、左岸といっても、棒を使えば跳び越えられそうな川幅で、水草が流れのままになびいている。黒い犬が水に飛び込んで、なかなか岸に上がろうとしない。ラブラドールなのかもしれない。ヤーン橋にさしかかると何人かの警備員がしきりに人と車の往来を整理している。巨大なトレーラーが左側の広い敷地から道路に次々に出てくるのだ。めずらしく土ぼこりが立ったりする。トレーラーや車の合間を縫って道を渡り、さらに流れに沿って先に進むと敷地の様子が分かってきた。なにか馬の競技会が終わったあとらしく、関係者が馬を移動用の厩舎に導いたり、後片付けに忙しそうだった。ドナウエッシンゲンでは毎年この時期に「ヨアヒム・ツー・フュルステンベルク侯記念国際馬術大会」が開催されていることをあとで知った。

黒海を目指して。左がブリーガハ、右がブレーク。前方を国道二七号線の橋が横切る

いよいよドナウ川の始まる地点だ。右手からブレーク川が流れてきてブリーガハと合流する。少し先まで歩いてから振返って二つの川が一本になる様子を眺める。ドナウ川の始まりだ。ブレークの向こうには緑の草原が広がる。ブレークは水量が少ない。遠く東に流れるドナウを見送りたいのだけれど、あいにく目の前に国道（連邦道）二七号線の橋がかかっている。牧歌的な眺めを期待しても、それは無理だった。ここはブレークやブリーガハの水源から遠く、田園風景が広がるとはいえ、すでに都市部なのだ。足元に石の里程標が埋められていた。ほ

かの川と違って、ドナウ川は河口から距離をはかるという。ここは、はるか黒海の河口から二七七九キロの地点だ。

二つの川に挟まれた土地の突端にみえる白い記念碑らしいものが気になる。記念碑をみるには来た道をヤーン橋まで戻るか、思い切って国道の橋に出てドナウ川の向う岸に渡るかである。橋の上からならもっとよく三本の川を一望にできそうだ。警告の注意書きのないのをいいことに国道の橋を渡ることにして土手を登り、手すりをくぐって橋の歩道に出る。ブレークとブリーガハがドナウになる様子をやや高い所からあらためて確認する。ブレークの水が少ないのでドナウも川底があらわになっている。橋を渡り終えるとまた手すりをくぐって土手を降りてドナウの向こう岸に着地。草原を歩くとやがてブレークにかかる橋（グルント橋）にぶつかるのでこの橋を渡って、今度はブレークに沿って歩いて合流地点に戻る。グルント橋の道をそのまま進めば、さきほどのヤーン橋だ。白い記念碑は女性と、女性の膝にもたれた女の子の像だった。記念碑は一九三九年にイルマとマックス・エーゴンという二人が「金婚式の思い出に」ドナウエッシンゲンのために建立したものだった。どんな人たちなのだろう。記念碑のいわれや設立者のことが分からないと、興味が湧いてこない。一般市民でドナウ川の起点に堂々と記念碑を建てるとはかなりの有力者だったに違いないが、どんな思いが込められているにしても、そこまでお付き合いできないと、早々に町に引き返すことにする。これもあとで分かったのだが、女性は母なる神バールで、膝にもたれた女の子は「若きドナウ」だった。母バールはここまで見送りにきて、最後の甘えを娘に許している様子だ。設立者は市民ではなく、フュルステンベルク侯爵家の当時の当主マックス・エーゴン二世と奥さんだった。碑文に肩書きがなかったので市民だと早合点したのだが、設立者が誰であれ、母なるバールと「若きドナウ」の像であるのならもっとよく見ておけばよかった。ただ、この立像にはモデルとなる絵のあることも分かった。その絵では女の子が一人ではなく、二人描かれている。立像の制作者が女の子を一人にすることで、母バールと「若きドナウ」という説明が成り立つことになったけれど、女の子が二人いる元の絵は誰を描いたのだろう。

市内を歩いていると工場が立ちふさがるように現われて、迂回するには右がいいのか左回りがいいのか困ってしまう。この工場は名高いビール「フュルステンベルク」の醸造所だ。「フュルステンベルク」のロゴマークはよくお目にかかる。このビール醸造所はフュルステンベルク家が所有し、早くから販売網の拡大をはかってきたので、ここのビールは地元ドナウエッシンゲンにとどまらず、ドイツ全域で知られているのではないか。遠く一三世紀にビール醸造権を獲得した一族は一八世紀に今の場所に新しい醸造所を置いてから経営に力を注ぎ、ドイツでピルゼンビールを手がけた最初の醸造所の一つだったという。二〇〇四年に経営権がミュンヒェンの某社に移ったけれど、町の人のお気に入りのビールであることに変わりはない。古くから町の雇用促進にも貢献してきた醸造所でもある。

フュルステンベルク家の居城の庭園に「ドナウの源泉」といわれる噴泉がある。先ほどの伝説に登場する泉である。円形に縁取られていて、階段で水面近くまで降りられるようになっている。泉の水は澄み切っていて、泉の底から沸き出る様子が砂利の盛り上りでよく分かる。それに、湧き出る水は空気を含んでいるらしく、いくつもの水玉が立ちのぼり、水面に達するとそこに波紋が生じる。水はたえずどこかで湧き出るので、波紋がここかしこで広がる。はじめ濁った水にみえたのは、とても澄んでいるので、水底の砂利や藻の色を水の色と見間違えたためだった。

茂吉の歌碑は偶然見つかった。探さずにすんだ。泉の背後の壁面に十枚ほどプレートがはめ込まれている。壁面の下にも碑がいくつかある。ただ、ここを訪れた人はみな泉に直行して、碑やプレートに注意を払ういとまもない。誰かがどれかの碑にかがみ込んだりすると、はじめて碑のあることに気がついて、後に続く人が出てくる。そういうわけで茂吉の歌碑を覗き込む人がしばらく続いた。茂吉の歌は日本語とドイツ語で記されている。壁面のプレートは意外に新しいものばかりで、ドナウ流域の国々の町が「源泉」の町ドナウエッシンゲンに敬意を表して贈ったもののようだ。

大きな像が「ドナウの源泉」を見下ろすように立っている。母なるバールが右手を上げて、乙女の姿をした「若きドナウ」に彼女が向うべき彼方を示している。「海（黒海）まで二八四〇キロ」と記されている。先ほどの、一キロも離れていないドナウ川の起点の里程標では二七七九キロだったからかなりずれがある。「若きドナウ」はまだ心が決まらず、後ずさりするかにみえるのが心憎い。合流点の記念碑の「若きドナウ」はもう少し幼かった。「ドナウの源泉」の像は一八九五年に建てられた。かつてはこの泉から流れ出るドナウバッハという小さな川がブリーガハ川まで続いていたが、一九世紀前半に地中に暗渠《あんきょ》が造られて、水は現在のように暗渠を流れてブリーガハ川に注ぎ込むように変えられた。このときドナウバッハの流れは埋め立てられたらしく、今では跡形もない。やや高い視点から城を描いた古い絵があって、「源泉」から流れ出た小川ドナウバッハが城の庭園を横切って、やや東の方でブリーガハに流れ込むかつての様子をしのぶことができるだけだ。

城の噴泉は一八世紀から丸く囲まれていた。モーツァルト親子がフュルステンベルクの居城に招かれた頃の泉の図が残されていて、たしかに円形をしている。ただその図に、泉から流れ出るドナウバッハは描かれていない。一九世紀前半から暗渠を流れるようになったという記述が間違っているのだろうか。モーツァルトは父レオポルト、姉ナンネルと三人で一七六三年にオランダ、フランス、イギリ

モーツァルト時代の「ドナウの源泉」
(Quelle: FF-Archiv Donaueschingen)

ス、スイスへの一大演奏旅行に出かけた。ザルツブルクの母のもとに戻ったのは一七六六年のことで、七歳の少年が一〇歳になっていたのだからずいぶん長期の旅行だった。その旅行の帰途、スイスのチューリヒ、シャフハウゼンを経て親子がドナウエッシンゲンに到着したのは一七六六年一〇月末だった。一二日間滞在して、そのうち九日間は夕方五時から夜九時まで親子は演奏したという。当時の城主はヨーゼフ・ヴェンツェル侯爵で、侯爵自身ピアノとチェロの名手だった。一二日間の滞在はモーツァルト親子にもヴェンツェル侯にもたのしいものだったようだ。「季節がこれほど押し詰まっていなければ私たちはまだ出発していなかったでしょう」とレオポルトは書いている。「お別れのとき私たちはみんな泣きました。彼(侯爵)は、しばしば手紙を書くようにと私に請うのでした。私たちの滞在がこのうえなく快いものだっただけに、別れはとても悲しいものでした」。レオポルトはドゥカート金貨を二四枚授かり、子供たちはそれぞれダイヤモンドの指輪をいただいた。このあと親子はウルム、ギュンツブルク、ミュンヒェンを回ってザルツブルクへの帰路に着く。レオポルトの手紙では、ドナウエッシンゲンを離れたあとモーツァルトは病いに倒れて、高熱で四日間ほど眠ることもできなかったという。ひっきりなしの演奏と馬車による過酷な旅に少年の体は疲れきっていた。

ドナウエッシンゲンの中心部を歩いていると「ツーア・ゾンネ」というホテル兼レストランを見かけたりする。「ドナウの源泉」や城館、博物館を訪れたあとで茂吉が昼食を取ったのが「ガストハウス・ツーア・ゾンネ」というレストランだった。関係があるのかもしれない。

茂吉がドナウ川の源流を訪ねてミュンヒェンからドナウエッシンゲンに来ることになったのは、ウィーンにいた頃「維也納生れの碧眼の処女とふたりで旅をして」「この息もつかず流れている大河は、どのへんから出て来ているだろうかと思ったこと」に始まる。ミュンヒェンの大学に移ると、復活祭の休みを利用して茂吉はじっさいに出かけたのである。ウィーン生れの女性との旅とは、紀行文『探卵患』で茂吉が語る旅行のことだろう。「僕は維也納生れの碧眼明色の娘と」と、茂吉は書いている。

誰もいない、人家もない深夜の道を、ドナウ川めざして一人歩く茂吉に、本当は旅の伴侶がいたのではないかと思ったのは、この『探卵患』のゆえでもある。ところでこのウィーン生れの娘との旅も変わっていた。旅よりも、ホテルでそれぞれの部屋で休んだ翌朝に茂吉の取った行動が不可解なら、対する彼女の振舞いがまた不可解だ。さらに妙なのは「… 数カ月経て、まだ雪の深い時分にと思って、僕ひとりでこの山中の同じ旅舎に来たのであった」と、茂吉が同じ旅を一人で繰り返していることだ。そして「さて来て見るとあんまり寂しい。…（中略）…身も心も落着かずに、あくる朝別な方向に旅立っ」ている。「かくの如き写生文は秘録であれ」と言いつつ、『探卵患』を発表する。

インメンディンゲン（海抜六六二メートル）――ドナウの水の消えるところ

インメンディンゲン（Immendingen）の「駅通り」から「黒い森通り」に出て、しばらく東に歩き、右折して「ドナウ通り」に入る。線路を越えると、前方に屋根付きの木橋が見えてくる。ドナウ川にかかる橋だ。狭いので、もともと人の往来のために建てられたのだろう。自転車は可能だ。あとで分かったところでは、もう少し上流のツィンメルンという地区にも木橋があって、そちらは一七八四年に建てられたというから相当古い。ただし一五年後にはフランス軍に燃やされてしまった。強要された地元の人が荷車で橋の上にわらを運び、フランス兵がわらに火をつけた。一八二五年に再建されたものの、第二次大戦末期の一九四五年に今度は撤退するドイツ兵の手で破壊された。現在の木橋は一九四七年に再建されたものだという。「歴史的木橋」として大事にされている。

今渡るこちらの木橋がいつ頃建てられたのかは分からない。説明のプレートのようなものは見当たらなかった。新しいのだろう。思いがけない屋根付き木橋を渡って先に進む。

　夏季にドナウ川の水が地中にしみ込んで、川床がむき出しになる場所がこの先にある。ある地点から水が消えてしまうのである。「ドナウ《ドーナウ》のしみ込み《フェアジッケルング》」とか「ドナウ《ドーナウ》の沈水《フェアジンクング》」とかいったりする。地元では後者を使っていて、現地の案内板も「ドーナウ・フェアジンクング」だ。水が消える場所はここのほかに、上流に一カ所と、下流のトゥットリンゲンやフリーディンゲンの近くにもあるようだが、規模はインメンディンゲンのここが一番大きい。

途中で出合った屋根つきの木橋

　雨の少ない夏季で水量が少ないから起こる自然現象とはいえ、ただ干上がるのではない。ドナウ川はすぐ上流では水を湛えているのに、ここへ来て水が地中にしみ込み、その結果川底が露呈してしまうのである。水が沈んでいくゴボゴボという音まで聞こえるという。水のない川床を歩いた限りではそれらしい音は聞こえなかった。川床に耳をあててみればよかったとあとで思う。
　一七〇九年にブロイニンガーという人が「ドナウのしみ込

ドナウの水の消えるところ

み」について記録しているというから、ただ干上がるのではなく、ここで水が地中にしみ込んでしまうための現象だとかなり早くから知られていたことになる。一八七四年にドナウがここですっかり川底をあらわにする「完全《フォルシュテンディゲ》しみ込み《フェアジッケルング》」が確認されてから、年間の「完全しみ込み」の日数は増えている。一九二一年はあたたかく乾燥していて、ワインの当たり年としても記憶されているようだが、この年ドナウ川はここで三〇九日間もまったく水が流れていなかった。

　当初から、地中にしみ込んだドナウ川の水は、一二キロほど南のアーハ水源で湧き出ると推測されていて、一八八七年のある実験で推測の正しかったことが証明された。この年の秋に、塩、色素、そして強烈な匂いがするという頁岩油《けつがんゆ》がしみ込み箇所に投入された。そして標高で一八〇メートル低いアーハ水源で三つともに確認された。塩は「化学的沈澱反応」によって、色素はアーハ水源の水の「みごとに緑色に輝く色合い」で、頁岩油は「クレオソートのような匂いと味」で確認されたのだ。

「それから国土は下り坂になって、汽車は南方の平野に向って驀地《まっしぐら》に走った。して見ると、ドナウ川はやはり高原を流れていたのだということを僕は思った」。ドナウエッシンゲンからインメンディンゲン経由で南に走った茂吉はこう書いているので、標高差は汽車に乗っていても感じられるもののようだ。しかしインメンディンゲンでしみ込んだドナウ川の水がアーハに達するのは、土地の標高差のためではなく、あくまで、インメンディンゲンとフリーディンゲンとアーハを結ぶ三角地帯の地下がジュラ紀以来の石灰岩で成り立っているためだ。石灰岩は雨や雪などの降水で解け、空洞や割れ目、洞穴等を生成する。インメンディンゲンのしみ込み箇所だけで年間平均一秒当り五〇〇〇リットルものドナウ川の水が吸い込まれていく。しみ込んだ水はここからアーハ水源まで、ドナウ川の水が流れている時期なら三〇時間で、しみ込みの時期には八〇時間以上で達する。しかも水はしみ込みながら年々七〇〇〇トン、二七〇〇立方メートルもの石灰を洗い流すという。地中の空洞、割れ目、洞穴等が拡大して、また増えている。時々土地がいきなり陥没することもあるというからうっかりできない。一九九四年六月二四日一一時三〇分にドナウ川の川床が陥没している。平地でのことでなかったのが幸いである。ミヒェルスロッホとかハルトロッホのように、「穴」を意味するロッホのつく場所が三角地帯に数カ所あるが、これらはかつて土地が陥没した所を表わすという。

「しみ込み」、とくに「完全しみ込み」の時期にはドナウエッシンゲンに始まるドナウの水は、二六

ほんの少し上流では水を湛えるドナウ

キロほど流れてインメンディンゲンにさしかかると姿を消す。ここから地中にしみ込んでアーハ水源で湧き出ると、今度は川となって地表を流れてボーデン湖に注ぎ込む。ボーデン湖はふたたびライン川になるので、ドナウ川はライン川の支流でもあるといわれたりする。母なるドナウの側からみると、母は父なる、あるいは夫のラインに水を譲っているのである。いや、この最上流のドナウ川はドナウエッシンゲンの記念碑のように若い娘の姿でイメージされる。もはや最上流部といえないドナウヴェルトのドナウ橋のたもとに、ハンス・ヴィマーという彫刻家の制作した「若きドナウ」像があって、ここでもドナウは乙女の姿をしている。つまり、うら若い娘がけなげにも父に水を譲っているともいえる。

ライン川とドナウ川の分水界はヨーロッパ分水界でもあって、ライン川は北海を目指して北上し、ドナウははるか東の黒海に向う。ところがドナウの水はこの分水界をあっさり「のり越える」のではなく「くぐり抜け」て、ライン川に注ぎ込む。事情が分かれば不思議はないとしても、「しみ込み」

も、ヨーロッパ分水界の「くぐり抜け」の現象も自然の妙に違いない。

アーハ水源の側からは洞穴調査が行なわれていて、「湖ホール」や「灰色ホール」と名付けられた地底湖のような場所も発見されている。

ジークマリンゲン（海抜五七八～七九四メートル）――ヴィシー政権の八か月

フリーディンゲンから修道院で有名なボイローンにかけてドナウ《ドーナウ》渓谷《ドゥルヒブルッフ》が続く。ドゥルヒブルッフには「切り通し」の意味もあるが、人工的に切り開かれたのではなく、太古からの自然が作り出した景観だ。緑の平地を蛇行して流れるドナウ川を挟むようにして、両岸に、とくに左岸側に白亜の岩壁が屹立する。右岸側は緑が多く、やや後退している。

ボイローンを過ぎるとやがてドナウ川は渓谷を抜けて平地を流れる。右手に城らしい建物がみえてくるとジークマリンゲンの町だ。

ウルムで小休止した茂吉の乗る汽車がジークマリンゲン（Sigmaringen）に着くと、茂吉は夕食用のパンを買う。前の席に座ったドイツ人の若者は、この先の山上の孤児院で保母として働く姉を訪ねていくのだという。駅に着くと若者は握手して降りていく。茂吉は「山上の孤児院のことを思い、そこに勤めている若い女のことを思った」。ウィーンとミュンヒェンで実験室に閉じこもって研究してきた茂吉は、山上の孤児院で働く彼女の姿と自分とを重ね合わせてみる。そして「…月光のこのように身に沁みたことは、今までになかった」と気づく。月に照らされたドナウ川がうねりながら見えなくなるのをみていると、茂吉は目に涙がにじんでくる思いがする。忘れがたい挿話だ。なぜか、山上の孤児院で働くその若い女性がとても美しい人に思えてくる。

小さいながらもジークマリンゲンはかつてのホーエンツォレルン＝ジークマリンゲン侯国の首都だ。ホーエンツォレルン家の歴史は一一世紀にまで遡り、もともと、やや北のヘッヒンゲン郊外にあるツォラー山の城を核にしていたが、一三世紀はじめにシュヴァーベン系とニュルンベルクのフランケン系とに分かれる。後者の発展はめざましく、最終的にはブランデンブルク＝プロイセン系に至ってプロイセン国王を、一八七一年からはドイツ帝国皇帝を送り出す。

一五一三年にジークマリンゲンの町はシュヴァーベン系ホーエンツォレルン家の所領となり、古くからドナウ川右岸の岩山に建つ城はこの時から同家の居城となる。シュヴァーベン系ホーエンツォレルン家は一六世紀後半、さらにヘッヒンゲン、ハイガーロッホ、ジークマリンゲンの三家に分かれる。

三〇年戦争のさなかの一六二三年に、神聖ローマ帝国皇帝フェルディナント二世によってそろって侯国に格上げされると、三つの町はそれぞれ侯国の首都となったのである。鉄道でホーエンツォレルン城の見学に行くとき、最後に下車するのが小さなヘッヒンゲンの駅だが、ここもかつては侯国の首都だったのである。一九四三年にベルリンのカイザー・ヴィルヘルム・インスティトゥートがヘッヒンゲンとハイガーロッホに疎開してきて、ハイゼンベルクやヴァイツゼッカーらはハイガーロッホの堅固な岩山に守られて核分裂の研究を継続した。ハイガーロッホの町も旧侯国の首都だ。ホーエンツォレルン＝ハイガーロッホはのちにホーエンツォレルン＝ジークマリンゲンに吸収される。

シュヴァーベン通りだったか、とある路地がその通りに抜ける場所に小さな泉がある。見上げるような泉の多いなか、小さいので威圧感がないだけ好ましい。このようにこじんまりした泉も珍しく、ほっとする。水盤の四隅に三人の乙女と男性一人を配置した「四季の泉」だ。以前来たときは四人とも乙女だとばかり思っていたが、あらためてみると一人は男性だった。四人とも六〇センチほどの大きさで、タッチは荒い。一人一人が季節を表わしていて、帽子に鳥のひなのみえる乙女が春なら、大鎌を構える乙女が夏だ。葡萄の房を掲げる娘は秋。冬の男はといえば、マントを広げて火をまもっているようにみえる。制作者はヨーゼフ・ヘンゼルマンという人で、バイエルン州の芸術アカデミーの院長を務めたこともある彫刻家だ。ほかにどんな作品があるのか、知りたくなる好ましい泉だ。幸い下流のヘヒシュテットやパッサウでもヘンゼルマンの作品に出会える。もともとジークマリンゲンのライツ地区出身の人で、ライツでは古い建物が美術館に改修され、現在、画家だったマリアンネ夫人の作品とともにヘンゼルマンの作品が展示されている。

町のシンボル、ジークマリンゲン城は一〇七七年の文書ですでに述べられているというから非常に古い。火災や三〇年戦争での破壊に耐え、増築、改築、修復を重ねて現在に至っている。ドナウ橋を渡って、対岸から白鳥の遊ぶドナウ川越しにみる城は絵はがきにもなるほどで、美しくもあり、かつ近寄り難くもある。対岸に来ると、城を背後から見上げる格好になって、城の建つごつごつした岩山が丸見えになるからかもしれない。南の旧市街から見えるのは城だけだ。駅を降りてから、逆「く」の字形に坂道を登って町にたどり着くのだが、ドナウ川の対岸からみると、町全体が高台にあることがあらためてよく分かる。いつからか、エスカレーターが設置され、とても助かる。

四季の泉。手前が冬、左手が春、後ろ姿は夏、右が秋

第二次大戦の末期、一九四四年九月から四五年四月にかけて、ジークマリンゲンの城にフランスの三色旗がひるがえった。ただ、その意味するところはフランス共和制の「自由、平等、友愛」ではなく、ペタン元帥が提唱する「労働、家族、祖国」だったに違いない。ペタン元帥を国家元首とし、ピエール・ラヴァルを首相とする対独協力政府であるヴィシー政権がジークマリンゲンに置かれたのである。ヴィシー政権というより、崩壊したヴィシー政権の残存勢力という方が正確かもしれない。六月に連合軍がノルマンディーに上陸すると、元帥は暴力的にヴィシーから、まずドイツ国境に近いベルフォールへ、そしてここドイツのジークマリンゲンに連行されてきた。ドイツ国内であるにもかかわらずドイツはカール通り三二番地の「侯国文書館」に駐仏ドイツ大使館を置いた。この駐仏大使館が発信した文書の便せんにはパリの駐仏大使館と印刷されていて、パリ時代からいろいろ手配していたようにみえ、手際の良さにびっくりしたが、ジークマリンゲンに移ってからもパリ時代の便せんを使っているにすぎなかった。

ヴィシーにはアメリカからヴァチカンまで各国の大使館が置かれていたが、ペタン元帥を追ってジークマリンゲンにまで駐仏大使館を開設した国はドイツを除けば二カ国にすぎない。日本とイタリアである。日本の駐仏大使館としてレオポルト通り四二番地のビール醸造所兼ホテル「ツォラーホーフ」が割り当てられ、三谷隆信大使ら日本の外交官はここに起居した。イタリア大使館にはゴーアハイマー通りの「シャレー・トイフェル」が割り振られた。もっとも、イタリア本国では前年にムソリーニが失脚し、パドリオ政権は連合国側と休戦協定を結び、「南部王国」を起こすとドイツに宣戦布告していた。ジークマリンゲンの駐仏イタリア大使館は本国のこの新政権とは関係なく、グラン・サッソ山中のホテルに幽閉されていたムソリーニを救出したドイツが、ガルダ湖畔のサロという町に樹立させた傀儡政権「イタリア社会共和国」の出先機関にすぎなかった。しかもヴィシー政権は「イタリア社会共和国」を承認していなかったので、ジークマリンゲンでのイタリアの大使館開設はドイツの意向によるものにほかならない。したがって、対独協力勢力を存続させたいドイツを別にすれば、主権国家でドイツのジークマリンゲンに駐仏大使館を置いたのは事実上日本だけだった。スイスに移って情報収集に努めるようにという指示をのちに受けたようだが、ドイツ側の要請と、当初の「ヴィシー政権と最後まで行動を共にせよ」との訓令にしたがって三谷大使たちはペタン元帥を追ってジークマリンゲンにやってきた。

ペタン元帥夫妻とラヴァル首相夫妻はジークマリンゲン城に落ち着いた。元帥夫妻は、城を接収されたフリードリヒ・フォン・ホーエンツォレルン侯爵の居室を与えられた。ラヴァル夫妻は直前までガボルド、マリオン、ダルナン、ド・ブリノンら他の閣僚、高官と一緒に「ツォラーホーフ」に部屋を与えられることになっていた。急遽日本大使館に変更されたところだ。ジークマリンゲンでビールといえば「ツォラーホーフ」だ。はじめてこの町にきたときは、レストラン、カフェ等ビールの飲めるところにはすべて「創立一八四五年　ツォラーホーフ」のロゴマークが目に入った。店内に入れば他のビールも提供されるのだろうが、とにかく「ツォラーホーフ」ビールが町を席巻していた。地ビールだからというだけではこれほど愛されはしない。ハーフ・マラソン大会を開いたりして地域の活性化に貢献する一方で、数年前ある世界見本市で金賞を受賞している。もっとも、久しぶりに町を歩いてみると、「ツォラーホーフ」はあまり目にとまらなかった。

一八四五年に醸造所を設立したカール・フィデーリス・グラーフという人は気概のある人物だった。一八四八年のフランスの二月革命は、ドイツに、そして小国ジークマリンゲンにも波及した。君主カール・アントンをはじめとする侯国政府は国外退去せざるをえなくなるほどだったが、その時期、四八年から四九年にかけて市長を務めたのがグラーフだった。フランス共和制を嫌うヴィシー政権の要人たちが、フランスの二月革命の影響を受けたジークマリンゲンにおける運動の中心点の一つ「ツォラーホーフ」に起居したかもしれないのは歴史の皮肉である。

ジークマリンゲンにおける運動の影響は大きかった。動揺したカール・アントンは今や大樹となったプロイセン王国に侯国の統治権を委ねることにする。一八四九年一二月、ジークマリンゲンとヘッヒンゲンの両侯国はプロイセンに併合される。ドイツ南西部にプロイセンの飛び地が出現した。カール・アントンはベルリンに移り、のちにプロイセン首相を務める。彼の後任はビスマルクだ。カール・アントンがジークマリンゲンに戻ったのは一八七一年、普仏戦争でプロイセンがフランスを破り、ドイツ帝国が成立した年である。もはや革命騒動におびえたかつての小国の君主ではなかった。

ペタン元帥もラヴァル首相も、活動しないことを表明していて、ドイツ側から「眠れる閣僚」と呼ばれていた。ガボルド、ビシュロンヌ、マリオン、マテ、『友情論』で知られるボナールといった人たちも同様だった。ドイツ側の期待は今やボーデン湖のマイナウ島にいる対独積極協力派のジャック・ドリオと、彼を中心とする「フランス解放委員会」に移っていた。しかし四五年二月にドリオの乗る車が連合軍の航空機の銃撃を受け、ドリオは死亡する。メンゲンで行なわれた葬儀には三谷大使等日本の外交官も加わった。ドリオの葬儀は、対独協力勢力に寄せるドイツ側の最後の期待を葬るものでもあった。

一九四五年三月三一日にフランス軍は北のシュパイアー付近でライン川を右岸に渡河すると、一気に南下する。四月末にマイナウ島に達したフランス軍はドリオを探し、メンゲンでは彼の墓を暴いている。彼の死を確認したのだが、フランスがどれほどドリオを警戒していたかが分かる。

フランス軍がジークマリンゲンに入城したのは四月二二日のこと。この時にはペタン元帥や、別の城に移されていたラヴァル首相も姿を消していた。二一日早朝、元帥は捕虜のごとく、城主のごとく過ごした城を離れる。留まってフランス軍を待ちたいと申し出たが、ドイツ側が認めなかったという。作家セリーヌはジークマリンゲンまで同胞と行を共にしていたが、セリーヌが落ち着いたのはドイツ大使館員の宿泊するホテル「レーヴェ」だった。小さな町は二〇〇〇人ものフランス人のみならず、多くの疎開児童、避難民を抱えて住宅事情は最悪の状態だった。それでもセリーヌはフュルスト・ヴィルヘルム通り二番地の住宅を与えられて、医師として開業している。しかし彼はドイツにも、同胞にも見切りをつけて、四四年秋にジークマリンゲンを去って、デンマークに逃れていた。

日本大使館にはまだ三谷大使、北原秀雄、近藤賢一郎、加藤文一の四名の外交官が留まっていた。しかしフランス軍の接近であわただしくなる。四月二〇日の夜にドイツ大使館から、明朝五時出発の連絡を受け取る。ツォラーホーフの人たちに見送られて三谷大使たちはまず東のヴァンゲンを経てボーデン湖畔のブレゲンツに移動してスイスに入国する。三谷大使は「… でも私の滞在をかくも快適に、心地よくしてくれたのは、シュミット家のみなさんが私と私の友人たちを迎えてくれた心のこもったおもてなしでした …」と書き残した。近藤は日本語で「幾山河　越え去り行かば　寂しさの果てなむ国ぞ　今日も旅行く（牧水）」と日本語でしたためた。加藤は「… もみの森、三色旗で飾った城のはるかな眺め …… そしておいしい料理」と、彼の心にかなったものをフランス語で書き残した。北原は写真を残した。

三谷大使は自伝の中で、ジークマリンゲンで親しくことばを交わした少年について語っている。その「少年」は、二〇〇五年にドイツのラジオ局が企画した戦後六〇周年記念の番組のインタヴューで、彼ら子供たちによく「君たち、元気かい」と声をかけたというラヴァル首相らについて語っていた。

ウルム（海抜四五九～六四六メートル）――ウルムの仕立屋さん、大聖堂、雀、箱船

岡山の浮田幸吉という二八歳の青年が自ら製作した翼をまとって、旭川の橋から飛んだのが一七八五（天明八）年のこと。鳥人幸吉から四半世紀後の一八一一年五月三一日に、やはり空を飛ぶ夢を追うアルブレヒト・ルートヴィヒ・ベルブリンガー（一七七〇～一八二九）という四一歳の中年男性が、同じく自家製の翼を身につけてドナウ川沿いのアードラーバスタイ（鷲稜堡）を飛び立った。ドナウ川を飛び越えて対岸に着地するはずだったが、幸吉と同じようにそのまま川に落下した。五月のドナウ川の水はまだ冷たく、必要な上昇気流に恵まれなかった。幸吉は備前の国から追放され、ベルブリンガーは市民の嘲笑を浴びる。飛行の失敗は二度と立ち直れないほどの打撃をベルプリンガーに与えた。

子供の頃に父親を失い、孤児院に入ったベルプリンガーは、もともと機械いじりが大好きだったけれど、孤児院の「養父」の勧めで仕立屋の修行を始める。彼はめきめきと腕を上げ、二一歳でマイスターになる。当時、ベルプリンガーのことなのか、一般的な話なのかは不明だが、マイスターになるのは二五歳位と見なされていたようで、ずいぶん早い。とくに好きというわけではない仕事でも異例の早さでマイスター資格を取得したところに彼の異才ぶりが現われている。翼の製作でも明らかなように、機械いじりは趣味の域にとどまることなく、ベルプリンガーは何かを考案する人だった。特筆されているのが、飛行に先立つ一八〇八年の、関節のついた義足の開発である。事故で足を失ったシュルムペルガーという兵士のために、ベルプリンガーは義足を製作する。それまで義足は木の棒のようなものであったが、彼の考案した義足は、足の形をして、何よりも関節があって、動くようになっていた。現在の義足や義手は彼のコンセプトが基になっているといわれるほど画期的な発明だった。ウルム（Ulm）は一八〇二年からバイエルンに帰属していて、ベルプリンガーはバイエルン国王に特許のようなものを申請したが、拒否された。多くの戦傷者の励み

ベルプリンガーが 1811 年に行なった飛行の失敗の様子
（Der Schneider von Ulm より）

ベルプリンガーはここに足場を組んでドナウの対岸を目指した

になったはずの義足の発明はその価値を認められなかったのである。
ウルムの町の背後、北寄りにミヒェルスベルクという丘陵があって、ベルプリンガーはここの傾斜を利用して「園亭」から「園亭」へ飛行実験を繰り返していたらしい。いきなりドナウを飛び越えようとしたわけではない。実験を見物する住民も多かっただろうし、誰よりもベルプリンガーには成功する自信があった。新聞に発表して、製作した翼を「金の十字架亭」という「旅館」の広間に展示し、自由に観覧できるようにしたほどだ。
一八一〇年にドナウ左岸のウルムはヴュルテンベルクに割譲され、一一年五月に国王フリードリヒ一世がウルムを訪れることになった。いわば国王歓迎式典の目玉としてベルプリンガーの飛行が設定されたようだ。ベルプリンガーもウルム市民も成功を確信していた。彼が飛び立つアードラーバスタイは水面から一二メートルの高さがあって、対岸まで六四メートルある。ミヒェルスベルクでの飛行実験から、彼はここではもっと高さが必要と考え、さらに七メートルの足場を組むことにする。このあたり、彼が綿密な計算のうえで計画を進めている様子がうかがえる。当日、五月三〇日にベルプリンガーは、国王や多くの観衆に見守られながらも、慎重にいったん飛行を取りやめている。翼のどこかが壊れていたようだ。「いかなる発明も、たとえそれがその誕生時に期待に応えることがなくとも、さらなる進歩のために奨励されねばならない」と表明して、ベルプリンガーに報奨金を与えたというから、フリードリヒ一世はえらかった。

翌三一日にベルプリンガーはふたたびアードラーバスタイ上の足場に立った。国王はウルムを去って、王の兄弟が対岸にいた。そして、風に恵まれぬまま飛び立ったベルプリンガーはドナウに落下したのである。いい風を待っていたのに、後ろから突き落とされたともいわれる。信頼の厚かった市民、仕立屋、発明家ベルプリンガーであったのに、一変して嘲笑の的となってしまう。立ち直る機会を掴めないまま、アルコールと賭けに身を持ち崩した人間と見なされるようになったようだ。奥さんは一八二〇年に五四歳で亡くなる。衰弱死だった。再婚したものの、彼も一八二九年に救貧院で息を引き取る。やはり衰弱死だった。墓も不明だという。

二人目の奥さんは夫の死後どうしたのだろう。大聖堂の南、ドナウ川に近い辺りに「漁師《フィッシャー》地区《フィアテル》」といわれる一帯がある。北西から流れてきたブラウ川が小ブラウと大ブラウに分かれてドナウに注ぐ。

どちらもこの一帯では用水路のようだけれども、水は豊富で勢いがある。「漁師地区」を歩いていると、おそらく大ブラウと思われる流れに向かって傾く、こじんまりとした、感じの良い建物が目にとまる。この建物だけではないが、白壁に濃い色の梁の、いわゆる木組みの家で、どの窓にも花が飾られている。これがウルムの名所の一つ「か《ダス》しいだ《シーフェ》家《ハウス》」だ。現在はホテルになっている「かしいだ家」がマリア・ベルプリンガーさんと関係があった。彼女はこの「かしいだ家」で暮らしていた。おそらくマリアさんの終の棲家であった。子供たちにも先立たれた孤独な彼女に、少なくとも暮らせる家はあったのだ。

この家がホテルとして利用されるようになったのは一九九五年からなのでつい最近のことだ。中に入るとすでに床が傾いていて、軽いめまいを覚えることもあるらしい。すべてが傾いているなかで、さすがにベッドは水平で、ベッドの頭のところに水準器が取り付けてあって、宿泊客はベッドが水平であることを確認できるという。

なぜこの家は傾いたのか。家の南側はブラウ川の中に建っていて、建物の重みで次第に川底が沈んでいき、家が川の方に傾いていく。住人は家の中に何かを積み上げて水平を保とうとする。そのため南側はますます重くなって、傾いていく。一九九五年の大改修で傾きはとめられた。傾きをとめるにとどめて、建物ごと水平にしてしまわなかったおかげで、以前のままの、歴史的なたたずまいが残された。

ここにあった家が一四四三年に現在のような建物に改築された。漁師たちが住んでいた証として、捕らえた魚を放てる水槽が地下室に発見されている。ブラウ川から水を引いていたという。この家に住む住人、職人の顔ぶれも変わる。とくに一九世紀に入って、ウルムでは町の貧困化が進行したようだ。はっきりしたことは分からないが、対ナポレオン・フランス軍との戦費調達等で町の財政が悪化したためだ。また、一九世紀の産業化から取り残された人々も出てくる。豚飼いや工場労働者がここに住むようになる。ベルプリンガーの奥さんが暮らすようになるのもこの時期だった。

二〇世紀になって作家、作曲家、映画人がベルプリンガーを取り上げて彼の復権に道を開く。一九八六年、ベルプリンガーの飛行一七五周年を記念して、ウルム市は「ベルプリンガー飛行コンテスト」を開催する。そしてこの時参加者の一人が、復元したベルプリンガーの翼でみごとドナウ川を飛び越え、対岸に着地した。ベルプリンガーの考案した翼の正しかったことが証明されたのである。鳥人ベルプリンガーがようやく復権した記念すべき日となった。

同時代の人たちに冷笑され、不遇の半生を送ったベルブリンガーだが、現在彼は「ウルムの仕立屋さん《デア シュナイダー フォン ウルム》」と呼ばれ、進取の気風に富むウルムっ子の代表の一人として親しまれている。

市庁舎の内部の吹き抜けに、ベルプリンガーの翼が復元されて展示されている

中世風のみごとな市庁舎に入ると中央部分は吹き抜けになっていて、見上げるとベルプリンガーの翼の複製が展示されている。広げた翼は一〇メートルはありそうだ。残存するアードラーバスタイの、彼が飛び立った場所にはプレートがはめ込まれている。ここに彼は足場を組んで、対岸を目指したのだ。私が行ったときはアードラーバスタイの補修工事中で、柵越しにプレートがみえるだけだった。ここを舞台にしてベルプリンガー賞を競う「国際飛行コンテスト」が二年に一度開催される。

中央駅を降りて賑やかな「駅通り」を歩けばすぐに大聖堂の建つ大聖堂《ミュンスター》広場《プラッツ》に着く。広場の一角に白いモダンな建物が建ち、まだ周囲にとけ込んでいるようにはみえない。「市の家」とか、設計者にちなんで「マイアー館」と呼ばれている。

ウルムの大聖堂《ミュンスター》にしてもケルンの大聖堂《ドーム》にしてもじつに無造作に建っている。後者の場合、すぐ足下にドイツ鉄道の中央駅まであって、終日列車が往来する。大聖堂のこんな間近によく鉄道を通して、駅を置いたものである。二つの大聖堂に限らない。ミュンヒェンのミヒャエル教会もその扉は通りに直接面している。どこでもそのようだ。世俗の喧噪の真只中に無造作に在る感じがする。世俗の日常の世界が扉に触れている。日本であれば塀や垣根がはり巡らされて、これによって日常の世界と中の世界とが分かたれる格好になる。中の世界と外の世界とを分かち、隔てる役目を果たす何かがある。そこを抜けて中に入ると、外の喧噪の世界とはまるで違う静寂と瞑想の世界だ。中にいると外の喧噪はうそのようで、外にいては中の静寂の世界は思いもよらない。教会や聖堂で思い当たるものがあるとすれば、分厚い石の壁と重い扉だろうか。塀や垣根のようなものはない。体重をかけるようにして重い扉を押して入ると、うす暗い内部は静かで、外の喧噪はうそのようだ。もしかしたらこの石の壁や扉が二つの世界を隔てる役目を負っているのかもしれない。石の壁はいかにも堅固でよそよそしく、人を寄せ付けない印象を与える。それでもやはり、教会や聖堂そのものは世俗の世界のただ中にいきなり在る感じがするのはたしかだ。無防備というわけではなく、とにかく無造作にそこに在る。これといった根拠もないが、日本の場合どこかに世俗との関係を断った修行の場という性格があるのかもしれない。一方教会はあくまで神の家としてつねに信徒に開かれた存在でなければならない。すると人々の生活の場のただ中に教会があるのも自然なのだろう。

ウルムを含む一四の帝国都市が結成した「シュヴァーベン同盟」は神聖ローマ帝国カール四世に認められず、一三七六年にウルムは帝国軍に包囲される。帝国軍は撤退するが、その間ウルムの市民の悩みは教会に行けないことだった。彼らの教区教会《プファルキルヒェ》が市壁の外にあって、危険だったからだ。人々は、町の外の教会を取り壊して、市内に新しい教会を建立することで一致する。礎石の置かれたのが一三七七年六月のことだから、決定はずいぶん早かったが、これが、一八九〇年の完成まで五百年以上を要したウルムの大聖堂の建設の始まりだった。解体した教区教会の石を人々は市内に運び込んで新教会の建設に利用した。大聖堂の北面の脇玄関の一つには一三五六という年数が読み取れるという。一四〇五年に大聖堂は聖別され、教会としての活動を始める。ウルムの大聖堂の特徴は、世俗、聖職を問わず諸侯の手によらない「市民教会」であることで、市民の寄金で建設は進められた。このことは市民の誇りでもある。一八九四年になって大聖堂の管轄は市からウルムの福音主義教会に移行した。

一六世紀に入って宗教改革の時代、一五三〇年にウルム市民はプロテスタントに改宗する。カトリックとプロテスタントとの間の争いを終結させる一五五五年の「アウクスブルクの宗教和議」で諸侯、帝国都市に宗派選択の自由が認められた。もっとも、プロテスタントはルター派だけで、カルヴァン派やツヴィングリ派は除外されている。さらに、一般信徒に選択の自由はなく、支配者の選択に従わねばならなかった。「領主の宗教がその地の宗教」といわれるとおりである。移動の自由も認められたが、この権利を行使できた人たちがどれくらいいただろうか。

帝国都市ウルムの例をみると、一五五五年の「アウクスブルクの宗教和議」をもって諸侯や帝国都市がカトリックであり続けるか、プロテスタントに改宗するかを一斉に考えたのではなく、多くはすでになされていた選択を追認するのが「和議」だったのかもしれない。

一五三〇年の改宗後、偶像崇拝を戒めるプロテスタントゆえ、主祭壇以外に五〇を超える祭壇を有する大聖堂でも「聖画像破壊運動《ビルダーシュトゥルム》」が吹き荒れたようだ。

一五四三年に市は大聖堂の建築を停止する。プロテスタントの都市ウルムはカトリックの帝国軍との戦争で莫大な戦費を調達しなければならず、聖堂建設どころではなかった。ガイスリンゲン等三つの町と五五の村を擁するウルムであったが、三五の村は略奪されたり焼き払われたりした。戦火は止んだもののウルムは帝国軍に高額の賠償金を支払わねばならない。また、三〇年戦争のさなかの一六三四年から三五年にかけて五千人もの人がペストで命を落とし、さらに終戦後は、帝国都市として神聖ローマ帝国が支払う賠償金の一部を負担しなければならない。その後もフランス、バイエルンの軍隊が交互にウルムを占領し、町は占領軍にやはり高額な負担を強いられる。負債は天文学的な額にのぼり、一七七〇年のウルムの財政は破産同然の状態だった。帝国もウルムの負債償却法を考えざるをえなくなり、ウルムはヴァインという地域を五〇万グルデンで売り渡すことになる。その後も事あるごとに外国の軍隊に法外な金額を支払うよう繰り返し強いられ、町として存続できたのが不思議なくらいである。なお、前述のように一八〇二年にウルムはバイエルン選帝侯国に組み入れられ、しかも一八一〇年になると、バイエルンとヴュルテンベルクとの間で結ばれた条約で町は分割される。ドナウ川を境界線として左岸のウルムはヴュルテンベルク、右岸はバイエルンに属することになったのである。現在ウルム市はバーデン＝ヴュルテンベルク州の町で、対岸のノイ・ウルム市がバイエルン州の町であるのは一八一〇年の二国家間の条約に由来する。

ベルプリンガーが飛び立ったアードラーバスタイと対岸との間に中州があるが、バイエルン州とバーデン＝ヴュルテンベルク州との州境はアードラーバスタイと中州との間を走っている。

とにかく大聖堂建設は財政上も、都市としての不安定さからも問題になりようがなかった。建設が停止された理由に美意識の変化も挙げられている。つまりゴシック建築様式からルネッサンス様式の時代に移行する時期にさしかかっていたというのである。

建設作業所《バウヒュッテ》がふたたび開かれて大聖堂の建築が再開するのは一八四四年のことで、再開まで三百年を要したが、建築様式はふたたびゴシックであった。一九世紀に入ってナポレオン・フランスに蹂躙されたドイツでは民族意識が高揚し、民族のルーツが中世に求められるのにともなってゴシック様式が再浮上する。尖塔が建ち、その上に頂《クロイツ》華《ブルーメ》が置かれて大聖堂が完成したのは一八九〇年だった。一〇年前に完成したばかりのケルンの大聖堂より四メートルほど高くした背景には、ケルンの大聖堂に対するライバル意識が働いていたのだろうといわれている。

大聖堂の建築を始めると足場を組む木材が必要になったので、ウルムの人たちは市門の外の森に入って、木を切り倒して枝を落とした。一本目のしっかりした梁ができた。六人の男たちが肩に背負ったが、歩きやすいように前後にではなく、左右に並んで運んだ。疲れたら代われるように他の六人が後に続いた。ところが市門が狭くて、横のままでは中に入れない。どうやって梁を通したものか、一二人の男たちは思案する。

「切ろう」「でも教会を建てるには短くなってしまう」

「門をずらそう」しかしいくら押しても引いても門はびくともしない。

「門の左右の壁を取り壊そう」「参事会の許可がいるな」「何週間もかかるぞ、その間こいつを持ったまま ここに立ってろというのか」

町の人たちが多勢集まってきて、彼らの議論を聴いている。一人の男の子が「上にいる雀を見て!」と声をあげる。みんなは子供の指さす方を見る。一羽の雀が長いわらの茎を巣に運び込もうとするところだった。でも横にしたままではわらを小さな巣穴に入れることができない。横にした梁を持って門を通れないウルムの男たちと同じだ。でも賢いことに雀はわらを前後に縦にしてなんなく中に入れてしまった。

「これだ!」六人は前後に並んで梁を担ぐと、らくらくと市門をくぐり抜けて、建築現場まで運んだ。それからは、梁は全部こうやって運ばれるようになった。

ウルムの人たちによいことを教えてくれた雀に敬意を表して、教会に雀の像が置かれた。一方機転の利かない町の人たちはそれ以来「ウルムの雀たち」と呼ばれて物笑いの種になった。

これは『ウルムの雀』という伝説のあらましである。伝承のお話なので細部の異なるバージョンがいくつかある。

ミュンヒェンからドナウ川の源流に旅する茂吉が一度だけ途中下車したのがウルムの町で、茂吉はすぐに大聖堂の雀を見つけた。「なるほど雀が藁を啄《ついば》んでとまっている。これがUlmer-Spatzに相違ない」と書いている。ところが事前に雀の居場所を知らずに「わらをくわえた雀」を見つけるのは容易ではない。大聖堂には怪獣じみた奇怪な像が、聖堂を守るかのように据え付けられていて、その中の一体かもしれないと思って探しても見つからない。大聖堂のはるかに高い赤い屋根の棟に雀はいた。

たしかにわらしきものをくわえている。茂吉はこれをとくに探したようでもないのに見つけているから、詩人の観察眼は鋭い。あるいは茂吉がミュンヒェンで購入して読んだ「『Die Donau』という書物」にこの伝説と共に雀の居場所も紹介されていたのかもしれない。大聖堂を描いた一七世紀半ばの銅版画でも、大屋根の上の鳥を確認できる。

大聖堂の「ウルムの雀」。「市の家」の屋上から

ところで大聖堂の大屋根にとまっているのは雀ではなく鳩で、口にくわえているのも「わらの茎」ならぬ「オリーブの枝」だという説もある。つまり「ノアの方舟」がイメージされているのだ。しかし、市の発行するリーフレットによると大屋根の鳥はやはり雀である。もともと屋根の上にいたのは砂岩で造られた雀だった。けれども風化の恐れのあることから砂岩の雀に替えて一八八九年に設置されたのが現在の雀だという。銅製で、金めっきまで施されていた。ところが、先輩である砂岩の雀は一八五八年に設置されたばかりで、さらに大先輩がいた。崩れる恐れのあることから一八五四年に撤去されてしまったが、この、一八五四年まで大屋根の棟にいた大先輩が初代の鳥である。

そして古い記録ではこの最初の鳥は「石の鳥」と呼ばれるだけで、どんな鳥なのか不詳だが、雀でなかったのはたしからしい。リーフレットに掲載された銅版画の鳥の拡大写真を見ると、たしかに雀にはみえない。最初の鳥について鷹、鳩、コクマルガラスの三説を紹介しつつ、リーフレットは特定を急がず、一八世紀までは大屋根の鳥の姿をみて雀を想起したらしい人がいなかった点を指摘して、ではなぜ一八五八年に二代目の鳥を大屋根に置くときにこれをわらの茎をくわえる雀にしたのかに注意を喚起している。そして最初の、正体不明の鳥を撤去せざるをえなくなった一九世紀半ばには「ウルムの雀」の伝説がすっかり定着していたからだという。いまさら、伝説が定着していたというのも妙だが、これには訳があって、「ウルムの雀」は、ウルム伝来の言い伝えではなく、各地に「愚かな市民」のお話はあるが、とくに北ドイツ、シュレースヴィヒ＝ホルシュタイン州ヤーゲルの町のお話がウルムにもたらされ、それがウルムに古くから伝わるお話として根を下ろしたのだという。もたらした人まで分かっていて、ウルム出身で、長年デンマーク軍にいた人物（一七六七～一八三七）だ。ウルムの人たちは、よその町のおろかな人たちのお話を自分たちのことにして興じたのだ。

一八五四年に取り外された初代の鳥の正体は不明だが、それに替えて一八五八年に新しい鳥を大屋根の棟にとまらせたとき、人々の念頭にあったのは雀、わらをくわえた雀だったのである。

知恵者の雀はウルムの代名詞にもなっていて、ブンデスリーガに進出するに至っていないが、町のサッカーチームが「ウルムの雀たち」なら、青少年合唱団も「ウルムの雀たち」という。そういえば別の町だが、日本でも何回か公演したことのある「レーゲンスブルク少年合唱団」も正式には「レーゲンスブルク大聖堂の雀たち」だ。

「市の家」のインフォメーションの人が「ウルムっ子　発明者の家系」という小さなポスターをくれた。そこにはケプラーやアインシュタインがいる。アインシュタインはウルムの人で、天文学者ケプラーは一六二七年にウルムで『ルドルフ《ルドルフィーニッシェ》天文表《ターフェルン》』というものを発表した。これは精度の高い「惑星運行表」で、船舶がその位置を知るのに大きな力を発揮したという。そして、彼らと並んで「ウルムの仕立屋さん」こと鳥人ベルプリンガーがいる。また、融通の利かないウルム市民に、梁の持ち込み方を教えてあげた「ウルムの雀」もいる。

神聖ローマ帝国カール六世が一七四〇年に没すると、皇帝はドイツ、バイエルンのヴィッテルスバッハ家から出ることになった。カール六世は生前「家憲詔書（プラグマーティッシェ・ザンクツィオーン）」といわれるものを用意して、男性後継者がいない場合は長女が後を継ぐよう定めていた。唯一人の世継ぎであるレオポルトが一歳で夭折し、「詔書」に従ってマリア・テレジアが女性の皇帝になるべきところであるのに、「詔書」は反古にされたのである。しかし一七四五年にマリアの夫フランツが皇帝に選出され、皇帝の冠はハプスブルク家に戻ることになった。フランツ一世の戴冠式はフランクフルトで行なわれた。なお、フランツ一世を継いだのはフランツとマリアの長男ヨーゼフ二世で、さらに一七九〇年にヨーゼフ二世の後を継いだのがレオポルト二世であるが、そのレオポルト二世の戴冠式もフランクフルトで行なわれている。フランクフルトが自由帝国都市であるにしても、神聖ローマ帝国皇帝の戴冠式がハプスブルク家のお膝元のウィーン以外の都市で行なわれているのが不思議だが、帝国とハプスブルク家の威光を誇示するのにウィーンは地理上東に寄り過ぎていたのかもしれない。レオポルト二世の戴冠式を機会にモーツァルトもフランクフルトまで出かけて行って演奏した『ピアノ協奏曲二六番ニ長調』は『戴冠式』と呼ばれるようになった。

ところでフランクフルトでの即位式後にフランツ一世とマリア・テレジアの新皇帝夫妻一行の取った帰路がおもしろい。往路は馬車を連ねる旅だったに違いないが、復路にドナウ川の船旅を選んでいる。そして船旅の始まりの地がウルムだった。ウルムからウィーンまで三二隻からなる船団が粛々とドナウ川を下った。船は三週間足らずで建造されたという。船の航行が可能であるのなら、一刻も身体の休まることのない馬車ではなく、船旅が選ばれるのは当然であろう。

ドナウ川はウルムまで来ると、支流の水を集めて水量が増して船の航行が可能になる。早くからドナウ川は水路として活用されたようだ。オーストリアの町エンスの「市場規定」にはすでに一一六四年の記録に「ウルムの遠隔地商人」という記載があるという。ウルムの商人はドナウ川を下って広く活動していた。一五五二年九月にはヴュルテンベルク公国モーリッツ公の母親と姉妹がウルムを訪れて、母親が筏で川を下ったという報告が、乗客を乗せて航行していたことを示す最初の記録らしく、筏であっても、貴賓客であることから、ドナウ川の航行の安全性と信頼性を示すものとみなされている。しかし筏では活発な商業活動に応えられなくなっていて、一五七〇年についに船が登場する。ウルムのバウルという魚とワインの業者が、呼び寄せた専門家に建造させたもので、長さ二六メートル、幅四メートルというから相当大きい。だいたい長さは一五から三〇メートル、幅は五・三から七・七メートルあったようだ。このタイプの船は「シュヴァーベンの平底船《シュヴァーベン プレッテ》」の名で知られたという。でもウルムでは「荷船《ツィレ》」あるいは「ウィーンの荷船《ヴィーナー ツィレ》」と呼んでいた。人や物資をウィーンへ運んだからだ。ツィレがこの船の正式の名前である。

旅客用のツィレは「定期船」の名でも知られていて、定期的に、決まった日に、決まった運賃で乗客をウィーンまで八日から一四日かけて運んだ。「定期船」はとても評判がよく、その理由は、一七六九年の旅行者の記録によると、夜間は陸地に上がるので快適に眠ることができる、危険が予測

ウルムを出発する「ウルムの箱船」。背景はウルムの町。かつての大聖堂の様子が分かる（Ulmer Schachtel より）

されると、接岸するなどして乗組員が安全航行に努めたことにあるらしい。この旅行者のおかげで「定期船」の構造まで分かる。船上には板で小屋が組み立てられていて、小屋には部屋が二つある。前の部屋には四方の壁に小窓があり、冬期になると外で炊くストーブが設えられる。ベンチがあって荷物はベンチの下に置く。この部屋は身分の高い乗客用だ。後ろの部屋にはストーブも窓もベンチもなく、乗組員が運び込んだ箱や荷物に座るほかない。こちらは普通の乗客が使う。古い銅版画をみると、小屋の屋根や棟に立つ人、座る人が描かれている。屋根の上は展望台も兼ねていたようだ。やはり部屋の中は窮屈で、のびのびできて見晴しの良い方がいい。

一隻にだいたい四〇人が乗船できた。ツィレが運んだのは一般の乗客や物資ばかりではない。一六六七年に二千五百名の軍隊を筏と船でハンガリーまで運んだかと思うと、一六八三年には四千名の歩兵と千名の騎兵をウィーンに輸送している。トルコ軍に包囲されたウィーンの町を解放するためだ。一七五八年にヴュルテンベルク公が派遣した軍隊は兵員六千名、馬一五〇頭、荷車二二六台にものぼり、五七隻の船と筏七〇枚を要した。しかしこれらは例外で、中心は物資の運搬だった。鉄道が登場すると船による輸送は後退せざるをえない。最後のツィレが物資を運んだのは一八九七年のことだった。

このツィレは「ウルムの《ウルマー》箱船《シャハテル》」とも呼ばれた。船体の黒と白の色が市の色と同じだったからである。黒はタールが塗られたもので、白はモミ材の素の色だという。さらに、この名は、ドナウ川の航行がウルムから始まることと、船がウルムで組み立てられたことにも由来するという。ただし、シュトゥットガルトあるいはハイルブロンの市民が言い出したと言われる「ウルムの箱船」の呼称には少々悪意が込められていた。木材を組み合わせるだけの単純な構造であるため「箱船」と呼ばれたのだという。「箱船」は蔑称だった。ウルムの船乗りたちはこの呼称を喜ばなかった。船員同業組合は政府に「この不名誉なことば」を規制するよう嘆願書を提出したこともあった。ところが現在ではツィレはむしろ「ウルムの箱船」の名で親しまれている。この船を解説する市のリーフレッ

市庁舎には「ウルムの箱船」のフレスコ画が描かれている

トも「ウルムの箱船」の名で発行されている。いつ頃からか愛称に変わったのだ。ウルムの市庁舎の壁面に「ウルムの箱船」がフレスコ画で描かれている。屋根の上に五人の男が立ち、四人は長い櫓を操っている。もう一人は場違いと思える立派な服装で、四人を監督しているようだ。この人物は漕ぎ手のマイスターで、「船長」なのだろう。

ウルムを出立して目的地のウィーンやブダペストに到着して航行を終えた「ウルムの箱船」はどうなったのか。わざわざ曳いてドナウ川を遡るまでもない。「箱船」は現地で解体されて木材業者に売却された。イン川のプレッテと同じである。現在、観光用の「箱船」がドナウ川を下ることがある。「箱船」は解体されることなく、鉄道のお世話になってウルムに帰ってくる。

ヘヒシュテット（海抜四一六メートル）――「もっともむごたらしい」戦い

流れの最北端にあたるレーゲンスブルクに向かってドナウ川はほぼ北東に流れる。ドナウヴェルトの手前の左岸、北側にヘヒシュテット（Höchstädt）とブリントハイムという町がある。一九三二年九月に五八歳のウィンストン・チャーチルがドナウ川河畔のこの地にやって来た。スペイン継承戦争（一七〇一～一七一四年）における初期の戦闘「ヘヒシュテットの戦い」の古戦場を訪れるためである。

チャーチルは、この戦いに勝った「連合軍」の指揮官マールボロ公の末裔にあたる。

スペイン国王カルロス二世は王位継承者にバイエルン選帝侯マックス・エマヌエルの息子、六歳のヨーゼフ・フェルディナントを指名していたが、フェルディナントが一六九九年にわずか九歳で亡くなると、フランスのルイ一四世の孫を継承者に定める。翌一七〇〇年にカルロス二世が死去すると西ヨーロッパの情勢は一気に悪化する。ルイ一四世の孫がフェリペ五世として即位するが、彼にはフランスの王位継承権も認められていた。スペインの王位継承権を主張していたハプスブルク家オーストリアがフェリペ五世の即位に反対し、神聖ローマ帝国下のバーデンやプロイセン、ヘッセン等の領邦国家がこれに従う。また、ヨーロッパにおけるフランスの勢力圏の拡大を恐れるイギリスもフェリペ五世の即位を嫌い、イギリスの主導で、イギリス、オランダ、オーストリア、これにイタリア北部のサヴォイア公国やデンマークが加わって連合軍を結成する。一方、神聖ローマ

ヘヒシュテットの遠景

帝国皇帝を選出する選帝侯でありながら、バイエルンのマクシミリアン二世ことマックス・エマヌエルはフランス側に立つ。彼にはこれを機に領土を拡大して、バイエルンを王国にする意図があったようだ。イギリスは神聖ローマ帝国の勢力拡大も望んでいなかったから、仮にオーストリアの推す候補者がスペインの王位を継承することになれば、フランスと結んでやはりこれに反対したことだろう。

前の世紀の三〇年戦争ほどなじみのないスペイン継承戦争はヨーロッパにおける覇権を巡る強国の争いだった。ほとんどドイツのみが戦場となった三〇年戦争と違って、ドイツ南部、オランダ、ベルギー、フランス、イタリアで戦闘が行なわれた。さらに新大陸アメリカではフランスとイギリスの間でネイティヴ・アメリカンをも巻き込んだ植民地争奪戦が繰り広げられ、これは「アン女王戦争」と呼ばれる。もっとも、これは英語圏での呼称で、フランスでは「第二次植民地戦争」というようだ。南ドイツとくにドナウ川流域の町や村は三〇年戦争の記憶の消えぬうちにふたたび戦争に苦しめられることになる。

一七一四年のユトレヒト条約をもって終結したスペイン継承戦争は、それまでのフランスの不敗神話を崩す一方でイギリスの地位を向上させ、ヨーロッパにおける新しい、一定の安定した力のバランスをもたらしたといわれている。「ヘヒシュテットの戦い」はドイツではスペイン継承戦争の成り行きを決定する重大な意味を持つ戦いと位置づけられているようだ。この戦いのあと何度も各地で大きな戦闘が繰り返されていて、ほとんどフランス側の敗北で終わっているとはいえ、成り行きを決定する、とは少々誇張のように聞こえないでもない。けれどもかならずしも間違ってはいない。フランスはバイエルンを横断してウィーンに向かうつもりでいた。しかし「ヘヒシュテットの戦い」に破れてその意図は潰えたばかりか、西に後退して、それ以後の戦いはラインの西、左岸の地で行なわれている。フランスがずっと守勢に立たされたことを考えると「ヘヒシュテットの戦い」の持つ意味はたしかに大きかった。

ヘヒシュテットの駅を出て、駅前のドナウヴェルト通りを左の方、東にしばらく歩くと右手に十字架風の石の記念碑が見えてくる。それほど大きくない。この地での戦いを想起して戦争への警鐘とする記念碑で、一九五四年に設置された。制作したのはジークマリンゲンの『四季の泉』のヨーゼフ・ヘンゼルマンだ。説明書によると、記念碑は、深々と柄まで大地に突き刺された剣で、これは、争いの終わったことを表わしているのだという。説明を聞かないとそこまでは分からない。柄の中ほどが横に膨らんでいて、十字架のようにみえたのはそのためだ。表と裏の区別がつかいない。たぶん表と思われる側には、ラテン語の「愛、平和、生命」と「憎しみ、戦争、死」とが天秤で計られている図が描かれている。「愛、平和、生命」が重いのはいうまでもない。下にドイツ語で「憎しみを克服せよ―平和を求めよ」と書かれている。裏面には、一七〇四年八月三日に、「ヘヒシュテット＝ブリントハイムの戦い」でフランス、バイエルンの軍とイギリス、オーストリアの軍とが衝突した旨が記され、全戦死者を追想して一九五四年に建立されたと刻まれている。

ヘンゼルマン制作の記念碑

「ヘヒシュテットの戦い」は凄惨な戦いだった。実際には歴史上のどの戦闘も凄惨さにおいて変わりないはずなのに、この戦いがとくに悲惨だったようにみえるとすれば、それには訳があって、マルクス・ユンケルマンという歴史家の『もっともむごたらしいスペクタクル――ヘヒシュタットの戦い一七〇四年』という本があるからだ。この本の特徴は、多くの場合戦争の原因と結果や影響の追求のはざまで、いわば自明のこととして見過ごされてしまう戦闘、戦場、戦闘後の実相を読者に提示しているところにある。著者は「具体史」という歴史記述で知られる人らしいが、両陣営の戦場画家の絵、当時の挿し絵、軍隊の配置図をまじえて、イギリスの司令官マールボロ公が夫人に送った手紙や兵士等の手記等の資料を渉猟して、戦死者や負傷者、捕虜の数、奪われた大砲や軍旗等の数はいうまでもなく、戦闘に加わった兵士で、のちにパリの「廃兵院」に収容された者に関する記録までを総動員して、戦闘の実体を明らかにしようとする。女性兵士の手記も引用される。戦闘後の戦場の様子、死者や負傷者の扱いにまで記述が及んでいて、おかげで私たちはこの戦いの実際を生々しく知ることができる。戦場の現在の写真、マールボロ公がその武勲により建て、のちにウィンストン・チャーチルがそこで生まれるブレナム宮殿の現在も忘れられてはいない。これら具体的な資料やデータをもとにスペイン継承戦争の経緯を追うとともに、その歴史上の意味および継承戦争における「ヘヒシュテットの戦い」の占める位置を、そしてなによりも戦争というものの実際を明らかにしようとするのがユンケルマンの書である。

マールボロ公がイギリスのサラ夫人に送った手紙。「今朝我々は、周辺全域を焼き払い、破壊する命令を与えて、三千の軽騎兵を首都ミュンヒェン方面に派遣した。(…)この国では六〇年以上前から戦争がなかったのに、哀れな人々はただ君主の野心のために苦しむのだ。(…)これらの町や村はとても清潔で美しく、あなたが見たら喜ぶことだろうが」。イギリスの軍隊がバイエルンの町や村を破壊して、人々を苦しめる。しかし殺傷、略奪、破壊の責任はイギリス軍にあるのではなく、「野心」

を抱いたバイエルンの君主マックス・エマヌエルが負うべきなのである。指揮官マールボロ公の責任転嫁の跡がうかがえる。

イギリス軍にはクリスチャン・デイヴィースという兵士がいた。ところが彼デイヴィースは男性ではなく、女性だった。クリスチャンがじつは女性であることをまわりの兵士たちは知っていたのだろうか。それとも、彼女は名前だけでなく、誰にも察知されないほど男性になりすまして軍隊に入ったのか。とにかく当時の軍隊には、女性の兵士がいたのである。そして彼女の手記が発掘されている。ヘヒシュタットの戦いの前に、ドナウヴェルトの町外れにあるシェレンベルクという丘陵地帯で繰り広げられた戦闘で腰に銃弾を受けていたにもかかわらず、彼女は略奪行為に加わる。「我々はこの選帝侯国の哀れな住民を手ひどく略奪し尽くした。(…)我々は何一つ容赦せず、殺した。持ち去れないものは何らかのやり方で燃やすか、破壊した。(…)私は二枚のシーツに、羽毛を取り除いてから、鐘の金属破片、男子服や婦人服、何枚かの絹、ある店で分捕ったほぼ百枚の『オランダ』硬貨を詰め込んだ。(…)今挙げたばかりのもののほかにまだ――私はなまけ者ではなかったから――スプーン、壺、グラスなどのようなそれなりの食卓用の食器類を手に入れた。…」

戦闘のほぼ一年後、一七〇五年七月二日に戦場を訪れた元ニーダーラント公使館書記官の手記にはこう書かれている。「その頃(一七〇五年七月)には大地の穀物は高々と伸びていたのだけれども、ここで繰り広げられた悲劇の、じつに多くの恐るべき痕跡を我々ははっきり知ることができた。足、腕、頭蓋骨のような、半分土に埋まった身体の断片や人や馬の骨が、軍隊が撤退したあと農民に集める値打ちもないとみなされた銃の台尻、剣の破片、ぼろ服とごっちゃになって、見るものの目と想像力にこの上なくむごたらしく、この上なくおそろしい光景を見せていた」。個人的な敵意や復讐心を抱いてもいないのに、残忍な怒りを勇気と呼んで、互いに殺し合う人々の愚かさについて彼が語るとき、そして「君主らのひどい功名心のための不幸な犠牲者たち」と言うとき、一八世紀初頭の一戦闘にとどまらない洞察が語られていた。

「ヘヒシュテットの戦い」は、隣りの小村ブリントハイム（Blindheim）を占領していた一万千名のフランス軍が、マールボロ公のイギリス軍に降伏することで終わった。フランス軍のいくつかの騎兵中隊はやや南のドナウ川に追い込まれて、多くの騎兵と馬が溺死している。フランス軍の司令官タラール元帥は捕えられ、バイエルン軍のマックス・エマヌエルは退却する。

勝った連合軍は四日間戦場にとどまった。戦死者、負傷者、捕虜があまりに多く、すぐに移動できなかったからだ。戦死者や負傷者は町や村の当局者や教会の手に委ねられた。

ヘヒシュテットの市庁舎でお話をうかがったコルマンさんによれば、人手が足りず、遠くウルムからも人が集められたという。地位の高い将兵はネルトリンゲン等の病院に運ばれて治療を受けた。戦

ヘヒシュテットの攻防。左手前がヘヒシュテットの町と城。タラール率いるフランス軍の騎馬隊が川に追い落とされている。画面下の、横の流れはドナウ川だが、縦の流れは不明（Quelle: Heimatmuseum, Stadt Lauingen (Donau), Deutschland）

死者は壕を掘って、埋められた。しかしその前に戦死者や負傷者は敵兵に身ぐるみはがされ、そのあとに農民たちが続いた。

ブリントハイムの村は戦闘に先立ってフランス軍が陣取っていたが、ヘヒシュテットの町はどちらの軍隊にも占領されずにすんだ。この幸運に関する「伝説」が残っていて、やはりコルマンさんのお話では「ヘヒシュテットを占領しようとしたマールボロ公は、墓地の金属の十字架が陽光に光るのを認めた。彼は、それが待ち伏せるフランス軍だと考えて攻撃を思いとどまった」と言い伝えられているという。

この戦いはドイツでは「ヘヒシュテット＝ブリントハイムの戦い」と呼ばれることがあるが、短く「ヘヒシュテットの戦い」でいいようだ。しかしイギリスでは「ヘヒシュテットの戦い」ではなく「Battle of Blenheim」と言われている。マールボロ公が、残ったブリントハイムの村を攻略することで戦いが終わったのだから、イギリスでこう呼ばれるのは当然かもしれない。村の名前の綴りが違うのは、イギリス軍の使った斥候がイギリス人でもドイツ人でもなく、フランス人であったため、彼らの発音に従って綴ったからだという。

マールボロ公の子孫にあたるウィンストン・チャーチルは「この歴史的な戦場に記念碑一つないのは恥ずかしいことだ」と手紙に書いた。チャーチルがここにどのような記念碑がふさわしいと考えていたのかは不明だが、戦争への警鐘となる碑が第二次大戦後に建立されたのである。

ドナウヴェルト（海抜四一〇メートル）——自由帝国都市《フライエ ライヒスシュタット》

ヴェルトとは川の中州、島のことで、この町で北からドナウ川に合流するヴェルニッツ川に浮かぶ小さな中州、島だ。漁師や渡し守の居住地だったこの小島を核にして発展したのがドナウヴェルト（Donauwörth）の町だという。ヴェルニッツ川の島なのに「ヴェルニッツヴェルト」にはならなかった。島の名自体は一六世紀にヴェルトからリートに変わって、現在はリート島という。でもヴェルトは町の名として残った。リート島の入り口に「漁師の泉」がある。一九八二年の製作だからとても新しい。

右のドナウに左からヴェルニッツ川が合流する。前に見えるのは、ロマンチック街道も通るネッカー橋

二人の漁師が大漁で重たげな網を運ぶところだ。もちろんヴェルニッツ川やドナウ川の幸である。昔は魚をよく食したことを物語る。しかし川魚を食べなくなって久しい今になって、魚の漁の像を置くことにしたのにはどんな事情があるのだろう。

　ヴェルニッツ川とドナウ川との合流地点はドナウ岬あるいはドナウ《ドーナウ》の先端《シュピッツ》と呼ばれる。ここに立って、ヴェルニッツ川を受け入れて静かに流れていく新しいドナウ川を見送る。視界を遮る橋が目の前にあるのが少々興醒めなのは、ブリーガハ川とブレーク川が一つになっていよいよドナウとなるあの場所と同じだ。北のヴュルツブルクと南のフュッセンとを結ぶロマンチック街道はドナウヴェルトでこの橋の上を通る。

　ドナウヴェルトで一番古い、文書で分かる範囲内で最古の家、そんな家が今は喫茶店になっている。この町の中心部の「帝国通り《ライヒスシュトラーセ》」に面しているので、分かりやすい。一階はケーキ店で、客席は二階にある。この町も第二次大戦末期の空襲で破壊され、とくに「帝国通り」一帯は被害がひどく、最古の建物も倒壊、消失した。戦後町を再建するにあたって、古くからのたたずまいを復元する道を選んだので、最古の家も蘇った。この家は古くは職匠歌人《マイスタージンガー》を養成する学校だったという。ヴァーグナーの『ニュルンベルクのマイスタージンガー』のマイスタージンガーだ。中には聖職者や教師もいたようだが、『ニュルンベルクのマイスタージンガー』に登場する靴屋のマイスター、ハンス・ザックスのように手工業のマイスターが多かった。同業組合を結成して、詩作と歌を競い、課題作品「マイスターリート」が認められることでマイスターの肩書を獲得できた。マイスターに至る前に詩人《ディヒター》や歌手《ジンガー》などの位階があったようだ。本来の仕事である店鋪等の経営、製作、徒弟や職人の育成とは別に、余技にあたる詩作と歌に没頭できるには、町や市民に財政的にも相当ゆとりがなければならない。現在の町の規模から判断してはいけないにしても、自由帝国都市とはいえ、ドナウヴェルトのような小さな町に職匠歌人のための学校があったのは意外である。この町でマイタージンガーの活動がもっとも華やかだったのは一五〇〇年頃だという。

東西に走る「帝国通り」は東の端に市庁舎、西の端に郡庁舎（旧フッガー・ハウス）が立ちふさがっていて、幅広とはいえ、通りとしては見通しが悪い。もともと「下《しも》広場と上《かみ》広場」だったという。そして、神聖ローマ帝国下の、帝国都市の仲間であるニュルンベルクとアウクスブルクとを結ぶ通りがこの「広場」を抜けていたことから一五世紀後半から「広場」は「帝国通り」と呼ばれるようになった。

帝国通り

ネルトリンゲンから南下してきたロマンチック街道はこの「帝国通り」上を走って、先ほどのドナウ橋を渡ってアウクスブルク方面に向かうので、「下広場と上広場」は「帝国通り」であり、さらにロマンチック街道の一部でもあるから一人三役ということになる。いや、ここは「町の客間」とも呼ばれているので四役だ。通りの両側には立派な切妻造りの家々が通りに向かって建ち並び、少しずつ異なる淡い色彩がほどこされて、ここだけたしかに雰囲気が違う。「客間」としての装いを凝らしているためか、少々人工的な感じがしないでもない。

市庁舎の手前で「帝国通り」が始まる。市庁舎は「帝国通り」に向かって建っているので、なるほど「通り」がかつて広場だったことがうなずける。「帝国通り」に曲がらずに市庁舎と「インフォメーション」をそのまま通り過ぎればすぐに「オクセン門」で、門をくぐればそこはすでに市壁の外である。その先には「スペイン継承戦争」の戦場となったシェレンベルクの丘陵地帯だ。「オクセン門」を出たばかりのところに、ドナウヴェルト出身でヴェルナー・エクという作曲家のオペラ『魔法のヴァイオリン』にちなむ『魔法のヴァイオリンの泉』（一九三五年）がある。主人公が愛を断念するのであれば才能と富、力と名声を約束するという魔法のヴァイオリンを地の霊が主人公に贈る重要な場面らしい。冬季は泉が板で覆われるので三月ではまだ像を見ることはできない。毎日一一時と一六時に市庁舎のカリヨン《グロッケンシュピール》が何曲か奏でて、その中にこのオペラからの曲もあるようだが、まだ聞いたことがない。

『幸運のさいふと空とぶ帽子』という一五〇〇年前後の民衆本がある。「中に手を入れるたびに」「金貨が十枚」出てくる「幸運のさいふ」を「幸運の乙女」から授かったフォルトゥナートゥスが、リヨンで「諸国の事情に通じた」老騎士を従者として雇うと、「諸国を漫遊すること」にする。「まずは神聖ローマ帝国見物をと、一行はまっすぐニュルンベルクへ向かい、そこからドナウヴェルト、アウクスブルク、ネルトリンゲン、ウルム、コンスタンツ、バーゼル、シュトラスブルク、マインツ、ケルンを回りました」と語り手は語る。ここでドナウヴェルトやネルトリンゲンのような小さな町が、ほかの都市と並んで出てくるのは唐突な感じがするが、それは現在ゆえのことで、むしろ昔はそれほど不自然な登場ではなかったのかもしれない。それは、ほかに挙げられた都市と同じく、この二つの町が誇り高い自由帝国都市だったからだ。もっとも、マインツのように、自由帝国都市ではなくて、司教領主から自立する自由都市もあるが。作者、成立場所ともに不明のこの小説について、商業活動の中心地だったアウクスブルク成立説が有力のようで、このように近隣の小さな町の名が出てくるあたり、なるほどと思わせる。

「あなたは私の劒の事をお尋ねになりましたが、私ども帝国の市民は、いつも煙突の蔭にぶら下げては置きますが、実は一口《ふり》づつ持って居るのでございます」。戯曲『アグネス・ベルナウエル』の中で作者ヘッベルは、アグネスの父カスパールにこう言わせている。カスパールは、娘に侮辱的な提案を告げる騎士トエルリング伯爵に向かって、娘の名誉を守るために帝国都市市民の誇りをもって、剣で対決することも辞さぬと語るのである。

ドイツのどの町であれ、町の歴史の記述によくでてくるのが自由帝国都市、帝国都市、自由都市ということばだ。さらに多いのが「都市法」である。中世の司教都市において町を統治する司教からの独立を勝ち取ったのが自由都市で、戦闘も繰り広げられたというから、統治に対する不満はかなり強かったに違いない。その原因は税が多すぎることや、市場の開催権、関税徴収権、貨幣鋳造権等諸権利の不在だろうか。自由都市は司教または神聖ローマ帝国皇帝からこれら諸権利を認められた。一方、司教や領邦君主から独立し、神聖ローマ帝国に直属して帝国に納税して、帝国の出兵の要請に応えるのが帝国都市のようだ。帝国都市は独自に下級・上級裁判権を有して、司教や領邦君主の支配を免れた。

自由都市と帝国都市は明確に区別できるものではなく、「自由《フライエ》・《ウント》帝国都市《ライヒスシュタット》」と呼称されたが、次第に自由帝国都市に落ち着いたようだ。

ドナウヴェルトの場合は「一三〇一年に町は帝国直属《ライヒスフライ》に、すなわち自由《フライエ》帝国都市《ライヒスシュタット》になり、それにより直接皇帝に臣従した」と記されている。しかし宗教改革の時代に町はプロテスタントを選択していたため、一六〇七年に神聖ローマ帝国から追放され、帝国都市としての地位を失う。

ノイブルク（海抜三八三メートル）――舟曳き道

舟や筏が川を下るには流れに乗りさえすればよい。航路の水深や見え隠れする岩礁に注意を払わねばならないにしても楽な航行といえる。蒸気船が登場するまで、川を遡るのは並大抵のことではなかった。岸に線路を敷いて、蒸気機関車に船を引かせた時期もあったが、これはすぐに蒸気船や鉄道に道をゆずる。並大抵ではないといっても、大変なのはもちろん舟ではなく、舟を曳く人や馬だった。ロシアのイリヤ・レーピンの『ヴォルガの舟曳き』をみれば仕事の過酷さがよく分かる。馬に曳かせる方がずっと効率的だったと思えるが、人を使ったのは、わずかな労賃でも必要とする極貧の人たちがいたということなのだろう。

人や馬が舟を曳く道をトライデルプファートとかトライデルヴェークと言う。ノイブルク・アン・デア・ドーナウ（Neuburg an der Donau）にはその「舟曳き道」が残っている。ローマ時代からの歴史ある町は、とくに一五〇五年にプファルツ・ノイブルク侯国の首都になったころから繁栄したという。一六世紀の宗教改革の時代にルター派に宗旨替えするが、一〇〇年ほどでカトリックに戻っている。ドナウ川右岸の、石灰岩の小高い岡の上に堂々としたプファルツ・ノイブルク城、城博物館、市庁舎、カール広場、市博物館、劇場、聖ペトロ教区教会《プファルキルヒェ》等主だった施設、建造物が集中している。町の南に位置する駅から中心部まで少々歩くが、中心部はこの高台にあるおかげで見失うことはない。ナハトベルク（夜山）と呼ばれるこの岡の北側は岩壁でドナウ川に落ち込む。ドナウ川の右岸、岩山のふもとを川沿いにナハトベルクヴェーク（夜山道）という小道が走っている。下流のエリーゼ橋から上流の、岩山の途切れるあたりまで、二〇〇メートルほどの短い道だ。岩山が途切れた先は急に平坦になり、川に入江らしい形状が認められる。昔、ドナウ川を下る筏がここに漕ぎつけて休息したという。岸辺に湿地帯が広がって「注意、貴重なビオトープ」の標識が立っていたが、自然のままに見えて、識別できない。この短いナハトベルクヴェークこそがかつての舟曳き道である。ロープの一方は帆柱の高いところに結び付けられる。舟のへさきにつなぐ方が曳きやすいはずだが、そうしないのはロープが川面に触れないようにするためなのだろう。ロープのもう一方の端を人や馬が曳く。ドナウ川の流れはあくまでゆるやかにみえるとはいえ、流れに逆らって舟を曳くのは人力ではやはりきつい。ここでは人に代わって馬が曳いた。

枝垂れかかった木の枝の先がドナウ川の流れに触れて揺らいでいる。しぶきのあたる枝はたえず揺れているのに氷結してきれいだ。こういうのをしぶき氷というのだろう。よほど気温が低いのだろうが、歩いているとそれほど冷気を感じない。下流に向かって歩くと、中州と、さらに対岸にかかるエリーゼ橋にぶつかる。橋からさらに下流にかけてドナウ《ドーナウ》埠頭《カイ》と呼ばれる遊歩道が続く。遊歩道そのものはやはり長くないが、その先は「英国公園」という広大な公園になっている。遊歩道の半ばに下りの階段があって川面まで降りられるようになっている。ここならボートを寄せられそうで、だから「埠頭」の名がついたのだろう。しかしドナウ川が増水している今はボートはなく、ドナウ川の鴨たちが階段を上って、遊歩道にまで進出していた。この遊歩道やその先の「英国公園」から来し方を振り返るとすばらしい眺望が広がる。ゆるやかに右にカーブするドナウ川と遊歩道の向

ドナウ右岸の遊歩道からプファルツ・ノイブルク城を振り返る

流れで枝はつねに揺られているのにしぶきは氷結している

こうにプファルツ・ノイブルク城が威風堂々とそびえ立っている。しかし白壁と赤い屋根の明るい城に威圧感はなく、おだやかな印象を与える。じっさい町の自慢のポイントだ。

　ナハトベルクヴェークがかつての舟曳き道であることを確かめるだけでずいぶん時間がかかった。通りかかった人や、インフォメーションに戻って訊ねても、船曳き道がどこにあるのかなかなか分からなかった。ところで舟曳き道ナハトベルクヴェークの岩肌のどこかに、舟曳きの作業のきつさを示す「鋭い痕跡」が残っているはずだ。どんなものなのか、ぜひ見ておきたい。舟曳き道自体は各地に残っているが、舟曳き作業の痕跡をとどめる道はほかに聞いたことがない。岩肌に目を凝らしてあらためてナハトベルクヴェークを行ったり来たりしてみても、痕跡らしいものは見当たらない。痕跡の写真があればどんなものを探せばよいか分かるのだが、手がかりもなく、結局見つからなかった。岩肌にはところどころ縦にひび割れた箇所があるだけで、それ以外に、周囲と様子が異なる箇所はないようにみえた。通りかかった人たちに訊ねてもやはり分からない。「インフォメーション」の人も知らないのだからやむをえない。自然なひび割れなのだろうと思いつつ、ほかに変わったところが見当たらないのでひび割れを何枚か写真に撮って駅に戻ることにした。

あとで市博物館に問い合わせたら、ヘーグルマイアーという人がメールで痕跡の写真を送ってくれた。たしかにナハトベルクヴェークの岩肌にあったのだ。予想に反してずいぶん低い所、道のちょっと上の岩肌に横に走る刻み目が写っている。何か鋭いもので削り込んだかのようだ。舟を曳くロープが当って、岩肌をこすってこすって生じた刻み目である。岩を削る前にロープがちぎれそうなものだが、長期にわたってロープが同じ箇所に当るとこんな刻み目ができるものなのか。岩にこんな跡を作るとは、「ロープ、石をうがつ」である。当てずっぽうに岩の割れ目を撮った写真をあらためて見ると、偶然一枚にこの刻み目が写っていた。写す時も、帰って写真を見てからも、まったく目に入っていなかった。ヘーグルマイアーさんが送ってくれた三枚の写真に写っているのはどれも同じ刻み目なので、舟曳き作業の痕跡はここにしかないのだろう。舟曳き道はめずらしくはない。

舟曳きのロープが岩肌に残した傷痕。左手に見えるのはエリーゼ橋（Quelle: Stadtmuseum Neuburg (Donau)）

しかしこのような痕跡はドイツでも珍しく、貴重な「記録」であるはずだ。ヘーグルマイアーさんの写真には背後にエリーゼ橋まで写っていて見通しがいいので、こちらを掲載させていただく。

町のホームページではロープ《ザイル》とだけ書かれているが、やはりただの綱や縄では岩肌を削る前に綱や縄が擦り切れてしまう。マーク・トウェインの『ヨーロッパ放浪記』に、彼が仮想「ネッカー川の筏下り」で出会ったネッカーの舟曳きの話が出てくる。「われわれは、帆とラバの力を利用して、時にはラバに罵声を浴びせながら……川を上ってくる大きな平底船に出会った。ワイアーロープが、最前部のマストから、百ヤードほど前を行く川岸のラバの列まで延び、……激しい流れに逆らって何とか一時間に二、三マイルの速度で走らせていた」

ワイアーロープなら岩をも削ることができよう。ホームページではロープと書かれているだけだが、ノイブルクの舟曳きに使われたのも実際はワイアーロープだったのかもしれない。ヘーグルマイアーさんにそのことを問い合わせると、使われたのは麻ロープで、ただ、主要なロープには鋼線が巻かれていたのだという。主要なロープとは、馬と舟をつなぐロープのことで、鋼線が巻かれているのなら、強度は格段に向上する。石をうがつことができるに違いない。ノイブルク辺りでは、いわゆるワイアーロープが登場する前に物資は蒸気船で運搬されるようになったそうである。こうした説明を聞くと、今度は、もしかしたらネッカーの舟曳きに使用されていたワイアーロープも、じつは鋼線を巻きつけた麻ロープだったのかと思えてくる。

しかし岩肌になぜこのような刻み目ができるのかがなかなか分からない。右岸の道を馬がロープで舟を曳いて川を上っていく。ノイブルクのナハトベルクヴェークは短い距離ではあるが、上流に向かって左が岩壁で、右をドナウ川が流れる。左手に岩壁、舟曳き道を歩む馬、右後方にドナウ川の川面の舟。この順に進むのであればロープが岩壁に触れることはないと思えたのだが、実際にはありうるのだ。馬と舟は長いロープで繋がっている。舟曳き道がわずかでも左にカーブすれば、先を行く馬がまずカーブを左折する。するとロープはすぐに岩に当たってこすることになる。そしてナハトベルクヴェークはこの箇所でほんのわずかだが左に曲がっている。たしかにロープはここで岩肌に接触するのだ。わずかなカーブのおかげで岩壁に舟曳き作業の跡が残るという偶然に恵まれることになった。たとえナハトベルクヴェークと同じように流れ

ナハトベルクのふもとを馬が舟を曳いて進む
(Quelle: Stadtmuseum Neuburg (Donau))

の反対側に岩壁があっても、舟曳き道がまっすぐ伸びているのであれば、ロープが岩肌に触れることはないので、痕跡は生じない。それゆえ多くの場合は、この川沿いの道はかつて舟曳き道だったというにとどまる。ナハトベルクヴェークの岩肌にうがたれた痕跡は舟曳き作業の貴重な記念碑になっている。

カール広場の近くに「デカルト・ギムナージウム」という中・高等学校がある。二三歳のデカルトが三〇年戦争の二年目、一六一九年の冬に巡らせた「炉部屋の思索」は、かつては「ウルムの近郊の村」でのことと言われたが、今ではノイブルクでのことというのが定説になっている。

インゴルシュタット（海抜三六二〜四一〇・八七メートル）――聖母、フランケンシュタイン

ある日曜日のこと、ミサの間に一人の女がマリア像の前にひざまずいて、「聖母マリア様、私のたった一人の子が高い熱を出して臥せっていて、生死の境をさまよっております。どうかあの子を元気にしてやってくださいませ」と祈った。彼女は祈りながら聖母を見上げたが、腕に抱いた幼児イエスをやさしく見つめるだけで聖母の表情には何の変化もない。そこで母親はもっと強く「聖母マリ

ア様、困っている私を哀れと思し召しでしたら、そのしるしをお示しくださいませ」と祈る。でも聖母の表情は変わらない。望みを断たれた母親はやおら立ち上がるとマリア像に歩み寄り、マリアの腕から幼児イエスを奪い取ると、教会の片隅に隠してしまう。マリア像のところに戻った彼女は言う、「一人っ子を失う母親がどんな気持ちになるか、これであんたもお分かりね。もしかしたら今度は私の願いを聞き届けてくれるかしら」。彼女の冒涜的な振舞いに気づいたほかの信徒たちは彼女を教会から引きずり出しにかかり、幼児イエスを見つけた一人がイエスをマリアの腕に返してあげる。すると聖母の顔がパッと明るくなり、唇のまわりに妙なる微笑みが浮ぶ。母親と信徒たちはひざまずいて「アヴェ・マリア」の祈りを捧げる。家の子供のところに駆け戻った母親がベッドの上にかがみ込むと、子供は笑いながら母親に両手をさし伸ばす。

この奇跡はたちまち国中に伝わり、慈悲と助けを求める多くの人々がやってくるようになる。その後マリア像に目に見えるしるしが現われることはなかったが、聖母マリアは人々の心の中に多くの奇跡を起された。救いを求める人が敬虔な気持ちで聖母にお願いすれば、聖母は今もつねに奇跡を起していらっしゃるのだ。

これはインゴルシュタット（Ingolstadt）の聖母教会《リープフラウエンキルヒエ》にある聖母マリア像にまつわる『インゴルシュ

タットのマドンナ』という、どこかユーモラスな伝説のあらましである。いちいち奇跡を求められてはかなわない。目に見える奇跡を追うのはやめなさい、あなたの心の中に奇跡は起こっているかもしれない、と人々を内省に向かわせるお話なのだが、それにしても印象に残るのはこの母親の強さである。幼いイエスを奪われれば、マリア様も子供を失う母の辛さを身をもって知るだろうという瞬時の洞察は彼女の賢明さというより、むしろ生活力から来ている。幼児イエスを人質に取るゆすりにほかならないのに、あくまで彼女は哀願する立場を踏み外していないところにこのお話のおもしろ味がある。

以前、新聞にお地蔵さんの記事があった。その中に、お地蔵さんを縄でしばって、願いがかなったら縄を解く「しばられ地蔵」の風習について、縛られたままでは窮屈なのでお地蔵さんは早々に願いをかなえてくれるだろうという民衆の知恵が働いていると書かれていた。母親の咄嗟の判断と長年の知恵に何か共通するものがある。非力な民衆も思いがけない大胆な振舞いに出ることがあるのだ。

インゴルシュタットの町はドナウ川によってほぼ南北に二分されている。町の中心部・旧市街はドナウ川の左岸、北側なのに中央駅は右岸、南側だ。旅行者の目指すものはほとんど中心部にあるので、中央駅を降りると旧市街へ走るバスを見つけてドナウ川を渡ることになる。現在聖母大聖堂《リープフラウエンミュンスター》と呼ばれているのが、この伝説の聖母教会であるはずだ。幼児イエスを抱く聖母像はすぐ見つかった。ただ、お話と違って、胸に抱くのではなく、落っこちそうなイエスをマリアは両手でかろうじてつかまえている様子だ。イエスは母の身体から離れている。そしてイエスはイエスで何か丸いものを手にしている。円柱のかなり高い所に設置されているのも意外だった。これではイエスを奪いたくても手が届かない。あっけなく見つかったのが不満で、気がつかなかったことにしてもう少し歩くことにする。最初に出会った青年に言い伝えを読んでもらったら「この教会ではないでしょう」と言われてしまった。母と娘と思われる女性二人にも読んでもらっているところへ、さっきの青年が教会のパンフレットを持ってやって来た。無料ではないから、わざわざ購入したのだ。三人は家族のようであった。若い二人が兄妹なのか、夫婦なのかは分らない。結局この教会に間違いないと請け合ってくれたので安心する。さきほどの聖母像がやはり伝説の像であった。イエスが抱えている丸いものが気になっていたので訊ねたら「あれは地球《エールトクーゲル》です」と若い方の女性がすぐに答えてくれた。地球は人間を表わすという。イエスが人々を支え、マリアがイエスを支える構図になる。

伝説の聖母子像。意外に高いところにあった

　聖母像が柱のずいぶん高い所に設けられている訳が分かっ

た。あの母親のような大胆な信徒がいつまた現われるかもしれないので、手の届かない所に移したのだ。

一九九五年以来夏になるとインゴルシュタットでは「フランケンシュタイン・ツアー」が催されている。メアリ・シェリーの小説『フランケンシュタイン』の主人公ヴィクター・フランケンシュタインが医学部で学び、「怪物」を造り出したのがこの町だからである。しかし『フランケンシュタイン』が出版されたのは一八一八年である。フランケンシュタインの名を一挙に高めたアメリカ映画『フランケンシュタイン』が公開されたのは一九三一年のこと。一九五七年のハマー・プロダクション（イギリス）の『フランケンシュタインの逆襲』は大いに人気を博し、以後『フランケンシュタインの復讐』等ピーター・クッシング（当時はカッシングと言われた）がヴィクター・フランケンシュタインを演ずるフランケンシュタイン物が相次いで製作された。その間メアリ・シェリーの小説はずっと読まれてきた。それなのに一九九五年になってインゴルシュタットでツアーが始まったのはずいぶん遅い。フランケンシュタイン関係の行事を組むのならもっと以前からあってもいい。きっかけは、一九九四年の、ケネス・ブラナーが監督する『フランケンシュタイン』の公開だった。これは、長いフランケンシュタイン映画の歴史ではじめてメアリの原作をかなり忠実に映画化したものであった。そしてこの映画ではじめて、ヴィクターが学び、「人間」を造った大学町インゴルシュタットが登場したのである。小説ではヴィクターは馬車でインゴルシュタットに到着するのだが、映画では馬上の人であり、早朝、インゴルシュタットの市門が開かれるのを待って市内に入るようになっていた。朝になって門が開かれるまでは市壁で守られた町に誰も入れない。映画のヴィクターは前の晩の閉門までに町に着けなかったのだろう。市門の外のどこかで彼は夜を過ごしたのである。早朝にしては市門の前は市場のように人が多いのが妙だった。とにかくこの映画のおかげでインゴルシュタットの町はフランケンシュタインと結び付けて考えられるようになった。町の人たち自身が伝説的なフランケンシュタインの物語と町とを関連づけて考えるようになった。「フランケンシュタインの町」の誕生である。

インゴルシュタット大学は一八〇〇年にランツフートに、さらに一八二六年にはミュンヒェンに移設されていて、小説が出版された時、町にすでに大学はなかった。一九八〇年にアイヒシュテット＝インゴルシュタット・カトリック大学が創設され、一九八九年に同大学の経済学部が市内に置かれ、この学部は経済学の分野ではめざましい成果を挙げているという。

ドナウ川にかかる「コンラート・アデナウアー橋」をもう一度渡って中央駅に戻る。インゴルシュタットの町を作者メアリ・シェリーは、作中で「(教会の)白い尖塔」の見える町として描いている。「白い尖塔」がとりもなおさずインゴルシュタットのシンボルのようだ。じっさいに「白い尖塔」が見えるのかどうか、着いた時にも離れる時にも確かめるのを忘れていた。メアリはインゴルシュタットに来たことはないようで、どうでもいいことなのに落ち着かなかった。

フォーブルク（海抜三七一メートル）――遠い町

シュトラウビングのところで触れる伝説で、アグネス・ベルナウアーという市井《しせい》の娘が身分違いの公爵アルブレヒトと短い、幸せな時期を過ごすのがフォーブルク（Vohburg）の城である。劇作家ヘッベルはこの伝説をもとにして前述の戯曲『アグネス・ベルナウエル』を書いた。ヘッベルはドラマのなかでこの城のことをアルブレヒトに「それから明日はフォーブルクへ行くのだ！　アグネス、それは緑なすドナウ河の辺にある赤い城だ！」と言わせている。伝説ではアルブレヒトの不在中に、父であるエルンスト公はアグネスを捕えさせ、シュトラウビングで魔女裁判にかけ、水死させる。

フォーブルク駅の駅舎はマッチ箱を縦に置いたように建っている。プラットホームの側の入口のドアを開けると、奥行が二メートルもない狭い待合室で、四人が座れる程度だ。窓口はない。コインロッカーもない。狭いからコインロッカーを置きようがない。裏に回ると、こちらが本当は正面なのかもいしれないが、やはりドアがあって、中はもう少し広いとはいえコンクリートの床だけの空間で、ドアが三枚ある。そのうち二枚は鍵がかかっていた。最後の一枚は開いた。足元からすぐに上りの階段が始まっていて、思いがけずあたたかい料理の香りがただよい降りてきた。上の踊り場に猫が寝そべっていて、家庭的な雰囲気だ。鉄道関係者の住まいかもしれないが、どこにも表札はない。少なくとも乗降客相手の業務用の場所ではない。

駅前にはバス停、案内図、公衆電話、タクシー乗り場等何も見当たらない。フォーブルクの町がない。駅の近くに線路と交差する道路があって、右に進めば線路を渡ることになるが、その先に何があるか分からないので、遠くに住宅街の見える左手に進む。あたりは静まり返っていてキャスターの音がカタカタとひどく大きく響く。駅名はフォーブルクなのに、その一帯がフォーブルクではないことがやっと分かった。はるかかなた、教会の塔の見えるあたりがフォーブルクらしい。タクシーを呼びたくても電話がない。キャリーバッグを引いて途中まで歩きかけて、また駅に戻ることを三度繰り返したあたりで、「緑なすドナウ河」と「赤い城」は諦めることにした。フォーブルクに行くには昔は馬車、今はマイカーで何の支障もない。けれども鉄道旅行者には遠い町だ。

ノイシュタット（海抜三五四メートル）——ゲーテ、馬を取り替える

ドイツにはノイシュタット（Neustadt）という地名が多い。「新町」「新市」にあたる。都市の名であることもあれば、地区の名であることもあり、バイエルン州だけで六カ所ある。同名の町がいくつかある場合、後ろに地域や川の名をつけて区別がつくようにする。フランクフルト・アム・マインとフランクフルト・アン・デア・オーダーがそのよい例だ。ノイシュタットの場合、ラインラント＝プファルツ州のノイシュタットという町はワイン街道沿いにあるのでノイシュタット・アン・デア・ヴァインシュトラーセという。住民、住宅、店舗、事業所等が増えて古くからの市街地が手狭になると町は拡張される。するとその部分がノイシュタットと呼ばれるという。いろいろ検討した結果であろうが、それにしては安易な命名の気がしないでもない。「新」がつくからといって文字通り歴史的に新しいわけではなく、それぞれ長い歴史を持つ。このノイシュタットはドナウ川のほとりの町なのでノイシュタット・アン・デア・ドーナウだ。ドナウの南側、右岸に位置する。バイエルン州内の都市では最初に都市法を獲得した町である。一二七三年に時のバイエルン公ルートヴィヒ厳格公から授与された。一部ではあるが、一一六三年にまで遡る市壁と市壁の外の壕が今も残る。壕があるので市壁はいっそう高くみえる。市のバート・ゲッギング地区はローマ時代からの温泉地として知られていて、

多くの湯治客が訪れるという。もっとも、三〇年戦争や先述のスペイン継承戦争で破壊されたが、ドイツでは一九世紀末から湯治が人気を集めるようになり、ゲッギングも温泉地として復活する。第一次大戦後の一九一九年に湯治場として国の承認を受けている。このときからゲッギングではなく、バート・ゲッギングだ。知名度からいえばノイシュタット市そのものより湯治場であるバート・ゲッギングの方が上なのかもしれない。

ノイシュタットが話題にのぼるとすれば、ゲーテとこの町との関連からだろう。いや、町はゲーテとの関連でノイシュタットの知名度を上げようとしているようだ。ゲーテは『イタリア紀行』でノイシュタットについて一言も触れていない。それでもゲーテがこの町を通過した日時まで調べ上げられている。一七八六年九月五日一二時三〇分にレーゲンスブルクを発ったゲーテはドナウ川に沿って南下し、一五時にザールという町で馬を交換する。温泉好きのゲーテはゲッギングという湯治場のことを知っていたと推測されているが、立ち寄ってはいない。ゲーテは一刻もはやくドイツを離れようと先を急いでいた。一八時、ゲーテの乗る郵便馬車は、東から町に入るレーゲンスブルガー通りのレーゲンスブルガー門をくぐってノイシュタットに入る。ヤーコプ・ツィルンギープルという郵便馬車の宿駅長のもとでふたたび馬を取り替える。一八時三〇分過ぎには宿駅をあとにすると、今度は町を

郵便馬車を象ったカフェの看板

南北に走るヘルツォーク・ルートヴィヒ通りのマウエルナー門を抜けて南のミュンヒェンに向かう。わずか三〇分ほどの滞在だった。

　宿駅の建物はしっかり残っていて、今は地元の貯蓄銀行《シュパールカッセ》として使われている。銀行の南側の壁にはめ込まれたプレートには「ここ、旧トゥルン・ウント・タクシス侯爵家宿駅にてヨハン・ヴォルフガング・フォン・ゲーテが一七八六年九月五日一八時にその長途の『イタリア旅行』のために馬を交換し、休息した」と書かれている。九月の一八時頃ならまだまだ明るい。ゲーテが旅を続けても不思議はない。しかし馬車の旅の疲労を考えれば、通常の旅行ならノイシュタットで、いや温泉地ゲッギングで旅装を解いてもいい。しかしゲーテは宿泊することなく、馬を取り替えただけでミュンヒェンまで走り続ける。

「トゥルン・ウント・タクシス侯爵家」はドイツで著名な貴族の家系で、とくにヨーロッパにおける郵便・郵便馬車業を起こし、発展させた一族として知られる。この事業で莫大な富と名声を得た。ドイツには「トゥルン・ウント・タクシス」という、家族で遊べるゲームまであって、これが二〇〇六年の「ゲーム・オブ・ザ・イヤー」に選ばれている。ゲームの名に採用されるくらいだから、トゥルン・ウント・タクシス家の名は子供にもなじみあるものなのだろう。

もともとイタリアの貴族で、一四世紀に文書等の運搬業務を始めたらしい。その後ブリュッセル、フランクフルトを経て一七四八年にレーゲンスブルクに移り、一九世紀はじめにレーゲンスブルクで修道院の建物を購入して居城に改築し、現在に至っている。ヨーロッパにおける郵便業務の創始者であると共に、馬車による移動とその交通網の開拓者であり、発展させた一族である。レーゲンスブルクのトゥルン・ウント・タクシス家はホームページまで開いていて、現侯爵夫人が挨拶のことばを述べている。レーゲンスブルク中央駅の北側の木々の生い茂る敷地に居城と厩舎博物館が建ち、一般に開放されている。駅を出て旧市街、ドナウの方に歩くと左手に見える公園風の敷地がそれだ。レーゲンスブルクに居を移した一七四八年にアレクサンダー・フェルディナント・フォン・トゥルン・ウント・タクシス侯爵が、帝国議会における皇帝代理人《プリンツィパールコミサール》に任命されているから皇帝の信頼も厚かった。皇帝代理人は皇帝に代って帝国議会に出席したのだろうが、皇帝の議会出席率はどの程度だったのか。代理人に任せっきりだったのか、病気等やむをえない場合にのみ委託したのだろうか。一六六三年から、神聖ローマ帝国が解体する一八〇六年まで、帝国議会はずっとレーゲンスブルクで開かれている。第一次大戦後のワイマル共和国になってドイツの貴族制度は廃止されたとはいえ、ドイツの人なら誰もが知る家系の一つである。

ノイシュタットの駅にもコインロッカーがないので荷物はゴロゴロ引いて歩く。教会の横に数尾の魚の像を持つ泉がある。リアルなのでグロテスクな感じがしないでもない。ひげが見当たらないから鯉ではなく鱒だと決めつける。ドナウ川の幸に違いない。一九二二年と記されているから、第一次大戦が終わって四年後のことだ。三月に入ってからもめずらしく雪が多く、あちこちに残雪が白かった。ネコヤナギなのか、道路際の庭木の枝にふわりとしたかたまりが並んでいて「春遠からじ」を思わせた。いや、春はすぐ「ドアの外」にまで来ていた。

ノイシュタットの魚の泉

レーゲンスブルク（海抜三三六〜四七一メートル）——悪魔に頼みごとをすると、「橋男」、「石の橋」

レーゲンスブルク（Regensburg）はドナウの流れの最北端にあって、レーゲンスブルクという町の名はローマ時代に遡る。この名前は、西暦一七九年に建設されたローマ帝国第三軍団の宿営地「カストラ　レギーナ」に由来していて、これは「レーゲン川宿営地」を意味する。レーゲン川はドナウ川の支流の一つで、北のバイエルン森林地帯から南下してきて、合流直前で向きを東に変えてドナウに注ぐ。

ところでローマ軍第三軍団の宿営地は、各種の図が示すように、現在の旧市街のある地区にあった。旧市街はドナウの右岸、南側に位置する。つまり宿営地があったのはレーゲン川ではなく、あくまでドナウ川のほとりだった。その後町はこの宿営地を核にして発展する。本来ならローマ人は彼らの宿営地を「ドナウ川宿営地」と名付けていいはずである。その方が正確だ。それなのになぜ「レーゲン川宿営地」と呼んだのか。それが不思議で、気になっていた。もしかしたら、ローマ軍の宿営地は当初はその名の通りレーゲン川沿いにあったのだが、徐々に現在の旧市街の地区に移動したのかとも思った。しかし宿営地はたしかにドナウ川沿いに建設された。

市博物館のボースさんの説明で、この呼称「レーゲン川宿営地」にもっともな理由のあることが分かった。ドナウは西から東に流れ、ローマ帝国にとって北のゲルマン部族に対する自然の「国境線」だった。ドナウ川は長い。「ドナウ川宿営地」と名付けるのではドナウ川のどこにある宿営地を指すのか分からない。「国境線」に沿って築かれたいくつかの宿営地がどれも同じ名前になってしまう。そこで、宿営地のほぼ対岸でドナウ川に注ぎ込むレーゲン川のあることから「カストラ　レギーナ」としたのだという。なるほどこの名であれば「国境線」のどこにあるかがはっきりする。ローマにいても、地図上でその位置を確認できる。ボースさんの言うようにまことに合理的な命名だった。

下流の町パッサウがローマ時代には「カストラ　バタヴァ」という名前であったのもこれで納得がいく。パッサウにもローマ軍の宿営地が置かれていたけれど「バターヴィス宿営地」だった。やはり、ドナウ川沿いにあるからといって「ドナウ川宿営地」ではなかった。バターヴィスというのは、ローマ人の前にこの地に駐屯していたゲルマンのバターヴァー族の名から派生したようで、パッサウの名はバターヴィスに由来する。

レーゲンスブルクの大聖堂と「石の橋」は同じ頃に建てられたという。大聖堂を建てる親方と橋をかける親方は、どちらが先に仕事を仕上げるか競争した。負けた者が拷問の道具である「木のロバ」にまたがって町を練り歩くことにした。痛いだけではなく、ひどく恥ずかしいことである。

大聖堂は日に日に高くなっていくのに、橋の方は、次々に橋脚が流されたりして、大聖堂が先に完成するのは誰の目にも明らかだった。

橋の親方は悪魔に助けを求める。最初に橋を渡る者の魂をもらうという条件で悪魔は助力を約束する。悪魔は夜間に地獄の手下たちを総動員して、工事を進める。競争に負けると知った大聖堂の親方は絶望して、半分仕上がった大聖堂の塔に登ると身を投げてしまう。

橋が完成すると、橋の聖別式を見ようと、群集が集まる。やがて司教、市参事会員、上層の市民たちがにぎにぎしく行列を作ってやってくる。先頭を行くのは司教だ。

報酬を手に入れるべく、悪魔は橋脚の下に身を潜めて、手に入るはずの魂を待ち受ける。橋の親方は、悪魔を出し抜く手がないものか頭を悩ませていたが、司教が地獄に落ちたらどんなにいいだろうと思いながらも、ある考えが閃いて、被っていた帽子を手に取ると、自分のむく犬に口笛を吹くや、帽子を橋の上にほうり投げる。むく犬はすぐに帽子を追いかける。ご主人に帽子を取って来てあげるためだ。その瞬間悪魔はついむく犬をつかまえてしまう。だまされたと知った悪魔は怒ってむく犬の首をひきちぎると地獄に戻る。司教は無事橋の聖別式を執り行うことができた。

橋の親方は友だちの大聖堂の親方と忠実なむく犬のことを嘆き、自分のばかげた功名心を後悔する。そしてむく犬の姿を橋に彫り込む。
今でも、レーゲンスブルクの橋の欄干壁に頭のない石の犬を見かけることができる。

これは、レーゲンスブルクの「石の《シュタイネルネ》橋《ブリュッケ》」にまつわる言い伝えのあらましである。主人の帽子を追って張り切って飛び出したために、司教の身代わりになったむく犬が哀れだ。
ほかに、「石の橋」の欄干壁に、石に彫られた首のない犬をみかけるが、それについてこんな伝説がある、という書き出しで始まるバージョンもある。先のバージョンとの違いは、欄干壁に彫り込まれた犬の彫刻が現にあることになっている点だ。伝説はその彫刻の由来話である。この彫刻はレリーフといわれる。健気な犬のレリーフは橋のどこかにあるのかもしれない。ぜひ見たい。

石の橋の欄干壁に残る「喧嘩するにわとり」の図

「石の橋」の欄干は柵状になっているのではなく、両側の欄干とも塗り固められ、壁になって続いている。なるほど辞書の、「欄干壁」という訳語のとおりだ。レリーフは欄干壁の内側にあるのか、それとも外側なのか。外側なら身を乗り出さねばならず、身を乗り出してもほんの先までしか見通せない。長い橋なので探すのは容易ではない。一度目は左右の欄干壁にそれらしいものは見つからなかった。別の機会に、外側は諦めて、内側を見ながらゆっくり歩いていると、前回は見落としたのだろう、橋の中ほど、下流側の欄干壁にまず二羽のにわとりのレリーフがあった。片足をあげて向かい合っている。さらに十メートルほど先に枠だけのレリーフがあった。すっかり削り取られていて、枠内に何が彫られていたのか、描かれていたのかまったく分からない。もしかしたら、犬はここにいたのだろうか。

もしかしたらここに哀れなむく犬の図が彫り込まれていた？

博物館関係者のゲルマン＝バウアーさんの連絡では、犬のレリーフについてはっきりしたことは不明だが、H・E・パウルスという人の論文『レーゲンスブルクの石の橋』（一九八五年）に「さらに第一次大戦までは、（旧い数え方で）一一番目のアーチの東側の欄干壁に、シュタットアムホーフに向かって横たわる犬がまだいた。犬は跡形もなくなった」と書かれているという。「東側の」とは下流側のことだ。「アーチ」は、橋脚と橋脚とにかかるアーチのことで、あの空っぽのレリーフが一一番目のアーチ上の欄干壁にあったかどうか、橋の図をみても思い出せないが、パウルスの記述と一致しそうだ。犬の姿が削り取られて、空っぽの枠だけが残ったのか。

ところでインターネットで「石の橋」の「二羽のにわとり」ばかりか「横たわる犬の彫刻」も見ることができる。いずれもK・バウアーという人の本から転載されている。向かい合う二羽のにわとりは喧嘩しているのであって、これは反目する帝国都市レーゲンスブルクとバイエルン公国を表わすとみなされていたようだ。

横たわる犬の写真には、「視線を北の方、シュタットアムホーフの方に向けて……」という引用が付けられているだけだ。この写真こそ第一次大戦まであったという犬のレリーフと思われるのだが、写真の犬には頭がある。さらに右を向いて横たわっている。右向きでシュタットアムホーフの方を向いていたのなら、この犬のレリーフは上流側つまり西側の欄干壁にあったことになる。パウルスの記述や、今は枠だけが残るレリーフの位置と一致しない。とはいえ、あの空っぽのレリーフがそれだと特定できないまでも、主人の帽子を追って飛び出した犬のレリーフがあったのは事実のようだ。愚かな争いの犠牲になったものへの憐れみの気持ちがレーゲンスブルクの人々を動かして犬のレリーフを彫らせたのだろうか。

一二四五年にレーゲンスブルクは皇帝フリードリヒ二世によって「市長と市議会をおく」特権を有する自治の権利を認められ、町は「自由帝国都市」となった。その後一四八五年頃にバイエルン＝ミュンヒェン公国に併合され、一四九二年にふたたび帝国直属の都市となるが、「この時自由都市としての地位を失い、普通の帝国都市でしかなくなった」と記述される。都市にとって、帝国都市であることよりも自由都市であることにより意味があったことをうかがわせる文章だが、歴史を知らないとその重要性や違いが分からないのがもどかしい。

レーゲンスブルク司教領の首都なのに司教兼領主の権限が及ばなくなったのだから司教領主が快く思うはずがない。また司教領を取り囲む形のバイエルン公国にしてもおもしろくない。大聖堂の親方と橋の親方が無益な競争をして、むく犬が犠牲になる先の言い伝えの背景には、都市レーゲンスブルクとバイエルン公国との間の、さらには司教を加えた三者の間の緊張した関係があるのだろう。

一二世紀前半に建造されたとてつもなく古い橋なのに、「石の橋」は現役で、自家用車やトラック等は走行できなくなったとはいえ、人はもとよりバス、タクシーが往来する。三〇〇メートルを超える長い橋であっても私たちが渡ってみたくなるのも、これがまさに歴史的な、古い橋だからだ。ただ、普通の橋と変わらずに利用できるため、この橋のすごさや有り難さを感じるのはかえってむずかしい。

石の橋の威容

いっそ「この橋、渡るべからず」にして、隣りに見学用の小橋を架けて、そこから眺めることにすれば有り難さが感じ取れるかもしれない。でも「石の橋」には、そんな記念物に祭り上げられるつもりはまったくないようだ。それほど堅固で堂々としている。

これだけ歴史のある橋なら、君主か司教、あるいは町の守護聖人の立像があってもいい。ヴュルツブルクのアルテ・マイン橋には守護聖人キリアンはじめ何人かの像が両側に並び立っている。けれども「石の橋」は素顔のままで、非常に現実的だ。

一つだけ「装飾物」があって、ところがこれが「権威」からほど遠い、「権威」を笑い飛ばすかのような、けったいな代物なのである。橋のほぼ中央、西側つまり上流側に、風変わりな石像が鎮座している。半裸の男が、石の塔の天辺の三角屋根（鞍屋根）にまたがって、右手を額にかざして南の方、旧市街、大聖堂の方向を眺めている。「橋《ブリュック》男《マンドル》」と呼ばれるこの人物は半ズボン（水泳パンツのようだ）を着用するだけで、およそ権威とか権力の対極にいる。守護聖人や君主ではなく、こんな奇妙な人物の像だけを戴くだけでも「石の橋」は変わっている。この「橋男」は誰で、ここで何をしているのか。

さきほどの言い伝えには、さらにいくつもの類話があり、一八世紀にネッカー川沿いのテュービンゲンからウィーンまで旅したシュトゥットガルトの一司祭が記録したバージョンも知られている。そこでは、悪魔は三つの魂を要求する。親方は、まず雄鶏、次に犬、最後に雄山羊を橋に放つ。悪魔は雄鶏と犬を引き裂くと、人間の魂を手に入れられなかった腹いせに、雄山羊を引っ掴んで橋の上にぶつけたものだから橋に穴があいてしまう。そして、悪魔があけた穴を今でも見ることができる。橋の上には、望遠鏡越しに大聖堂の親方が塔から身を投げるのをみている小柄な石の男がいる。三匹の動物も橋のあちこちにその姿が彫りつけられている、と語られる。

このバージョンには「橋男」が登場する。またお話によって、大聖堂の進捗状況の見張り役のこともあれば、親方自身のこともある。悪魔の力を借りて競争に勝った橋の親方が、用意しておいた石塔にまたがって「そっちはどうだ」と大聖堂の親方をからかうのである。

石の橋から三代目の「橋男」が旧市街と大聖堂を見守る

市の歴史博物館で休息する二代目の橋男

ところで現在の「橋男」は右手を目の上にかざしていて、望遠鏡を持つ仕草をしていない。彼は三代目で、先代は市の「歴史博物館」に安らぎの場所を得ている。「安らぎ」というのには訳があって、先代はさんざんひどい目にあってきたからである。

初代は一五七九年に破壊されたという。戦乱によるものか、ドナウの氾濫によるものかは分からない。橋の南側、旧市街側から数えて三つ目の土台上に研磨水車屋が建てられていて、橋の上には水車屋に降りるための戸口があり、この戸口の屋根上に二代目はいたという。何を研磨していたのか分からないが、研磨というからには何か固いもの、建造物の石材等を研磨していたのだろう。初代もここにいたのだろうか。

現在でも橋の中ほどで西側、上流側の上中州に下りる橋状の坂道があるが、通行料を徴収する建物が一七九一年にそのあたりに建てられて、この時二代目は徴収所の屋根の上に移された。北の方から市に入る旅行者らはここで通行料を払わねばならなかった。通行料は橋の保全に当てられたようだ。

しかしそのあとがたいへんだった。一八〇九年、ナポレオン・フランス軍がまず対岸のシュタット・アム・ホーフを攻略する。迎え撃つオーストリア軍・フランス軍と「石の橋」の上で衝突する。この時に二代目は砲弾で手足を失う。さらに一八一七年三月の嵐で「橋男」は橋の上に落下する。頭部が壊れてしまう。二代目はいったん徴収所の上に戻されたが、一八二六年に徴収所が撤去されたのを機に、ようやくお役御免となり、最終的に歴史博物館に安住の場を得たのである。上向き加減のその姿は痛々しい。

レーゲンスブルクの市民はなぜかこの「橋男」を愛していた。二八年後の一八五四年四月に石塔と新しい「橋男」が現在の位置に設置されて、今に至っている。

この人物はもともと「南を指し示す者《ズュートヴァアイザー》」だったらしい。南を向いて、まぶしい日差しを避けるかのように手をかざしている。南と関連付けて考えれば半裸の格好をしているのもうなづけるという。「南を指し示す者」は「正午の天使」ともいって、ストラスブールの大聖堂やシャルトルの大聖堂にも設置されているという。「石の橋」の「橋男」のように人なのか、それとも天使なのか、あるいは動物なのだろうか。

レーゲンスブルク市では、この「橋男」は、「かつては都市としての自由の諸権利と司教の後見からの解放の象徴であった」と説明している。この説明を読む限り、建造の早さを競った二人の親方の伝説との関連はない。じっさい「橋男」の歴史を振り返れば関係のないことは明らかである。いつごろからか、親方たちの無益な争いの言い伝えに織り込まれていったのである。

おもしろいのは、人々が、司教のような心的世界の権威や皇帝等の世俗世界の権威ではなく、いかにも庶民的な「橋男」を大事にしてきたことだろう。商業活動の中心地として繁栄したレーゲンスブルクにはあえて守護聖人の像のようなものは必要なかったのかもしれない。市民の自治の精神と自信がここには表われている。

一九九五年に市は「自由帝国都市七五〇周年」を祝った。ウルムと同じようにレーゲンスブルクの市参事会も一五四二年に、つまり五五年の「アウクスブルクの宗教和議」に先立ってプロテスタントを選択している。司教のお膝元の都市、そしてカトリックの神聖ローマ帝国に直属する都市でありながらずいぶん思い切った選択だ。

『レーゲンスブルクの石の橋のすばらしい眺め』という銅版画がある。一七世紀に活躍したマテーウス・メーリアンという銅版画家の作品だ。ほとんどどの町にも古い時代の町を描いた銅版画や木版画がある。遠方から町の全景を描くものもあれば、やや高めの視点から捉えることもある。上空からの「鳥瞰図」のこともある。どの町もその自画像を持とうとした。これも都市の自治精神の現われなのだろうか。
メーリアンの仕事は多岐にわたっていて、都市の銅版画の制作は彼の仕事の重要なジャンルの一つだ。『すばらしい眺め』はおもしろいことにそのタイトルのとおり、レーゲンスブルクの町ではなく、「石の橋」を正面から捉えている。名所案内というか、絵葉書のような役割も果たしていたのかもしれない。この銅版画のおかげで私たちは今では失われた「石の橋」の全貌を知ることができる。その意味ですでに貴重なのだが、『すばらしい眺め』はメーリアンの作品でも傑作中の傑作なのではないだろうか。それほど「すばらしい」銅版画だ。

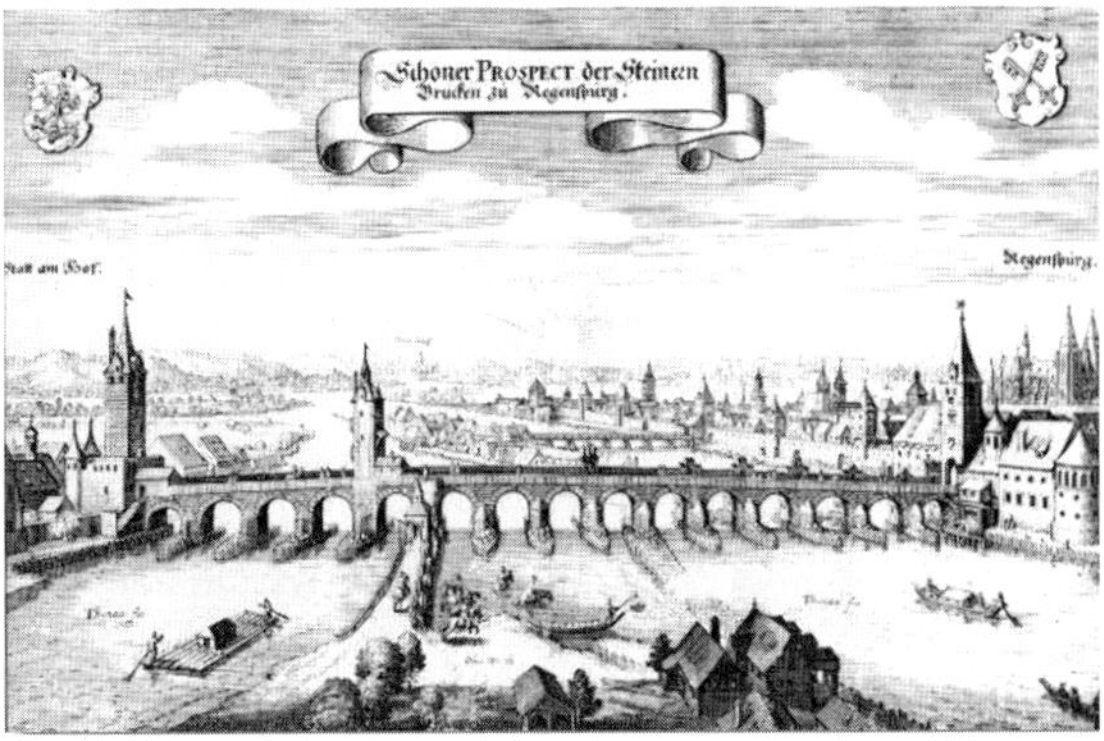

マテーウス・メーリアンが描いたレーゲンスブルクの「石の橋」
(Bernd Nebel: Bruecken- Architektur, Technik, Geschichte より)

「石の橋」の全景がドナウの上流、つまり西側のやや高い位置からのアングルで描かれている。まず、画面の右が南、レーゲンスブルクの市街で、左は北、シュタット・アム・ホーフである。この銅版画が制作された頃、シュタット・アム・ホーフはバイエルン公国のれっきとした一都市だった。二〇世紀に入って、一九二四年に町はレーゲンスブルクに編入され、以後シュタットアムホーフと綴るようになった。この銅版画ではもちろんまだシュタット・アム・ホーフである。画面手前は上中州で、上中州から橋に道が通じている。橋の手前で立ちふさがる建物は管理棟なのだろう。左手の筏も、右手の小船もこれから「石の橋」にさしかかるところで、漕ぎ手は緊張しているはずだ。「石の橋」の下はかなりの難所で、上流側と下流側では一メートル以上の落差があり、とくに流れが速い。下流側には渦が発生して、「ドナウ《ドーナウ》の渦《シュトゥルーデル》」と恐れられた。

橋の向こうに下中州が見え、下中州とレーゲンスブルクの町とを木橋らしい橋が結んでいる。そして「石の橋」だ。橋には三つの塔があった。南に、橋の右端に見えるのが「橋塔《ブリュッケントゥルム》」で、唯一つ現存する塔だ。一三〇〇年頃に南から数えて最初の橋脚上に建てられた。そのためこの第一橋脚は目にはみえない。門が二つある。狭いのが古くからある「橋門」で、広い門は二〇世紀に入って造られ、バスやタクシーはここを通る。

橋の中央よりやや左手、北寄りに見えるのは「中塔《ミッテルトゥルム》」で、一二〇〇年頃に北から四番目、南から一二番目の橋脚上に建てられた。メーリアンの時代、すでに第一橋脚は見えなくなっているので、一一番目の橋脚上にあるように見える。「中塔」は上中州と下中州からの攻撃に備えるために建造された。この塔には左側つまり北側に四つの彫刻があって、橋を渡ってくる者を迎えたという。フィリップ・フォン・シュヴァーベン国王夫妻、一種の魔除けの仮面、そして翼をもつライオンで、仮面は橋と町を悪霊から護る役目を負っていた。この「中塔」は一七八四年にドナウ川の氷塊で倒壊する。四つの彫刻はこの時無事左端の「黒塔」に移された。現在も市の歴史博物館等にあるという。一七八三年から四年にかけての冬は「石の橋」、いやレーゲンスブルクばかりではなく、ヨーロッパ全域に大変な被害をもたらした大寒波の冬として記憶されている。とくに一七八四年の春には洪水と流氷が各地に大災害をもたらしている。

橋の左端に見えるのは「黒塔」で、一二世紀後半に、「石の橋」の建造に引き続いて建てられた。「黒塔」の南面に、レーゲンスブルクの町を向いて皇帝の立像が掛かっていたという。レーゲンスブルクはシュタット・アム・ホーフに土地を購入して防御施設を構築していたようだが、ナポレオン・フランス軍とオーストリア軍との戦闘の後、一八一〇年に「黒塔」は防御施設ともども取り壊された。皇帝の立像は現在「橋門」の北面にあるそうだが私は気がつかなかった。

一二世紀に各地で石の橋が建造されている。プラハでは一一七二年に「ユーディット橋」が完成したが、一三四二年二月に洪水で倒壊する。同じ場所に架けられたのが現存する「カレル橋」だ。ドレースデンでは一一一九年からほぼ一〇〇年かけて建造された橋がプラハの「ユーディット橋」と同じ一三四二年に洪水と流氷で破壊されている。ローヌ川に架かるアヴィニョンの橋は一一八八年に完成したが、一六七〇年に流氷のために倒壊して現在に至っている。洪水ならともかく、川が凍結して氷河と化し、やがて氷塊が橋を破壊する事態がヨーロッパでは頻発したようだ。

川岸に下りて間近にみると「石の橋」はまるで要塞である。要塞のごとく堅固でないとドナウの力に抗しきれないのだ。まず橋脚が尋常ではない。川上に向かって砕氷船の舳先のように鋭く突き出している。橋脚を守るためにこのような形状のものをつけたのではなく、これが「石の橋」の橋脚なのだ。橋桁を支えるためだけの橋脚ではない。最大の目的は流氷対策である。誰もが砕氷船の先端を連想するが、まさに砕氷のために、そして氷塊を左右に流すためにこのような橋脚が考案された。下流側の橋脚も、短いけれどやはり鋭く突き出している。ドナウ川が凍結して氷河と化すと、氷はこんなに高いところまで盛り上がるものなのか。想像しがたい光景だ。

砕氷船のような橋脚と並んで目を引くのは、橋脚を保護する幅広の土台・基礎だ。橋脚を支える土台としてはスケールが違う。下流側にも伸びているが、やはり上流に向かって大きく張り出している。先端は橋脚と同じく鋭く尖っている。やはり砕氷船である。この島状の土台の目的は、橋脚の下の川床が洗い流されないようにするためで、中世の橋にはよく見られるという。土台は鋭い先端からどんどん膨らんで下流部でふたたび狭まる。土台が幅広で大きいほど、流れは阻害される。「石の橋」の場合がそうで、ドナウの流れは上流部でいったん滞り、次に土台間を急流となって通過して、下流部で激しい渦を惹き起こす。前述のように「ドナウの渦」と呼ばれるくらいで、筏や小船には難所だった。しかし人々は急流の利用を思いつき、さっそく土台上に四つの水車屋が建てられたという。前述の研磨水車屋もその一つなのだろう。

橋脚の保護のために土台はどんどん強化される。強化は土台の幅を拡張することで図られる。一時は土台の幅が一五メートルから二〇メートルに達し、そのため土台と土台との間、つまり水の流れるところが四メートルから七、六メートルにまで狭まってしまい、流れはますます阻害される。一九五一年から一九六二年にかけて行われた橋の改造工事の時に土台の幅は最大一〇メートルに抑えられたという。

三〇年戦争のさなか、攻め寄せるスウェーデン軍を阻止するために南から、図では右から三番目のアーチが爆破された。これが一六三三年のことで、一七九一年まで橋はそこで途切れていたわけだが、アーチの橋桁の代わりに木の跳ね橋が架けられた。ところが一つのアーチが欠けることによって、それまでかかっていた圧力が失われたために両隣のアーチに損傷が生じ、あらためてアーチが架けられることになった。日本では戦時中お寺は梵鐘を供出しなければならなかった。鐘楼は梵鐘の重さに耐えられるように建てられているが、その重さを失うと鐘楼にはかえってよくないため、セメントの代用品をぶらさげたという。同じ原理が働いているようだ。

階段を下りて「石の橋」を、土台や橋脚を間近に見ると、威圧感に圧倒される。穏やかに流れるドナウでも、形相を一変して牙をむき、猛威をふるうことがあった。そのドナウの猛威に対抗するにはこれほどの備えをしなければならなかったのだ。

北国ドイツと南国イタリアを隔てるのがアルプス山脈で、アルプスという自然の障碍があるからこそ、イタリアを目指してこれを越えた北国の旅人の感慨はひとしお強かった。けれどもドイツ中・北部から南の国を目指す場合、アルプスの手前にドナウ川がある。西から東に流れるドナウ川も南と北を隔てる自然の障碍だった。イタリアを目指す北の旅人はまずドナウ川を渡ることを考える。なぜならこの川を渡れば南国に一歩近づくことになるからだ。ドナウ川以北の土地はもはや背後の対岸にあり、地理的にも意識の上でも「彼岸」の世界だ。一七八六年九月三日の未明、三時頃ひそかに馬車でカールスバートを去ったゲーテはレーゲンスブルクまで三一時間を走り続けている。ドナウ川にかかる「石の橋」を渡って入城したのが四日午前一〇時のこと。「石の橋」と明記されているわけではないが、ドナウ川を渡るにはまだこの橋しかない。レーゲンスブルクに到着したゲーテはやっとここで宿泊している。ところが「ヨハン・フィリップ・メラー」と名乗っていたにもかかわらず、当地の書籍出版・販売業者に正体を見破られ、五日の昼にあわただしく馬車に乗り込んだ。ドナウ川を渡ってほっとしたものの、そこはまだドイツだった。長居は無用、とゲーテは肝に銘じたのだろう。ノイシュタットを発ったゲーテは結局夜を徹して走り、六日朝六時にミュンヒェンに到着する。ミュンヒェンでゲーテはこう書き綴る。「さあこれから一路インスブルックに向う。この胸中でほとんど古すぎるものとなってしまった宿望を果たすためには、途中のどんなことにもかまってなどいられようか！」「ほとんど古すぎるものとなってしまった宿望」とはもちろんイタリアへの旅のことである。

シュトラウビング（海抜三三一メートル）――アグネス・ベルナウアー、『死の舞踏』

アウクスブルクで馬上試合が催された。若きアルブレヒト・フォン・バイエルン公爵は強く勇敢で、多くの馬上試合で勝利を収めて人々に人気があった。アウクスブルクの理髪師兼外科医で公衆浴場《バーダー》経営者にアグネスという美しい娘がいた。美しいばかりではなく、控えめで、貧しい人々を助け「アウクスブルクの天使」と呼ばれた。群集の間をぬって試合会場に向かう馬上のアルブレヒトとアグネスの目が合った瞬間に二人は互いに恋におちる。

試合後アルブレヒトはアグネスを捜しあてて求婚し、アグネスも同意する。翌日ひそかに結婚式が執り行われた。アルブレヒトの父親エルンスト・フォン・バイエルン公は、息子の身分不相応な結婚を聞いて激怒する。ブラウンシュヴァイク侯の息女アンナと結婚させることを考えていたのでなおさら具合が悪かった。しかしアルブレヒトはアグネスを愛していた。

ほどなくレーゲンスブルクで馬上試合が開かれ、アルブレヒトは試合に臨むが、入場できない。父エルンストの指示だった。「お前が結婚した女は魔女だ。お前に魔法をかけたのだ。彼女を追放せよ」「私は彼女に死に至るまでの誠実を誓いました。私は誓いを守ります」。父と息子は袂を分かつ。アルブレヒトとアグネスはフォーブルクの城やシュトラウビング（Straubing）の城で幸せに暮らす。しかし二人の幸せは長くは続かない。ある時アルブレヒトが狩りに招かれてランツフートに出かけた間に、エルンストは配下の者をシュトラウビングに送り、アグネスを捕らえさせる。エルンストは彼女を裁判にかけると、「彼女は魔女だ。正気だったら息子は結婚などしなかっただろう」と非難する。エルンストを恐れる裁判官たちはアグネスに水死刑を宣告する。

一四三五年一〇月一二日、アグネスはドナウ川にかかる橋から突き落とされる。しかしドナウ川は裁判官たちより憐れみ深い。アグネスの衣服が広がり、彼女を岸に運ぶ。これを見たエルンスト公は怒りにまかせて「彼女が魔女であることが分かっただろう。これが新しい証拠だ」と叫ぶ。刑吏はアグネスの髪を掴むと、息絶えるまで彼女の頭を水に沈める。

妻の死を知ったアルブレヒトはその後二度と笑うことなく、父とことばを交わすこともなくなった。

エルンスト公はその後自らの行為を悔いて、罪を償うためにシュトラウビングの聖ペトロ教会の墓地にアグネス・ベルナウアー礼拝堂と石碑を建てさせた。石碑には「この石碑は、貞潔で、誠実な妻であった女性に、敵や殺人者らが彼女から奪わんとしたもの、すなわち名誉と人間としての誇りを取り返すものである」と記されている。

魔女裁判で、水中に投じられた人が浮かび上がってくれれば、それは魔女の証とされたと読んだことがある。エルンストの発言「彼女が魔女であることが分かっただろう。これが新しい証拠だ」で、あれはこういうことだったのかと納得する。もっともアグネスの場合、アルブレヒトが彼女に恋したことが魔女であることの証と断定されていて、魔女か否かを判定するために突き落とされたのではない。魔女ゆえの水死刑が執行されたのだった。いろいろ異同があって、たとえば、足を縛っていた縄をほどくことができたので、アグネスは岸に泳ぎつくが、刑吏が竿で彼女の頭を水中に沈めたと語られたりもする。アグネスはとても色白だった。彼女が赤ワインを飲むと、喉元を通る赤い色が透けてみえたという。この言い伝えを、ヘッベルは戯曲『アグネス・ベルナウエル』で、アルブレヒトのセリフ「アグネス、お前はもう人がかういふのを聴いたかね…」の中にさりげなく織り込んでいる。ヘッベルは戯曲のなかで、伝説と違ってエルンスト公を高潔な人物として描いている。裁判もないまま死刑判決を下した三名の「世界を裁くに相応しい偉い法学者達」を除く関係者を誠実な人物として描くことで、死に追いやられる市民の娘アグネスの悲劇性をヘッベルは浮かび上がらせる。「気も絶え入りさうな今の有様にありながら、私は何といふ強さを感じる事が出来るのでせう！……さあ私はもうほんとに震えはしない」

一四三五年一〇月一二日にアグネス・ベルナウアーが水死刑に処されたのは事実である。現実のアルブレヒトはアグネスの死の一年後に、父親の希望するアンナ・フォン・ブラウンシュヴァイク嬢と結婚している。アグネスとの間に女の子が一人いて、アルブレヒトは彼女を大切に育てたという説もあるようだ。

カール・オルフは音楽劇『ディ・ベルナウエリン』（一九四七）を作曲した。

ドナウ川はシュトラウビングで右に急激に向きを変えると、U字を描いて流れを元に戻す。川中の島が流れを変えさせるようだ。不自然に彎曲していても、こちらが本流らしい。いや、もともと川は蛇行して流れるものだからむしろ自然なのだ。もう一本、船舶用の水路が走っていて、こちらはほぼまっすぐ流れて、また本流と一体になる。まっすぐ流れるこちらが人工の流れなのだ。シュトラウビングから島にかかるのが城《シュロス》橋《ブリュッケ》で、島を縦断して、島から北の対岸に渡るには水路にかかる橋を渡るのだが、この橋がアグネス・ベルナウアー橋だ。アグネスが突き落とされたのは城橋だというのがホテルの食堂のおばさんたちの一致した意見だ。「アグネス・ベルナウアー橋は新しいのよ」。一方観光案内所では「それはアグネス・ベルナウアー橋ですよ」「彼女の名前がついているでしょう」と聞いた。現在の城橋は近代的な造りの大きな橋で、車の往来がはげしく、橋の上を歩いてみる気も失せてしまった。

デューラーの下絵によるステンドグラス。
「聖ヤーコプと聖ティブルティウス教会」

シュトラウビングの町は次のデッゲンドルフと同じように、いわゆる市場広場《マルクトプラッツ》がなく、テレージエン広場とルートヴィヒ広場という二つの広場が東西につながっている。つなぎ目に建つのが六八メートルの古い「市塔《シュタットトゥルム》」で、上に登れば町と周辺を一望できる町のシンボルだ。テレージエン広場を北に折れると「聖ヤーコプと聖ティブルティウス教会」が通せん坊をするように建っている。教会の中に入って、あらためてこの教会の大きさに圧倒される。古い堂々たる教会で、ここのステンドグラスの中にアルブレヒト・デューラーの下絵による「モーゼ像」があるという。ずっと見上げて歩いても、どれが「モーゼ像」なのか見当もつかない。幸い一角に「モーゼ像」の写真が売り出されていたので、それを買って、あらためて探すと、ひときわ明るく、色鮮やかなステンドグラスがそれだった。これなら真っ先に目に入っていたのに、いかにも真新しいので、これではないと決めつけたステンドグラスだった。一四九八年頃の下絵によるもので、ステンドグラスは二〇〇五年に修復されたというから、真新しいはずだ。写真には「モーゼ、戒律の板を授かる」と題されている。聖母図によくあるのとは逆に、モーゼは青の衣装に赤のマントをまとっていた。

ドナウ川に沿うようにして東に、下流に歩くと「聖ペトロ教会」に行き当たる。ここの墓地に「アグネス・ベルナウアー礼拝堂」がある。狭い墓地で、たしかに礼拝堂らしい建物があるが、いくつかあるのでどれなのか分らない。はり紙に気がついて読んでみて、その建物が「アグネス・ベルナウアー礼拝堂」であることは分かった。けれども木の扉は閉じられていて、さらに鉄格子で守られている。これまで内部が荒らされたり、何かが持ち去られたことがあるらしく、やむをえず閉鎖することにしたという。これでは中に入れない。「鉄格子は閉まっているけれど、扉は押せば開くよ」と管理人らしい人が教えてくれたからよかった。この人がいなかったら、あきらめて引き揚げるところだった。たしかに鉄格子越しに扉の取っ手を回して押すと扉は内側に開いた。礼拝用のベンチが並び、向かい側の壁のやや左手に、アグネスの立像が描かれている。かなり傷ついている。何百年もの間、来訪者が少しずつ削り取っていって、こうなったのかもしれない。哀れな姿をじろじろ見ていてはいけない気がして、でも写真は撮って扉を閉める。この建物が「アグネス・ベルナウアー礼拝堂」なら、もう一つの建物は「霊魂礼拝堂」だ。市街地図の説明文によると、この礼拝堂にはフェーリックス・ヘルツルという画家の描くフレスコ画『死の舞踏』（一七六三）がある。この礼拝堂も鉄格子越しに扉を開けて内部を覗くことができた。左手の壁面に『死の舞踏』がみえる。うす暗い堂内なのにフレスコ画は意外に明るい。しかしやはりこの種の絵は不気味

アグネス・ベルナウアー礼拝堂の壁面に描かれたアグネス・ベルナウアー。かなり傷ついている

聖ペトロ教会。「アグネス・ベルナウアー礼拝堂」と、『死の舞踏』が描かれている「霊魂礼拝堂」がある

である。とくに一人ではあまり長くはいられない。あとで読んだ『死者のいる中世』にシュトラウビングが出てきた。この町で「死の舞踏学会」が開催されたことがあったのだ。「霊魂礼拝堂」の『死の舞踏』の取りもつ縁なのだろう。でもヘルツルの『死の舞踏』についてこの本ではとくに語られてはいない。一七六三年はすでに啓蒙主義の時代で、この町の『死の舞踏』は新しすぎるのかもしれない。時代錯誤の画題といわれてもしかたがない。もっとも、ヘルツルの『死の舞踏』には一五世紀に遡る原画があったらしい。一八世紀中葉のヘルツルの創作ではないようだ。それに啓蒙主義の時代とはいえ、黒死病や戦争の記憶は残っている。戦争による惨禍は記憶どころか現実の問題だ。一八世紀に『死の舞踏』が修復されるのにもそれなりの理由はある。

デッゲンドルフ（海抜三一四メートル）――『だんごを投げる女』、日時計

「ワハハ」と若いお母さんは大笑いした。その昔、デッゲンドルフ（Deggendorf）を包囲する軍勢からとっさの機転で町を救った勇敢なおかみさんがいて、そのおかみさんの像がこの先のどこかにあるはずなのだ。駅の売店で市街地図をくれたので、地図を開いて、町の中心部を目指すことにする。ドイツでは、地方の小さな町の場合、駅周辺に住宅はあっても、住宅街を形成するほどではなく、ガランとしてひと気すらないことが多い。駅は町の中心部から離れている。日本と違って駅前商店街などない。さあ着いた、と意気込んで駅舎を出ると、一瞬裏切られた思いがする。駅周辺におしゃれなお店やレストランがあるわけでなく、普段着のままだ。デッゲンドルフも事情は同じ。とにかく第一印象にめげずに中心部、旧市街に行くことだ。その町らしさ、肌ざわりの感じられるのはやはり旧市街だ。地図にしたがって「駅通り」をしばらく歩き、陸橋を渡る。橋の下をアウトバーンのような道路が走っている。あとで分かったところでは、この道路は「ヨーロッパ街道《オイローパシュトラーセ》」の五三号線である。五三号線はピルゼンビール発祥の地として知られるチェコのプルゼニとドイツのミュンヒェンを結ぶ。北からデッゲンドルフに至る辺りでそのままアウトバーンに変わるようだ。陸橋の下の道路はすでにアウトバーンだったことになる。陸橋を渡ってまもなく、向うから乳母車を押す若いお母さんが

やって来る。駅からここまですれ違う人もなく、聞くならこの人だ。町のホームページからプリントアウトしておいた『だんごを投げる女』の写真を彼女に見てもらい、「すみません、この女性はどこにいますか」と聞いた時だった。何がおかしかったのか、陽気で豪快な笑いだった。何よ、こんなもの、という気配のないのがうれしかった。デッゲンドルフがとても好意的な町に一変する。お母さんは来た道を振り返ると、指さしながら説明してくれた。乳母車の赤ちゃんが泣き出しそうだったので早々にお礼を言って別れる。眠っていたのではなかった。楽器店らしい小さなお店が左手にあり、ショーウィンドウに楽譜やギター、チターらしい楽器が見える。立ち寄りたいけれど、いまはやめておく。この道を通って駅に戻るのだから、もし時間があれば帰りに寄ろう。まず用事をすませることだ。デッゲンドルフに来たのは、だんごを投げて敵を撃退したという肝っ玉おっ母の像をこの目でたしかめて、彼女のお話に由来するだんごケーキを食するためだ。

一二六六年、一帯を席巻したオットカー・フォン・ベーメン率いる軍隊がデッゲンドルフに迫って来る。周辺に住む農民たちは家畜を連れて濠と二重の市壁の内側に避難する。「市民軍」は市壁に上がって待ち構える。オットカーの軍隊はすぐには攻撃せず、市壁の外の家々を略奪すると、持久戦を選んで町を包囲する。

おかみさんたちは食料を二重の市壁の間の空き地《ツヴィンガー》に届けていたが、何週間も経つと食料は底をつき、注意力も低下してくる。そんな時にオットカーの放ったスパイが、市内の様子を探ろうと、市壁によじ登り、なかをうかがおうとしたとたんに大きなだんごが顔に命中して、彼は背後の濠に落下する。陣営に戻ったスパイは、だんごを投げることができるくらい、町には食料がまだ十分あると報告し、オットカーの軍はデッゲンドルフの攻略を諦めて、撤退する。

あり合わせのものをだんごに丸めて、夫のもとに届けようとした一人のおかみさんが通りかかり、市壁の上から中の様子をうかがうスパイが彼女の目にとまる。すぐに事情を察した彼女はスパイめがけてだんごを投げつけ、これがみごとに命中して、町を救うことになったのだ。

言い伝えなので、町の資料だけでもこの話は数種類あって、スパイを撃退するのが見張りのこともある。投石機を手に取る暇がなかったので見張りはだんごを投げつける。あるいは、台所でだんごをこねていた市長の奥さんだったりする。市長の奥さんの場合でも、彼女がだんごを届けに行く途中のこともある。男性ではなく女性の像を建てたということは、デッゲンドルフの人たちには、女性説が好ましかったのだろう。では市長夫人だったのか、ふつうのおかみさんだったのか、決め手はないが、市はこの女性を市長夫人と定めたようだ。案内所でくれたこのお話や、案内図の像の説明でも、この

だんごを投げて町を救ったおかみさんの像

女性は市長の奥さんになっている。

　さっきのお母さんの説明ではどこかで左折しなければいけなかったのだが、歩いているうちに少し広い所に来てしまった。右手（南）にルーイトポルト広場が広がり、ほぼ目の前に旧市庁舎が建ち、旧市庁舎の左手に上《オーベラー》市広場《シュタットプラッツ》がある。二つの広場とも細長いのが特徴で、いわゆる市場広場《マルクトプラッツ》と形状が異なる。二つの広場は南北につながっているのだが、旧市庁舎はこのつながりを断つかのようにまん中に建っている。左手に観光案内所の「i」のマークが見えたので、まず案内所に行くことにする。『だんごを投げる女』の像の場所のほかにも、旧市庁舎のどこかに、かつては見せしめに使われただんご状の「処刑用具」がぶら下がっているそうなので、それがどこにあるのかも教えてもらわなければいけない。ゴルフの宮里藍さんによく似た女性職員がすぐに席を立つと連れていってくれて、あそこよと指さした先を見上げると、たしかに旧市庁舎の壁に鎖で丸い石がぶら下がっている。建物の内部ではなかった。昔は罪人の首にこれをかけてさらしものにしたのだ。案内所の前まで戻って藍さんにお礼を言う。藍さんの握手はびっくりするほど力強かった。

『だんごを投げる女』は、案内所の左の路地を入ったところにいた。だんごが四個入ったざる状の鉢を左手に抱え、いざだんごを投げんとして右手をふりかざしている。日本だったら手拭いだが、スカーフか何かで頬かむりした彼女にはかっぽう着姿の風情もあって、いかにもおかみさん風なのがいい。

残るは「デッゲンドルフ《デッゲンドルファー》だんご《クネーデル》」だ。ルーイトポルト広場に戻って、広場に面する「カフェW…」という喫茶店に入ってみる。店内左側のガラスケースに各種ケーキが並んでいて、ケースに沿って探していくと、右の端っこの方にやっと「デッゲンドルファー・クネーデル」が見つかって安心する。デッゲンドルフだからといってどこにでもあるわけではないのかと、心配になり始めていた。店内は広くないが、調度類も品がよく、落ち着いた雰囲気がする。平日の午後なのにほぼ満席で、私は相席させてもらうことになった。「今日は何か催しものがあるのですか」「いいえ、何もありません」「でも、すごく混んでますね」「ええ、でもいつもこうよ」「よくここに来るのですか」「そう、私たち、時々来て、こうやって食べるの」　母と娘らしい二人が食べているのはアイスクリームだったろうか。地元の人には今さら「デッゲンドルフだんご」でもないのだろう。お目当てのデッゲンドルファー・クネーデルと紅茶を注文する。町のホームページではコーヒーとのセットを勧めていた。ミルクにするか、レモンにするかと訊かれ、レモンにする。「デンゲンドルフだんご」は白いボール状のケーキで、ローテンブルクの「シュネーバル」に似ている。ナイフとフォークがついてくる。意外に甘味が強かったが、紅茶の渋みとよく合う。紅茶にしてよかったのかもしれない。ウエイトレスのおばさんに材料を訊ねると、白と、色の濃いビスケット生地、バタークリーム、細かく刻んだ果物（サクランボ）、リキュール（マラシーノ）、パウダーシュガーだと教えてくれた。兵糧攻めにあって乏しい残り物を混ぜて作っただんごはお洒落なケーキに変身した。

「カフェ W…」を出ると、また旧市庁舎が目に入る。時計が二つある。背後の高い尖塔にあるのは普通の機械時計だが、もう一つ、もっと低い、広場を向いた壁面にしつらえてある時計は文字盤の様子がおかしい。中央真下の、六があるべき所に一二があって、ここから時計回りに一一、一〇の順で数が小さくなり、八時の辺りに七があり、七で終わっている。一二から右に向って一から始まり、四時の辺りに五が来ている。六以上はない。そして今、針は三と四との間にある。つまりこれは日時計なのだった。七は朝七時を、五は午後五時を表わし、時間と共に針は時計回りとは逆に、左から右方向に移動する。この日時計は午前七時から午後五時までの時を表示するのである。「針」と書いたけれど、もちろん針ではなく影なのだが、ほとんど針である。この日時計のように、建築物の壁面に設置されたものを垂直型日時計ということはあとで知った。太陽の作る影が時を示すのだから、この市庁舎の場合のように、日照時間の長い南向きの壁が多く選ばれる。

時刻を知るためなら、文字盤と、針役の影だけですむ。あとはただの装飾で、ほとんど目にとまらなかった。けれども、デッゲンドルフの市庁舎の日時計について書かれた随筆のような文章があって、

市庁舎の日時計

それを読みながら、撮った写真を見直すと、そこにさまざまな図柄が描き込まれているのが分かる。日時計の上半分には星、月、流星か彗星、そして人面をした太陽が描き込まれ、太陽の口から棒が出ていて、これが文字盤に長い影を落とす。これが針の役割を果たす。最上部にはアーチ状に箴言が書き込まれている。日時計の下半分にはさらに小円があって、「黄道一二宮」が描かれている。白羊宮、星座名で言えば牡羊座等のことだが、描かれているのは動物の姿ではなく、「獣帯記号」である。「獣帯記号」のことを知らないので、それぞれがどの宮を表わすのかは分からない。「黄道一二宮」は太陽が天空のどの宮にさしかかっているかを示すようだが、どのように見ればよいのか、

やはり影が指すものなのか、見方が分からない。小円の中にはりんごであろうか、果実のなる一本の木と、赤い花の咲く茂みが描かれている。エデンの園が思い浮かぶがアダムとイブの姿はない。普通の絵なのかもしれない。

簡単なようでいて複雑なのが日時計で、時を読み取るのも本当は容易ではない。間違っている心配があるが、まず、日時計の影が示すのはあくまで「視太陽時」「現地時」「地方時」で、「標準時」ではない。「標準時」のなかった時代なら、「現地時」が分かれば十分だったけれど、「標準時」が設けられて、生活が「標準時」で律せられるようになってからは「標準時」、ドイツなら「中部ヨーロッパ標準時」に読み替える必要がある。そのためにはまず「経度差」を割り出して加減しなければならない。「標準時」は東経一五度の「中間地方時」が標準で、デッゲンドルフはほぼ東経一三度上の町で二度の差がある。一度につき四分の差を考慮しなければならないようで、そうすると八分を加算することになる。さらに視太陽時と平均太陽時との差、「均時差」がある。その土地の「近時差」は計算によって明らかにされていて、これも加減する。もし「中部ヨーロッパ夏時間」の期間であればさらに六〇分を加算する。このように、日時計から標準時間を読み取るには「経度差」「均時差」、そしてサマータイムの期間中は「サマータイム」の三つの要素を計算にいれなければならない。文字盤上に「冬至線」「夏至線」「春秋分線」、さらに八の字型の「アナレンマ」といわれる線が書き込まれている高度の日時計であれば、それらを手がかりにして「視太陽時」を補正し、「標準時」を読み取ることができるようだが、かなりむずかしくなりそうだ。日時計を愛好する人たちはともかく、実際に読み取ることのできる人がどれだけいるのだろうか。デッゲンドルフの日時計は時を表わす一一本の線があるだけで、複雑な線はいっさいないところを見ると、「視太陽時」を示すシンプルなタイプのようだ。それでも、「標準時」を得るには、「経度差」「近時差」「サマータイム」を計算に入れて補正しなければいけない。しかし、町の人で、あえて補正して「標準時」を読み取ろうとする人がいるとも思えない。面倒だし、背後の尖塔の大時計なり、あるいは腕時計を見れば、なんなく「標準時」を知ることができるからだ。日時計は、それがシンプルであれ、精緻なタイプであれ、時を読み取るには結局高度の知識が必要に思える。日時計は単純なようでいてじつに難解だ。ところがドイツだけでも七千個を超える日時計が現に使われていて、教会や市庁舎、住宅、公園等で時を告げている。時間に追われてあわただしい生活を送る人々に、「標準時」とは異なる時間、自然に即した時間の流れのあることをそっと教えてくれるのが日時計のようだ。別の時間の存在することを静かに教える日時計がかくも尊重されているのだ。

駅への帰り道、楽器店のショーウィンドウをもう一度のぞく。チターも楽譜も古く、中古品だ。壁にはギターとリュートらしい楽器がぶらさげてある。中古の楽器の店のようだ。「ドアに鍵がかかっていたら、呼び鈴を押すこと」と小さなメモが貼ってある。二度押してみたが中に人の気配はなかった。

デッゲンドルフはドナウ川の左岸にあって、背後のバイエルン森林地帯からの木材の積み出し地として栄えた町だ。ドナウ川にかかる鉄道橋とアウトバーンの橋のやや川下、左岸にデッゲンドルフ港が伸びていて、港は「一般港」「自由港」さらに「石油港」から成り立っていて、荷重三五トンを超える門型クレーンをはじめ四基のクレーンを備えている。ここで積み替えられる物資の中心はもはや木材ではなく、穀物、飼料、肥料、セメント、石油等多岐にわたる。

デッゲンドルフをやや下ったところで南から流れてきたイーザル川がドナウ川に合流する。石灰分を含んでいるため水は白い。ドナウ川がイーザル川の色に変わっていくのは、流れ込むイーザル川の水に勢いがあるからだ。

パッサウ（海抜三一二メートル）――『歩む少女』、お妃ギーゼラの遺骨

パッサウ（Passau）の旧市街は北側をドナウ川、南側をイン川に挟まれ、西から東に伸びる。ドナ

ウとインが接近するにつれ旧市街は狭まる。狭まった辺りがオルト地区で、その先端、いよいよ二つの川が合流して土地が尽きるまでがオルト岬《オルトシュピッツェ》だ。岬の突端は「三つの川の角（ドライ・フリュッセ・エック）」とも呼ばれる。ライン川とモーゼル川の合流する地点、ドイッチェス・エックと同じエックだ。二つの川が合流する直前に北からイルツ川がドナウ川左岸に流れ込む。三つの川が合流するのでパッサウは「三《ドライ》つの川《フリュッセ》の町《シュタット》」なのだ。旧市街はいわゆる砂嘴《さし》（ラントツンゲ：直訳すれば陸の舌）上にあって、聖シュテファン大聖堂、劇場、レジデンツ等歴史的な建造物がひしめいている。砂嘴といっても、土砂が堆積しただけの土地ならとうに地盤沈下するか、あるいは二つの川の流れに削られて部分的に消失していてもよさそうなのにそんな心配のないところをみると、しっかりした岩盤か何かの上の土地なのだろう。

オルト岬の突端。右のイン川がドナウ川に合流する

　ドナウ川沿いに遊歩道があって、川岸に遊覧船が停泊している。暖かくなるまで船はここで待機しなければならない。遊歩道は、対岸にかかるルーイトポルト橋から下流はその名をドナウ埠頭に変える。この辺りはもうオルト岬だ。岬の突

端に立つと、左の、イルツ川を呑み込んだばかりのドナウ川と、右のイン川が悠然と合流して新しいドナウ川となって、川幅を増して向うへ流れていく。今は濁流のため、川の色に違いはない。イン川はドナウ川の支流なのに、支流の方が勢いはよさそうだ。パンフレットの航空写真でみると色分けがはっきり見てとれる。新ドナウ川は川幅のほとんどがイン川の色に染まって、それまでのドナウ川の色は左岸寄りに圧倒されている。イルツ川は二つの川と違ってずいぶん小さい。水位の違いか、水の勢いの違いか、ドナウ川は滔々と流れているのに、イルツ川の水は今はまったく動かない。ドナウ川に流れ込めないのだ。川幅が狭いので、流れがなければ三月でも氷は解けない。イルツの水面はかなり低く、両岸がコンクリートで固められているのは崩壊を防ぐために必要な護岸工事であることはたしかだが、ドイツの川にしてはめずらしく哀れな姿になってしまった。氷はずっと張っていたらしく汚れている。一部の氷の解けた、滞った水面に一羽だけ浮かぶ白鳥が哀れにみえる。

岬の突端に何やら石碑と古い錨が置かれている。石碑には「ドナウ川の犠牲者に　設置　川と湖の友の会　パッサウ」というプレートがはめ込まれている。あとで触れるように、市庁舎や孤児院の壁面に、ドナウ川やイン川の氾濫で何年に水がここまで達したというしるしが描き込まれている。それゆえこの石碑はこれまでの洪水の犠牲となった住民への鎮魂の碑と思われた。ただ、ドナウ川の名だけなのが気になった。町ではイン川の氾濫でも犠牲者が出たはずなので、イン川の名を挙げなくてもいいのだろうか。後で教えてもらったことだが、この碑を設置した「友の会」の設立者らは「ドイツ・ドナウ川・航行会社」で働いた人たちで、もともとドナウ川のことだけがその人たちの念頭にあったのでしょう、ということだった。実際にはドナウ川ばかりではなく、イン川では南のアルプス方面から塩をパッサウに運搬する塩商人に犠牲者が出たし、イルツ川では北のバイエルン森林地帯から木材を運ぶ木こりが遭難したという。木材を筏に組んで川を下ってきたのだ。パッサウの住民ではなく、かつてイルツも含めた三つの川を水路として利用した人たちに犠牲者が多かったのは意外だった。

ドナウ埠頭から突端部を回って今度はイン川に沿って戻る道にはイン埠頭の名が付いている。イン川の対岸の町はオーストリアだ。学校の生徒たちがドナウ埠頭から先端部を回ってイン埠頭を歩いて行った。記念碑のところで立ち止まって誰かが説明するわけでもなく、すたすた通過するだけだった。「修学旅行」でパッサウにやって来たよその町の生徒たちではないようだ。後を追ってイン埠頭を歩く。途中「救助棒」が一本設置されていた。三メートル位ありそうだ。一方は大きな釣り針状のフックになっている。どれほど実用的なのかは分からないが、岸に近ければ、流されていく人や物をこれで救出できるかもしれない。そういえば反対側のドナウ埠頭には浮袋が用意されていた。増水したイン川から

「歩む少女」の像。向こうにイン川が流れている

何羽もの鴨が埠頭に上がってくる。写真を撮ろうとしゃがんでいると、ジョギングの女性が走りながら何か言った。聞き取れたのはシュテルベン（死ぬ）という一語だけだった。ドイツでも「鳥インフルエンザ」が取り沙汰された頃だったから、「（そんなに近づいて）あんた、死にたいの」と注意してくれたのかもしれない。

　とある塔の手前でイン埠頭から右に折れたところで女の子の像が目にとまる。少女の着ているものは薄く、うつむき加減で、何も履いていない。素足である。左足をわずかに上げている。少女のまわりは白く積雪している。まさしく寒さのあまり思わず片足を上げた瞬間の姿だ。「孤児」の像としかみえないのだが、なぜ「孤児」の像がここに立っているのか。背後の建物と関係があるはずだが、表札らしいものもなく、これがどんな家なのかも分からない。車からこの家に荷物を運び入れている人がいるので女の子の像について訊ねたけれど、首を横に振るだけだった。これも後で問い合わせて、やはりこの少女の像は孤児を表わしていて、ハンス・ヴィマーという人による『歩む少女《ディー シュライテンデ》』ということが分かった。ヴィマーは著名な彫刻家らしい。同じ「歩く」という動詞でもゲーエン gehen やラウフェン laufen ではなく、シュライテン schreiten であることに意味がある。辞書には、シュライテンはただ歩くのではなく、しっかりと、堂々と、誇りをもって歩くことと出ている。子供たちが誇りをもって生きてほしいという関係者の願いが伝わってくる名前だ。ただ前述のように、私がこの少女の像に気づいた時、まわりは雪で、「歩む」というより、寒さに立ちすくんだ少女が思わず片足を上げたところのようにみえた。

背後の建物は一八世紀後半からの孤児院で、ルーカス・ケルンという篤志家の遺言で建てられたものだった。現在も子供たちがここで暮らしているという。きっと、首を横に振った男性はあの家のことはよく知っていたのだ。表札らしいものを掲げていない訳も分かった気がする。立ちすくんだ「少女」は今まさに第一歩を踏み出したところなのだ、と私は思うようになった。

この建物の北面の壁際に洪水時の水位が示されている。この地点でもっとも水位が高かったのは一九五四年七月一〇日の氾濫時だったようだ。水位の線が流れになっていて、子供を背負い、杖をついてその流れを歩いて渡る人物の図が描かれている。子供は右手にボール状のものを持っている。幼児キリストと、幼児キリストを肩にのせて川を渡ったと伝えられるレプロブス（のちの聖クリストファー）だ。インゴルシュタットの幼子キリストもボール、地球を手にしていた。建物の角の向こうに『歩む少女』

がみえる。水位の高さを見ると、少女の像まで水が達することもあったに違いない。『歩む少女』が漂流物で傷ついたり、場合によっては濁流に倒されてしまうおそれもある。洪水時に像は建物のなかに避難するのですかとこれも後で訊ねたら、いや、あのままです、しっかり固定されているから大丈夫、ということだった。

ドナウ川に向かって市庁舎が建っている。市庁舎の壁にも氾濫時の水位が記されていて、ここで最高の水位はかなり古く、一五〇一年八月一五日に記録されたものだ。ところでこの水位図の右に、市庁舎前の広場について説明するプレートが埋め込まれていて、「この広場は一〇〇〇年頃から一八四七年まで魚市場だった」と書かれている。ドナウ川ばかりでなく、イン川やイルツ川の魚がかつてはここに集められ、売られたのだ。ドナウ川沿いだけでも各地に、たとえばウルムの「漁師区《フィッシャーフィアテル》」やドナウヴェルトのように、漁師や魚にまつわる地名や像が残されている。デッゲンドルフの対岸にはフィッシャードルフ（漁師村）という名の町もある。ドイツでも昔は漁業が盛んだった、というよりも人々がよく魚を食していたことを物語っている。第一次大戦後の飢餓の時期には北から海の魚が運ばれてきたらしいが、ドイツ南部であれば日常生活で食べるのはふつう川魚である。ドイツで魚（川魚）が食されなくなったのは河川の汚染のためだという説明を聞いたことがある。しかしパッサウの魚市場が閉鎖されたのは一八四七年だからずいぶん早い。閉鎖されたのはこの年であっても、ずっと前から魚市場は活気を失っていて、ついにこの年に廃止が決まったのだろう。昔から魚を食べていなかったのなら別だが、よく食べられていた魚が急速に食卓から姿を消したのはなぜなのか。河川の汚染が最大の理由に違いないのだが。

パッサウではジークマリンゲンやヘヒシュテットと同じようにヨーゼフ・ヘンゼルマンの作品に出会える。今度はかなりの大作だ。世界一大きな教会オルガンで知られる聖シュテファン大聖堂の中央祭壇《ホッホアルター》がヘンゼルマンの手によるものだった。ほかの教会の祭壇と様子が違うと思ったら、十字架にかけられたキリストの磔刑像ではなく、何人かの人物からなる群像だった。まん中に柱状のものが立ち、群像は柱の上と下に分かれている。では何が描かれているのかとなるともう分からない。説明書によると、これは投石の刑に処せられるステパノを表わしている。ステパノはキリスト教で最初の殉教者だという。中央で腰を落として顔を上げているのがステパノで、彼の左右には石を持ち上げる男たちがいる。左端に衣服を手にして立つのはサウロ（のちのパウロ）だ。聖書では、石を投げる男たちは服を脱いで、サウロの足下に置くことになっている。この頃サウロはまだキリスト教徒の迫害者だった。ステパノが見上げている上の二人は神とイエスなのだろう。聖書では「天を見つめ、神の栄光と、神の右に立っておられるイエスとを見て」と語られている。この中央祭壇は新しく、一九五二年に製作されている。キリストの磔刑像ではなく、聖ステパノが選ばれたのは彼がこの大聖堂の守護聖人だからだという。たしかにシュテファンはステパノのドイツ語名だ。

あとで知ったことだが、大聖堂には、「フォルクスアルター」という祭壇もあって、これもヘンゼルマンによる一九六一年の作品だという。どんな祭壇なのだろう。まったく気がつかなかった。「フォルクスアルター」が新しい考えに基づく祭壇であることがおもしろい。カトリックの教会で、一九六二年からの第二回ヴァチカン公会議以後設置されるようになったもので、聖体の秘蹟を執り行う時、従来司祭は祭壇に向かって立った。つまり信徒に背を向けていたのだが、司祭が信徒の方を向いて立てるようにしたのが「フォルクスアルター」らしい。司祭が信徒に対面する形で立つ方が、人々が式典に参加する度合いが高まると考えられた。直訳すれば「民衆祭壇」になるのかもしれないが、この「民衆」は信徒の人たちを指すだろうから「信徒祭壇」でもいい。しかし「信徒祭壇」では司祭と祭壇と参列者との位置関係までは表わせないので「対面祭壇」というべきかもしれない。それでも三者の関係が十分示されるわけではない。「フォルクスアルター」はきっと小さい。そして小さな祭壇を挟んで、信徒と向かい合って司祭が立つ、そんな関係を可能にするものとして考えられたのが「フォルクスアルター」なのだ。

旧市街にニーデルンブルクという修道院がある。八世紀に女子修道院として建てられて現在に至っているから歴史と伝統のある修道院だ。もっとも、パッサウ司教領内にありながら、かつては広大な領地を持ち、帝国直属の修道院として領主の司教からの自由を獲得したこともあった。この修道院にギーゼラという、ハンガリー王妃だったことのある女性が葬られている。彼女は一九七五年に福者に列せられた。福者は聖人の前の位階で、マザー・テレサもギーゼラと同じ福者だ。ギーゼラは九八五年頃にバイエルン大公の娘としてレーゲンスブルクの近くに生れた。九九五年頃にハンガリーのイシュトヴァーン侯と結婚し、一〇〇〇年頃夫はハンガリー王となる。二人の結婚は政略結婚だった。隣り合うバイエルン公国、ハンガリー王国双方にとって共存のために望ましいことだった。彼女はハンガリーをキリスト教国とする上でも一定の役割を演じた。王妃ギーゼラはハンガリーにおけるキリスト教の布教に熱心で、さまざまな援助を惜しまなかったという。一〇三八年に夫が没するとギーゼラは捕えられ、幽閉される。夫殺しの嫌疑がかけられたともいわれる。王位は妹の息子が継いだ。お妃といえでも、その地位が安定しているのは、王である夫が健在のときだけのようだ。夫が急逝するとお妃の地位は危うくなる。アイゼナハ、ヴァルトブルク城のエリーザベトも、十字軍に加わった夫のルートヴィヒ四世が一二二七年に病死すると彼の弟ハインリヒ・ラスペが君主となり、彼女はヴァルトブルクを出てマールブルクに移る。もっとも、ハインリヒに追放されたといわれる一方、十分な財産を譲与されて自ら城を出たともいわれる。彼女にはコンラート・フォン・マールブルクという陰険な監督者がいたのも災いした。

四年後の一〇四二年に神聖ローマ帝国ハインリヒ三世がハンガリーに介入して、この時ギーゼラはやっと解放される。ギーゼラはその後一〇四六年にハンガリーを去ってここパッサウのニーデルンブルク大修道院に落ち着き、大修道院長となる。ギーゼラは一〇六〇年頃死去し、ニーデルンブルク修道院に埋葬される。ハンガリーでは急速なキリスト教化に対する反動も強かったが、その時期にも王妃の冠は王妃の援助を受けたヴェスプレーム司教領に保管されていたという。ギーゼラはハンガリーの人々にずっと敬愛され、すでに一四世紀にはギーゼラ詣での人たちがパッサウのニーデルンブルク修道院を訪れるようになっている。「鉄のカーテン」の崩壊後の現在、ふたたびハンガリーから多くの人が墓参りに来るようになった。彼女の墓は緑と白と赤のたすきに囲まれていたが、この三色はハンガリーの国旗の色で、ハンガリーからの旅行者が献じていったものだという。

変わっているのはギーゼラの墓と遺骨の安置の仕方だ。墓地でもなく、教会の床に埋葬されているのでもなく、まず、教会の床の上に暖炉状のものが設置してある。これが彼女の墓で、このような墓をホッホグラープというらしい。そしてホッホグラープの中に彼女の遺骨が、安置とは言いにくい感じがするのだが、安置されている。大腿骨等の骨が金色の帯で巻かれていて、頭蓋骨がその上に置かれている。写真撮影についての注意書きが見当たらないので、自由に撮っていいのだろう。一枚撮ったけれど、気後れして頭蓋骨までは写せない。頭蓋骨が隠れる角度から撮ることにした。頭蓋骨は撮れないけれどほかの骨なら写せるというのも妙な話だと思いながら、なにか禁を犯す気がした。なぜ遺骨をむきだしのまま置いておくのか分からない。このような遺骨の安置の仕方も聖遺物への情熱の現われなのだろうか。室内に写真入りの、ドイツ語とハンガリー語の説明文があって、それによると一四二〇年頃彼女の墓は一度開かれて、この時現在のような床置き式の墓に変わったという。一九〇八年から一九一八年にかけて墓は再度開かれる。さらに一九九五年にもう一度墓は開かれて遺骨が調査されていて、王妃はすらりと背の高い女性で、六〇~七〇歳で亡くなったことが判明したという。この時彼女の右腕の骨がハンガリーのヴェスプレーム司教区に譲渡されている。王妃の冠をしっかり守っていたところだ。

お后ギーゼラの墓と遺骨。ニーデルンブルク修道院

一七六二年九月二〇日、モーツァルト一家がザルツブルクか

らパッサウにやって来る。父レオポルト、母アンナ・マリー、姉のナンネル、そして六歳のヴォルフガングの四人で、マリア・テレジアの招きでウィーンに向かう途中だ。パッサウまでは馬車で、パッサウからウィーンまではドナウ川を下る船の旅だ。司教領主ヨーゼフ・マリア・グラーフ・フォン・トゥーンの要望でヴォルフガングは演奏することになる。報酬は一家の一日の旅費相当の額で、五日も待たされた挙句に、と父親は大いに不満だった。日本円でいくらになるのか分らないが、父親が授かったのはドゥカート金貨一枚（四グルデンと一〇クロイツァーに相当）で、直前の七月から八月にかけて出かけたミュンヒェン演奏旅行では、ニュンフェンブルク宮殿で一〇〇グルデン受け取った後だけにレオポルトは不満だったようだ。けれどもヴォルフガングは父の不満をよそに、これからウィーンまでの船旅がたのしみだった違いない。ミュンヒェン旅行は馬車、今回ザルツブルクからパッサウまでも馬車で、その馬車から解放されるのだから、少年モーツァルトは船旅の快適さを考えただけでもうれしかっただろう。

ほぼ九〇年後の一八五四年四月二〇日、バイエルン王国の一公爵家のうら若いお姫さまの乗る船がパッサウに到着する。お姫さまの名はエリーザベト。目的地はやはりウィーンだが、彼女の船旅の目的はオーストリア皇帝フランツ・ヨーゼフ一世と結婚するためだ。この日、エリーザベトと母親はミュンヒェンを六頭立ての馬車で発つと、シュトラウビングまで来て、ここで蒸気船「都市《シュタット》レーゲンスブルク《レーゲンスブルク》号」に乗船していた。若いフランツ・ヨーゼフはエリーザベトに一目惚れだったし、あの方が皇帝でさえなければ、と言ったことがあるというからエリーザベトもフランツ・ヨーゼフに好意を抱いていた。二人の地位や身分、立場ではむしろ当然の政略結婚ではなく、貴重な相思相愛の結婚だった。エリーザベトの船がパッサウに着くと、市民が「万歳《ホーホ》」と歓呼の声をあげて迎え、ドナウ川左岸の岩山に聳えるオーバーハウス要塞から祝砲がとどろく。パッサウ市長が祝辞を述べて市民の祝福の気持ちを伝える。オルト岬は出迎えと見送りの人たちでごった返していただろう。パッサウはエリーザベトにとって自国の最後の町で、この先はいよいよ夫の国オーストリアだ。夫の母親がきびしい姑になることを彼女はまだ知らない。今はただ、人々の祝福を受けたエリーザベトは幸福感で胸を一杯にして、川幅を広げたドナウ川の先をしっかりと見やっていた。

参考文献・資料

『ドナウ河紀行』加藤雅彦　岩波書店　一九九一年

『ドナウ・源流域紀行　ヨーロッパ分水界のドラマ』堀　淳一　東京書籍　一九九三年

『イタリア紀行』ヨハン・ヴォルフガング・フォン・ゲーテ　高木久雄訳（ゲーテ全集一一）　潮出版社　一九九二年

『アグネス・ベルナウエル』フリードリッヒ・ヘッベル　吹田順助訳　岩波書店　一九五四年

『フランケンシュタイン』メアリ・シェリー　山本政喜訳　角川書店　一九六九年

『斉藤茂吉随筆集』斎藤茂吉　阿川弘之・北　杜夫編　岩波書店、二〇〇三年

『死者のいる中世』小池寿子　みすず書房　一九九五年

『幸運のさいふと空とぶ帽子／麗わしのマゲローナ』藤代幸一　岡本麻美子訳　国書刊行会　一九九八年

『ヨーロッパ放浪記（上）』マーク・トウェイン　飯塚英一訳　彩流社　一九九六年

『ドイツ史10講』坂井榮八郎　岩波書店　二〇〇三年

Der Ulmer Spatz. Stadt Ulm Information. 4/2005

Die Ulmer und ihre ≪Schachteln≫. Stadt Ulm Information. 04/2003

Die Ulmer und ihre Münster. Stadt Ulm Information. 06/2005

Der Schneider von Ulm. Zentralstelle, Öffentlichkeit und Repräsentation. 1/2007

Das Fischer- und Gerberviertel. Zentraldienste, Öffentlichkeit und Repräsentation. 7/2004

Gab Gott Rat zu dieser Tat? Zur Geschichte der Deggendorfer Rathaussonnenuhr. Eine private Schrift von Reinhold R. Kriegler

Das greulichste Spectaculum. Die Schlacht von Höchstädt 1704. Marcus Junkelmann. Hrsg. vom Haus der Bayerischen Geschichte. 2004

Ruoß, Siegfried [Hrsg.]: Märchen und Sagen entlang der Donau. Silberberg-Verlag. 2002

Kratzer, Hertha (erzählt von): Donausagen. Vom Ursprung bis zur Mündung. Verlag Carl Ueberreuter. 2003

Mozart in Donaueschingen und seine Verbindung zum fürstlich-fürstenbergischen Hof -Dokumentationen- : http://www.fg.vs.bw.schule.de/dozig/mozart/index.htm

Twain, Mark: Bummel durch Europa (übersetzt von Anna Maria Brock. Herausgegeben von Karl-Heinz Schönfelder) Aufbau-Verlag. 1965

Donauversinkung bei Immendingen. Herausgeber: Gemeinde Immendingen mit wissenschaftlicher Beratung durch Herrn Prof. Dr. W. Käss

Deutsche Donau: http://www.deutsche-donau.de/

Donau: http://de.wikipedia.org/wiki/Donau

Projekt Steinerne Brücke zu Regensburg:

http://www.uni-regensburg.de/Fakultaeten/phil_Fak_III/Geschichte/bruecke/index.html

Bernd Nebel: BRÜCKEN-Architektur, Technik, Geschichte

http://www.bernd-nebel.de/bruecken/

ネッカー川

末永　豊

der Neckar

ライン川
ネッカーシュタイナハ
ヒルシュホルン
マンハイム
エーバーバッハ
ハイデルベルク
ネッカーゲミュント
バート・ヴィンプフェン
ハイルブロン
ルートヴィヒスブルク
シュトゥットガルト
テュービンゲン
ホルプ
フィリンゲン＝シュヴェニンゲン

ネッカー川

フィリンゲン＝シュヴェニンゲン（海抜七〇六メートル）――シュヴェニンゲン沼沢地

ネッカー川はドイツ南西部のシュヴェニンゲン《シュヴェニンガー》沼沢地《モース》を水源として、北に流れて、同じバーデン＝ヴュルテンベルク州のマンハイムの町で、やはり北に流れるライン川に注ぐ。ネッカーはラインの支流の一つだ。ネッカーの全長三六七キロは、秩父山系の甲武信ヶ岳から流れ出て、新潟市で日本海に注ぐ信濃川とまったく同じだ。偶然とはいえ、ふしぎな気がする。「小諸なる古城のほとり」の千曲川が新潟県に入って名前が信濃川に変わるとは知らなかった。別々の川だとずっと思っていた。

全長のほかに信濃川とネッカー川にはもう一つ共通点がある。氾濫が多く、流域の人々に大きな被害をもたらす河川は「暴れ川」の異名を持ち、信濃川はその「暴れ川」としても知られる。信濃川の歴史は治水の歴史でもある。一方のネッカーは、ネッカーの名そのものが「暴れ川」を表わす。「ネッカー」の語源、ケルトの人たちがこの川につけた名前を現在のドイツ語に直すと「ヴィルデス・ヴァッサー（荒ぶる川・暴れ川）」もしくは「ヴィルダー・ゲゼレ（暴れん坊）」なのだという。

違いも大きく、信濃川の水源の標高は二四七五メートルで、これが河口との標高差でもある。ネッカーの水源、シュヴェニンゲン沼沢地は標高七〇六メートルの所にあって、ラインとの合流地点の標高は九五メートルだから標高差は六一一メートルである。信濃川とネッカー川とでは、標高差に一八六四メートルもの違いがある。全長を同じくする二つの川にこれだけ標高差があると、信濃川には、一気に流れ下る急流のイメージが生まれ、一方ネッカー川はゆったりと流れる川に思えてくる。ネッカーが増水している時には、当然ラインも増水しているはずで、ラインはネッカーの水をそっくり受け入れることはできない。それだけネッカーは氾濫しやすい川ということになろうか。

流域面積は一万四〇〇〇平方キロメートルのネッカー川が一万一九〇〇平方キロメートルの信濃川を少々上回り、平均流量は毎秒五一八立方メートルの信濃川が毎秒一四五立方メートルのネッカー川よりはるかに多い。流量の相違は降水量の違いに由来する。

二つの町、フィリンゲンとシュヴェニンゲンとが合併して一九七二年一月一日にフィリンゲン＝シュヴェニンゲン（Villingen-Schwenningen）という町になった。ドナウエッシンゲンでブレーク川と合流してドナウ川となるブリーガハ川。そのブリーガハがフィリンゲンの町を流れている。三〇年戦争（一六一八〜四八）では、はるか北のスウェーデン軍とヴュルテンベルク軍が三三年から三四年にかけて三度もこの町に攻め寄せてきた。スウェーデンとヴュルテンベルク公国は共にプロテスタントで、フィリンゲンの町はカトリックだった。三度目の攻撃では両軍はフィリンゲンの町を水攻めにする。

ブリーガハをせき止めたのである。しかしせき止められた水が予想外の箇所で溢れ出たこともあって町は難を免れた。結局両軍は三度とも撤退する。町を守る市壁もよほど堅固だったのだろう。近郊の農民を動員して造らせたという当時の堰が今でも残っている。私がみたもので間違いなければ、そんなに古い堰にはみえなかった。

小さな町での攻防であっても「フィリンゲンの水攻め」は当時広く知れ渡ったようだ。グリンメルスハウゼンの長編小説『阿呆物語』（一六六八）で、「それを聞いて私の眼からは、このごろ敵の計略でフィリンゲンの町が水びたしになったように涙でいっぱいになった」と語られる。もっとも、グリンメルスハウゼンが『阿呆物語』を書いたレンヒェンという町はフィリンゲンと同じドイツ南西部にあって、それほど離れていない。水攻めのうわさは伝わりやすかったのかもしれない。しかし一六三四年の攻撃からグリンメルスハウゼンがこの小説を書くまでにほぼ三〇年が経過していることを考えると、フィリンゲンの出来事はまだ強く人々の記憶に刻まれていたのだ。

シュヴェニンゲンの駅を出て、そのまま左の方に線路に沿ってしばらく歩いて、小さな鉄道橋を渡れば右手に「メークリングスヘーエ公園」がある。緑の濃い、しずかな公園だ。ここに「ネッカー源泉」の石碑がある。石碑の、地面から数十センチのところに開いた口から水が流れ落ちている。水は

「ネッカー源泉」の碑

石を敷き詰めた、すこし凹んだだけの水路を流れていったん円形の水たまりに集まったあと、もう少し流れて池に至る。池の向こうの端に取水口のようなものがみえる。

　ネッカーはしばらく地表から姿を消して、シュヴェニンゲンの町のやや北よりでふたたび姿を現わす。私がそこに行ったときは工事中で、灌漑用の水路のようだった。まだ小川ともいいがたい。ここまでのネッカーは「メークリングスヘーエ公園」の池から伏流水となって町の下をくぐり抜けているのか、それとも、町の下に暗渠が敷設されていて、そこを流れてくるのだろうか。池の端にみえるのが取水口なら、案外暗渠《あんきょ》が敷設されているのかもしれない。

　「源泉」から「水路」を通る流れとは別に、南から池に達するかすかな、せせらぎともいえない流れがある。いつのまにか地表に湧き出て池に至る。ネッカーの水源はどうみても、石碑が主張するこの「源泉」ではなく、地表に湧き出る水が流れてくるかなたの沼沢地である。

　石碑にプレートがはめ込まれている。背後には二枚の説明板が立っていた。プレートには、一五八一年にヴュルテンベルクのルートヴィヒ公が「ここがネッカーの源なり」という銘文とともにここに石碑を建てたこと、一八九五年に源泉が枯れたこと、一九〇七年にシュヴェニンゲンが「都市」に昇格したときにあらためて源泉が石で囲まれたこと、一九三四年にシュヴェニンゲン沼沢地が恣意的に「ネッカー《ネッカー》の源《ウアシュプルング》」と定められたこと、一九八一年に源泉はこの歴史的な場所でふたたび流れるようになされた等のことが記されている。この石碑とプレートの設置者が誰なのかは不明なのだが、一九三四年にシュヴェニンゲン沼沢地が「ネッカーの源」と定められたのを「恣意的」と書いているのは、ルートヴィヒ公の気持ちを代弁しているのか。かつてはここに噴泉があって、噴泉はドナウエッシンゲンの「ドナウの源泉」のように石で円形に囲まれていたのかもしれない。

地表に出たネッカー川。ちょうど改修中だった

　別の記述によると、一八六九年に「ネッカーの源」は沼沢地に移設されている。鉄道のフィリンゲン＝ロットヴァイル線の敷設工事が始まったのを機に移されたのだ。一八九五年に源泉が枯れたのも鉄道敷設と関係するのだろう。

ところで、後述のようにシュヴェニンガー沼沢地は泥炭の産出地でもあって、さかんに採掘が行なわれていた。水を抜くために排水溝が張り巡らされ、次第に沼沢地は乾燥していく。移設された「源」も枯渇したようだ。そして「源」の四〇〇周年にあたる一九八一年、「ネッカーの源」はもとの場所に戻された。ただ、すでに枯れていた泉の水位はずっと下がっている。そこで竪穴を掘って電動ポンプで地下の水を汲み上げることになった。もしかしたらモーターの音がきこえるかなと石碑に耳を当ててみたが、何も聞こえなかった。地下の泉の水位がさらに下がるとポンプは停止するという。石碑から水が流れ出ていなければ、それは地下の水位が低すぎるからなのだ。

公園を抜けてシュヴェニンガー沼沢地を目指す。しばらく歩いて大きな通りを横断すると左手に体育館らしい建物が見えてくる。そろそろ道を訊いておいたほうがいい。作業中の男性は、「私はここの者ではないから」と、人を呼んでくれる。「そのまままっすぐ行きなさい」と出てきた女性が教えてくれた。間違ってはいなかった。しばらく歩くとやっと案内板があって、道は二手に分かれている。左手に歩くことにして一〇〇メートルほど行くと大きな沼にぶつかる。

まるで秘境だ。沼の木々は立ち枯れている。夕刻だからなのかは分からないが、鳥の姿も声もなく、静かだ。陸地の方は雑木林で、見分けられる木は白樺と松だけだ。沼にぶつかって道は左右に分かれている。三キロ余りの、ぐるりと回れる遊歩道になっているのだ。左に、北の方に歩くことにする。右が沼で、左が雑木林である。枯れて沼に倒れかかった木というか、木の残骸もある。やはりここは秘境だ。やがて、何か立て札がみえてくる。シュヴェニンガー沼沢地がヨーロッパ分水界上にあることを記す標識だ。進行方向、沼沢の北の方の水はネッカー川となって、やがてライン川に合流して、はるか北海に注ぐ。沼沢の南の方の水はタールバハという小さな川となって、この川はブリーガハ川の支流ですぐにブリーガハと合流し、ブリーガハはドナウとなってはるか東の黒海を目指す。ヨーロッパ分水界はたしかにシュヴェニンガー沼沢地を走っている。

ところで沼沢地は秘境のようでいて、手つかずの秘境ではなかった。一九八〇年代に入ってから、人の手でここまで自然の姿を回復したのだ。八〇年代といえばつい最近のことである。シュヴェニンガー沼沢地は豊富な泥炭に恵まれていて、とくに一八世紀中葉から泥炭がさかんに採掘されるようになった。とくに良質であったわけではないが、一九世紀に一時開かれた製塩所で燃料として盛んに使われたようだ。第二次大戦後は、燃料不足のために泥炭の採掘が進んだ。

採掘のために排水溝がはり巡らされ、その結果沼沢地は水を失って衰え、干上がっていく。湿原に固有のコケ類は失われていく。一方、それまでこの湿原に無縁だったトウヒや白樺、松のような樹木

シュヴェニンゲンの沼沢地

が繁茂しはじめて、沼沢地の雑木林化が進む。樹木は水を必要とする。大きなトウヒの木なら一本が一日に一五〇リットル以上の水を吸い上げるという。雑木林化は湿原の乾燥をさらに促進するという悪循環だ。湿原の本来の植物相と動物相がすっかり姿を消してしまった。

一九七〇年代になってシュヴェンニンガー沼沢地の変貌が問題として提起され、一九八二、三年から沼沢地を再生させる活動が始まる。沼沢の水が流出しないように工夫される。もともとここになかったトウヒのような木々は涙を呑んで伐採される。水面は徐々に上昇して、かつ広がりを取り戻していく。湿原のコケ類が復活する。他方では、根っこが水に浸されるようになった木々は、酸素不足で立ち枯れて行く。

私がみた水中の立ち枯れた木々、あれは、泥炭採掘で沼が水を失ったために干上がった土地に生長したものだった。あの辺りは八〇年代にいたるまでは、もはや沼ではなく、大地だったことになる。わずか二〇余年で沼沢地がよくもここまで復活したものである。しかしシュヴェンニンガー沼沢地の「再自然化」は完了していない。住民の人たちも参加して、沼沢地の「再生」のための努力は今も続いている。

大なめくじ（?）も沼沢地の動物相の構成メンバー

沼を背にして、案内板のところに戻る途中、道を横切る大きな「なめくじ」に出会った。さっき来るときはいなかった。夜行性で活動を始めたところなのか。なめくじの親分にあわてる様子はない。止まっているのか、進んでいるのかもさだかではない。急いだ方がいいよ、と思ったが、乾いた石の道で、隠れることのできる草もない。もしかしたら親分は全速力で渡っていたのだ。沼沢地の動物相を構成する大事な住人の一人だ。

インフォメーションで教えてもらったホテルを探すことにする。ショッピングセンターの前に、コーラのボトルを手にした女の子たちがいるので訊いてみるが、小さなホテルでもあるし、彼女たちも知らない。けれども通りの名前から方向は分かるようだ。「サブウェイを知ってる?」と訊かれた。まさかシュヴェニンゲンに地下鉄が走っているはずはない、と思っていると返事が出てこなくなる。一人が「案内してあげてもいいけど」というのが聞こえた。ぜひ、と頼めばよかったのに「自分で行けなきゃ」と突っ張ってしまった。せっかくの好意なのだから甘えて案内してもらわなければいけなかった。彼女たちはしらけた気持ちになったのではないか。歩き出しながら瞬時に悔やんだ。

「サブウェイ」は途中にあるレストランの名前だった。それまで一度も気がつかなかったのに、その後急に別の町でもみかけるようになった。

ホルプ（海抜三八一～五四〇メートル）――ベルトルト・アウアーバッハ

ネッカーはよく川幅が狭くなって、そんな所では対岸に犬を投げて渡せる、とマーク・トウェインは書いている。トウェインが船に乗ったハイルブロンから下流にかけては、いくらネッカー狭しといえども岸から岸へは到底無理で、たぶん船べりから岸への話なのだろう。しかしシュヴェニンゲンからしばらくの間ネッカーは文字通りの小川で、犬だってらくに向こう岸に投げて渡せる。向こう岸というほどでもないので、犬もびっくりする前に着地できる。

ロットヴァイル（海抜六〇九〜五五七メートル）にさしかかるとネッカーは町の東側を北上する。そしていきなり東に右折するのは岩盤にぶつかるからなのか。流れはわざわざまた西に戻ってきてあらためて北上する。町の東の端でネッカーはヘアピンカーブ状に流れるのだ。ロットヴァイルの町はその「岩盤」の上にあるらしく、駅から町に行くには坂道を上らねばならない。ほとんど通る人もいない。上の旧市街にもひと気がない。今日が日曜日だからなのだろう。これが謝肉祭の「バラの月曜日」や次の火曜日だったら町はすごい賑わいだったはずだ。このかつての自由帝国都市は、冬や悪魔を追い払い、春の到来を待つ人々のエネルギーを今に伝える「シュヴァーベン・アレマン謝肉祭」（この地方ではファスネトといわれる）の町として知られる。

ロットヴァイルといえば、名犬の誉れ高いロットワイラーの町でもある。この町に来ればすぐにロットワイラーに会えると思っていたらそうではなかった。駅に戻る下り坂でやっと犬を連れた人に出会った。犬はロットワイラーではない。駅前で車から降ろされようとしている犬は黒とこげ茶色で、もしやと期待したけれど、吠えられただけで、ロットワイラーではないということだった。

一九世紀に至るまでロットヴァイルは家畜の売買の中心地だった。この犬はすでに中世にロットワイラーの名で呼ばれていたようだ。ロットヴァイルからやって来る羊や牛の群れをリードするのがこの犬だったので、まずよその土地の人々が「ロットワァイラー」と呼び始めたという。家畜の番をしたり、家畜を移動させる高い能力を持ち、狼や強盗から家畜、人を守る役目も担った。力持ちで賢く、人の言うことをよくきき、辛抱強いといわれている。しかし狼と闘うことのできるロットワイラーのこと、大きくて力が強いだけにかなりしっかりしたしつけが必要になる。

ホルプ（Horb）の町の中心部に行くには駅を出て、ネッカーにかかる橋を渡って、坂道を上る。反対側、駅側の南東の高台にノルトシュテッテンという地区がある。ホルプに合併吸収されてホルプの一地区になったが、ユダヤ系作家ベルトルト・アウアーバッハ（一八一二～八二）はこのノルトシュテッテンで生まれた。

すでに評論『ユダヤ人と最近のドイツ文学』、スピノザの著作の翻訳（全五巻）、小説『スピノザ』等を発表していたアウアーバッハを「一夜にして」有名にしたのが、一八四二年から四三年にかけての『シュヴァルツヴァルトの村物語』という農村物語集だった。ただちに英語、フランス語、ロシア語等の各国語に翻訳された。彼は詩人、作家、知識人の知り合いも多く、宮廷に招かれて自作を朗読した。ドイツばかりではなく外国の作家らも彼に敬意を表した。六歳年少のツルゲーネフはアウアーバッハと四、五回会っていてる。一八六〇年には、一六歳年下のトルストイがドレースデンにいるアウアーバッハを訪問し、その時トルストイは「私はオイゲン・バウマンです」と自己紹介したという。

オイゲン・バウマンは一八五一年に発表されたアウアーバッハの「革命小説」『新たなる生活』の中心人物の名である。二人は一八六八年にも温泉保養地カールスバート（チェコのカルロヴィ・ヴァリ）で再会して旧交を温めた。

マーク・トウェインもアウアーバッハの『シュヴァルツヴァルトの村物語』やほかの作品を知っていて、『ヨーロッパ放浪記』で触れている。シュヴァルツヴァルトを歩いた彼には、黒い森森林地帯の人や農家、村が『シュヴァルツヴァルトの村物語』で描かれたとおりのように映る。物語のなかで「永遠の命をすでに与えられているかもしれない」とトウェインは書いている。

アウアーバッハは一九世紀のドイツでおそらくもっとも人気を博し、成功した作家だった。このことはアウアーバッハには大きな意味があったと思われる。彼はユダヤ人で、ユダヤ教徒のままだった。つまりユダヤ人がユダヤ人として、キリスト教に改宗することなくドイツの社会の構成員になりうることを身をもって実現し、実証したからである。それだけに、彼が歓迎した一八七一年のドイツ帝国誕生後、特に八〇年前後から顕著になる反ユダヤ主義にアウアーバッハは動揺し、失望する。「生きたのも、仕事をしたのも無駄だったか」「いったい僕たちは、モーゼス・メンデルスゾーン以後も、ほかの人たちにとっては存在しないのだろうか」「でも、ドイツ人が心中に何かを抱いているという意識、何かが不意に爆発するかもしれぬという意識、この意識は拭いがたい…」晩年のアウアーバッハの手紙には、反ユダヤ主義を強めるドイツ社会に対する彼の失望や不安の言葉が書き込まれている。

あれほど愛読され、評価されたアウアーバッハであったのに、死後、そして二〇世紀に入って彼の作品は急速に読者を失い、さらにナチズムによって封印され、その結果すっかり忘れられてしまった。生前から友人たちの間で彼の作品には批判があった。細部への異常なこだわり、お説教癖、矛盾の安易な解決等は彼の作品の「弱点」としてすでに指摘されていた。これらの批判は一部識者の間にとどまるものではなかったということなのだろう。一方、ナチス時代に完全に黙殺された事実をあらためて指摘する声もある。近年アウアーバッハのいくつかの作品があらためて刊行される等、再評価の動きがみられる。アウアーバッハは二一世紀の読者にどのように読まれるのだろうか。

アウアーバッハはユダヤ教の聖職者ラビになるためにカールスルーエやシュトゥットガルトで勉強した後、テュービンゲン大学とミュンヒェン大学で学んだが、テュービンゲン大学で禁止されていた学生組合との関係を疑われて、ミュンヒェンで逮捕されている。一八三三年六月二三日の早朝五時のことである。三二項目にわたる尋問調書を私たちはインターネット上で読むことができる。尋問は「もうこれ以上陳述することはありませんか。処遇や食事のことででも（…）いいえ、もう付け加えることはありません。お願いですから本だけは受け取らせてください」で終わり、アウアーバハの様子に関する二人の調査官の所見「… それにまったく学生らしい風貌をしていない」と署名とで結ばれている。

ハイデルベルク大学での勉学を認められたものの、一八三七年一月に、二カ月間であったが、後述するホーエンアスペルクの刑務所に投獄される。標高九〇メートルの小山にすぎないのに「国で一番高い山」と恐れられた山であり、刑務所である。

「アウアーバッハ資料館」の入った建物の全景

療養先のカンヌで死去したアウアーバッハは遺言にしたがって生まれ故郷であるノルトシュテッテン村のユダヤ人墓地に葬られた。生家も現存する。ナチスの時代、アウアーバッハの生家であることを記すプレートははずされていた。

ノルトシュテッテンには「シュロス・ノルトシュテッテン」という建物がある。シュロス(城)といっても、華麗なお城ではない。都市の富裕な市民層ならこれくらいの住まいを構えることはできそうな、地味な城館だ。一九八六年にマールバッハの「シラー国立博物館」によってこの「シュロス・ノルトシュテッテン」内に二室を使った「ベルトルト・アウアーバッハ博物館」が開設され、アウアーバッハの作品やゆかりの品々が展示されるようになった。展示ケースの一つに『シュヴァーベンのフリードリヒ大王《フリードリヒ デア グローセ フォン シュヴァーベン》』が開いて置いてあった。マールバッハ生まれの詩人フリードリヒ・フォン・シラーの生誕百年を祝って書かれたらしい物語で、フリードリヒと名づけられる赤ちゃんが誕生するまでがエピソード風に描かれている。城館の入り口右手には「ベルトルト・アウアーバッハ博物館」のプレート、左手には『シュヴァルツヴァルトの村物語』の一編、『裸足の娘』の挿絵が掲げられている。

テュービンゲン（海抜三四一メートル）——ヴルムリンゲンの礼拝堂、「ローレライ」、市庁舎

ロッテンブルクを過ぎるとネッカー川は広い平野を流れる。「平野」と言ったけれど、ドイツ語ではネッカータール、つまりネッカー谷である。「谷」と言うと、谷底とか谷間のように山と山に挟まれた、低く、狭い土地を考えてしまう。でも、タールは、このネッカータールのように、平地でも構わない。離れていても山の連なりがあれば、川の流れる平地をタールと呼ぶようだ。

やがて左手に、教会らしき建物の立つ、お椀を伏せたような小山が見えてくる。お椀の右隣りから低い尾根がテュービンゲンの町の方に続く。この建物が「ヴルムリンゲン《ヴルムリンガー》礼拝堂《カペレ》」だ。

小高い緑の山と、その頂きの白い壁と赤い屋根の小さな礼拝堂はいかにも牧歌的だ。広々とした南側のネッカータール、北側の、アマーという川の流れるアマータール。二つの平地を見下ろす小山の礼拝堂。この礼拝堂を広く愛され、親しまれるものにしたのが詩人ルートヴィヒ・ウーラントの詩『礼拝堂』である。

ウーラントの詩を直訳すれば次のようになる。

Droben stehet die Kapelle,
Schauet still ins Tal hinab.
Drunten singt bei Wies und Quelle
Froh und hell der Hirtenknab.

小高いところに礼拝堂は立ち、
しずかに平地を見下ろす。
下では草地と泉のほとりで
羊飼いの少年が楽しく明るい歌をうたう。

Traurig tönt das Glöcklein nieder,
Schauerlich der Leichenchor!
Stille sind die frohen Lieder,
Und der Knabe lauscht empor.

鐘の音が悲しげに響いてくる、
死者を弔う合唱に身震いする。
楽し気な歌はやみ、
少年は見上げて耳をすます。

Droben bringt man sie zu Grabe,　　小高いところで墓に運ばれるのは
Die sich freuten in dem Tal;　　平地で生を享受した人たち。
Hirtenknabe, Hirtenknabe!　　羊飼いの少年よ、羊飼いの少年よ。
Dir auch singt man dort einmal.　　いつか君のためにもあそこでうたう日が来よう。

君の人生はこれからだ、と少年にエールを送るのではない。せっかく明るくうたっている若者を死への畏怖でもって沈黙させようとするこの詩には、おのれの無常感を若者に植え付けようとする老人のずるさが感じられないでもない。しかし老境にさしかかった人物が、若者をうなだらせるこのような詩をほんとうに書くものなのか。いかにも大人気ない。ところがこれは一八〇五年九月に一八歳のウーラントが作った詩だった。老人どころか、青春真只中の若者の作品だった。ずいぶん大人びた詩を書いたものだ。

ウーラントのこの詩に曲をつけた人にフリードリヒ・ジルヒャーがいる。ジルヒャーは、ドイツ民謡として日本でも愛唱された『ローレライ』の作曲者だ。テュービンゲン大学で音楽の教師を務め、合唱団やオーケストラの指導にあたっていた。『ローレライ』が日本に紹介されたのは早く、一八八八（明治二一）年に発行された『明治唱歌』（大和田建樹《たけき》・奥好義《よしいさ》選）の第一集に『二月の海路』

として収められた。作詞は『箱根八里』の鳥井忱《まこと》による。もっとも、『明治唱歌』では「作詞」ではなく「作歌」といった。ところが同年に刊行された第二集では今度は選者大和田自身の作歌による『柳桜』として出てくる。二人の選者は『二月の海路』の詩がどこか納得できなかったのかもしれない。しかし、この歌が愛唱されるようになったのは、一九〇九（明治四二）年の『女聲唱歌』で「なじかは知らねど」ではじまる近藤朔風の訳詞『ローレライ』を得てからであろう。

ジルヒャーがハイネの詩に曲をつけて発表したのは一八三七年のこと。市民による合唱活動が興隆した時期で、ハイネ＝ジルヒャーの『ローレライ』は当初からドイツ民謡として各地のアマチュア合唱団に歓迎された。さらにイギリスやスコットランドでも歌われるようになる。

フォスターの『夢見る佳人』の第二節に「人魚たちが情熱的なローレライ（ワイルド　ローレリー）の歌をうたう」という歌詞がある。この「ローレリー」はハイネ＝ジルヒャーの『ロー

ネッカータールから見たヴルムリンゲンの礼拝堂

レライ』に違いないのだが、アメリカのフォスターの『夢見る佳人』に『ローレライ』が登場するのが意外である。フォスターが『夢見る佳人』を作曲したのは死の年一八六四年のことといわれている。『ローレライ』は二五年ほどで大西洋を渡って新大陸アメリカに至り、フォスターの耳に届いたのだ。そしてフォスターは彼の『夢見る佳人』の歌詞に「ローレリー」を織り込んだのである。

だれが『ローレライ』を新大陸にもたらしたのか。一九世紀は非常に多くのドイツ人がドイツを離れて国外に移住した世紀でもあった。四〇年代、五〇年代だけでも、一四〇万近い人々がアメリカに移住したという。『ローレライ』はこの人たちによって新大陸にもたらされたに違いない。みんなでうたえる「アメリカの歌」はまだない。移住者たちはそれぞれ母国の歌をうたった。そして何かの機会にフォスターはこの歌を耳にしたのだろう。フォスターこそ移住者たちが共にうたえる「アメリカの歌」を提供した人だったが。

テューービンゲン大学の本館にあたるノイエ・アウラ（新講堂）がヴィルヘルム通りに面して建っていて、その背後に「市墓地」がある。この墓地に詩人ヘルダーリン、ウーラント、ヘルマン・クルツ、イゾルデ・クルツらの墓とともにジルヒャーの墓もある。

本館ノイエ・アウラの前の広場は「ショル兄妹広場」という。ミュンヒェンを中心にナチス批判の活動を行なって、一九四三年に逮捕・処刑された「白バラ」グループのハンスとゾフィーのショル兄妹そしてグループの人たちのために広場は戦後こう名付けられた。グループの中にはテュービンゲン大学で学んだことのある学生たちもいたという。

その「ショル兄妹広場」に、以前はなかった二つの泉ができた。二〇〇一年に設置された。以前はなかった、と書いたけれど、古くはこの広場に泉が二つあったらしい。一八七七年に、大学設立四〇〇周年を記念して市が大学に寄贈したのである。しかし、一九三一年に大学側の判断で泉は二つとも撤去されてしまった。新《ノイエ》即物主義《ザハリヒカイト》という時代の新しい美意識に受入れられなかったためという。二〇〇一年完成の新しい泉であるが、七〇年ぶりに広場はかつての景観を取り戻したことになる。

ノイエ・アウラは一八四五年に建てられた。そのため、それまで本館だった建物はアルテ・アウラ（旧講堂）と呼ばれるようになった。アルテ・アウラは旧市街のミュンツ横丁に現存し、現在でも講義が行われている。こちらは非常に古く、一五四七年に建てられ、ずっとアウラ・ノヴァ（新講堂）と呼ばれた。なぜ「新」なのかといえば、一五三四年に大火事があって、それまでの、ザピエンツと呼ばれた本館が焼け、新たに建て直されたからである。一九世紀半ばにヴィルヘルム通りにノイエ・アウラができたため、アルテ・アウラに改称されてしまった。

アルテ・アウラは北を向いている。東側に司教座教会《シュティフツキルヒェ》が聳《そび》え立つ。一四七〇年から一四九〇年にかけて、それまでの教区教会に替えて建てられたのが司教座教会で、正式には聖ゲオルク司教座教会という。ゴシック様式の大きな教会だ。宗教改革時の一五三四年に時のウルリヒ公がプロテスタント（ルター派）に転じると、司教座教会もプロテスタントの教会となり、現在に至っている。

司教座教会の塔に登る。途中、いくつもの鐘のぶら下がる鐘楼部分を通過する。塔の天辺はぐるりと回れるようになっている。南側には眼下のネッカー川とみごとなプラタナスの並木道の通る中州、新市街、ガルゲンベルク（絞首台山）という恐ろしい名の丘陵の展望が広がる。東には、テュービンゲンに来たゲーテも歩いたエスターベルクという小高い丘がみえる。この丘の南半分には住宅が並び、北斜面は草地で、市民がよく散策する。

教会の塔から北を望めば、オレンジ色の屋根の連なる旧市街が広がり、そのむこうの高台には十数階建ての学生寮やアパートの林立するヴァ《W》ルトホ《H》イザーオ《O》スト地区がみえる。塔上で西を望めば天文時計を備えた市庁舎、ホーエンテュービンゲン城、そしてヴルムリンゲンの礼拝堂に続く尾根がみえる。

ネプチューン像の立つ泉のある市場広場《マルクトプラッツ》からみる市庁舎は古い建物であるだけに威厳と落ち着きが

感じられる。一四三五年に建てられた市庁舎の二階部分の中央にとんがり帽子の屋根を持つ演壇《カンツェル》があって、これが建物に変化を与えている。何か式典が開催される時に主だった人がこの演壇に立ち、集まった市民に挨拶などをする。

ウルムやハイルブロンの市庁舎と同じように、テュービンゲンの市庁舎には天文時計が据え付けられている。傾斜の急な屋根の、ほぼ五階にあたる辺りに天文時計はある。三つの部分から成り立っていて、下に普通の時計、中央に天文時計、その上の小さな円板は月の満ち欠けを表わす。普通の時計はともかく、上の二つは市場広場からは何も見分けられない。実際、定期的に「天文時計ツアー」が行なわれていて、専門家の説明を聞くことができるようだが、双眼鏡の持参が勧められているから、やはり肉眼で読み取るのは無理なのだろう。

それにもともと天文時計は一八四九年までは、低いところ、現在演壇のある二階中央部に設置されていた。そして演壇はもっと右手にあった。一八四〇年頃の、広場と市庁舎を描いた水彩画でその様子が分かる。たしかに天文時計は二階部分にある。おもしろいのは、現在天文時計が設置されている場所にかなりしっかりした枠のようなものが組み立てられていることで、いつでも下の天文時計を受け入れる用意があるかのようにみえる。もしかしたら天文時計の移設工事がすでに始まっていたことを示すのかもしれない。屋根の天辺の右の方に煙突らしいものがあって、そこにコウノトリが巣を作っている。

テュービンゲンの市庁舎の天文時計を設計、製作したのはヨハネス・シュテフラー（一四五二～一五三一）という数学者、物理学者、天文学者で、一五一〇年もしくは一一年のことらしい。シュテフラーはユリウス暦の改革を提案していて、シュテフラーの提案は彼の死後教皇グレゴリウス一三世に取り上げられ、新たに制定されたグレゴリオ暦に生かされているという。

広場の東側に「ラニツキ」という喫茶店がある。シュテフラーの時代には「ツーア・クローネ」という宿屋だった。お向かいは市庁舎だ。シュテフラーは一五二二年から三〇年にかけてこの宿屋に学生たちと住んでいた。彼は毎日市庁舎のわが作品をみていたのである。一九世紀後半には、女流詩人イゾルデ・クルツ（一八五三～一九四四）がその少女時代の何年かをこの建物で過ごしている。

アルテ・アウラの向かい側で、やはり司教座教会の向かい側、ちょうどミュンツ横丁の角に建つ四、

現在の市庁舎

五階建ての建物は「マルティニアヌム」という学生寮だ。大学の設立は一四七七年だが、一五〇九年または一四年に、貧しい学生のために建物を寄進したマルティン・プランチュという神学者の名にちなんでこう呼ばれるようになった。寮費のようなものを負担する必要はなく、学生たちは無料で生活できたという。かつては、アルテ・アウラ、「マルティニアヌム」、大学の行事も行なわれた司教座教会のあるこの一帯がテュービンゲン大学の中心部だった。

古い絵に描かれた市庁舎（Quelle: Stadtarchiv Tübingen）

市のホームページには「マルティニアヌム」の暗い「過去」も書かれていて、それによると、一九三六年からこの建物の二階に秘密国家警察《ゲシュタポ》のテュービンゲン支所が置かれている。密告が歓迎され、疑いをかけられた人たちは尋問された。一九四一年の晩秋からは、ユダヤ系市民を東部の強制収容所に送る事務処置がここで講じられるようになる。

「マルティニアヌム」の北隣りのこじんまりした建物は「コッタ・ハウス」と呼ばれる。一六五九年にヨハン・ゲオルク・コッタという人が設立したコッタ書店がここにあった。書店といっても出版業を兼ねていた。一七八七年にヨハン・フリードリヒ・コッタが経営を引き継いでから書店はドイツ有数の出版社に発展する。ドイツ古典主義文学を縁の下で支えた出版社だった。シラーの編集する『ホーレン』誌や『詩神年鑑』の出版を引き受けたのも、ゲーテの最初の全集を出版したのもこのコッタ書店だった。一九世紀中葉までゲーテ、シラーの作品はコッタ書店から刊行された。もっとも、出版社は一八一〇年にテュービンゲンからシュトゥットガルトに移されている。テュービンゲンは地の利が悪かったのだ。

ヨハン・フリードリヒ・コッタは一八一七年には貴族に列せられ、フォン・コッタ・フォン・コッテンドルフと名乗るようになり、一八二二年には男爵の爵位まで与えられている。ドイツの文化の発展への貢献が認められたのだろう。

一七九四年、久しぶりに南ドイツに帰郷したシラーがテュービンゲンに来た。『ホーレン』や『詩神年鑑』の刊行についてコッタと話し合ったようだ。三年後の一七九七年の九月七日から一六日までゲーテがテュービンゲンに滞在した。ゲーテは「コッタ・ハウス」に宿泊した。

ゲーテは九月一二日付けの手紙で「私は七日からテュービンゲンにいます……コッタ氏のところで私は明るい部屋をあてがわれ、古い教会と大学の建物との間に、ネッカータールへの、狭いけれども良い眺めが得られます」とシラーに報告している。「古い教会と大学の建物」とは司教座教会と現在のアルテ・アウラのことだ。

一九七七年にコッタ書店はエルンスト・クレット社に吸収されてクレット＝コッタ出版社になったようだが、一九七八年、テュービンゲンの「コッタ・ハウス」内に新しい書店が登場した。「ディー・グルッペ」という。本を愛し、環境保護を志す若手の人たちが集まって新書店を発足させたのだ。四人の共同経営者の一人Zさんは奥さんともども俳句の愛好者で、とくに『奥の細道』が大好きで、とうとう二人で日本に来て京都の宿に荷物を預けると、「結びの地」の大垣を手始めに、芭蕉の足跡を辿る旅を実現した。

書店「グルッペ」は二〇〇四年秋に店を閉じざるをえなくなり、現在「コッタ・ハウス」には別の書店が入っている。「コッタ・ハウス」はやはり本と深い縁で結ばれている。Zさんは現在、テュービンゲンで最初の、新形式の書店の共同経営者としてお元気のようだ。


ホーエンテューービンゲン城の中庭を西へ抜けると、尾根伝いに先ほどのヴルムリンゲン礼拝堂に通じる散歩道がある。六キロほどの道のりだ。散歩の人たちや自転車の子供たちに出会うこともある。

左右の林でカサカサ音がするので、何かと思っていると、散歩のお供をする大きな犬が道に出てきたりする。ある時、やはりカサカサと音がしていたので犬だと思っていたら、いきなり前方を鹿が横切った。右手の木立から左手の木立に跳躍して移動したのだが、「鹿だ」と思ったときには、もう木立の中に姿を消していた。落ち葉を踏む音もすぐに聞こえなくなった。こんなにもしなやかに跳躍するものなのか。地面を蹴る音も聞こえなかった。力みをまったく感じさせないしなやかさ。もう一度出て来はしないかと立ち止まって待ったけれど、もう姿を見せなかった。ちらりとでもいいのでこちらを向いてほしかった。

木々の向こうに礼拝堂がみえてくる頃に尾根は途切れる。礼拝堂は目の前だが、そこへ行くには一度道を下って、また登らねばならない。急な上り坂なので息が切れる。礼拝堂の南面の庭は墓地になっている。庭からみるネッカータールの眺めは広々として、のどかだ。テュービンゲンとロッテンブルクを結ぶ道路が眼下を走っている。畑の向こうに木々が一列に並んでいて、いかにもそこをネッカー川が流れているようにみえるが、ネッカーはもう少し離れている。

ヴルムリンゲン礼拝堂の北側にはアマータールが広がり、ふもとに緑の芝生のあざやかなサッカー場があって、ときどき歓声や拍手が上まで聞こえてくる。西側のふもとにヴルムリンゲンの家々が並んでいる。小山の南面はぶどう畑で、一三世紀頃から栽培されているというから歴史的なぶどう畑だ。所々にみられる低い樹木はりんごやスモモ等果樹のようだ。

礼拝堂は正式には聖レミーギウス礼拝堂という。言い伝えによれば、建立者はアンゼルム・フォン・カルフ伯で、アンゼルム伯は生前に、自分が死んだら棺を荷車に載せ、これまで車を引いたことのない二頭の牡牛に御者抜きで車を引かせ、牛たちが止まった所に礼拝堂を建立すべしと指示していた。アンゼルム伯が死ぬと、牛たちは棺を載せた車を引いてカルフを出立し、はるばるヴルムリンゲンの小山の頂きまできて歩みをとめた。そこでアンゼルム伯の遺志に従ってここに礼拝堂が建てられたのだという。この話は、太宰府天満宮の言い伝えとよく似ている。言い伝えでは、亡くなった菅原道真を京へ運ぼうとしたのも牛車で、牛が歩みをとめてうずくまったところに道真の墓が立てられ、のちにそこに建立されたのが太宰府天満宮の始まりだった。

一九六二年から六三年にかけて行なわれた発掘調査で、初期青銅器時代の紀元前一八〇〇年頃から小山の頂きに人が居住していたことが判明したという。

ヴルムリンゲンの礼拝堂の庭から南側のネッカータールを一望

シュトゥットガルト（海抜二〇五メートル）――カンシュタットの「流血裁判」、エレベーター

紀元前八〇〇年頃から西暦一〇〇年頃までドイツ南西部はケルト人の土地だった。紀元前一五年頃にアルプスを越えてドナウ川にまで進出したローマ人が西暦七四年頃にネッカー流域に入植して、ケルト人は西に移動する。二六〇年にはアレマン（アラマン）人が境界線のリーメスを突破してローマ人を後退させ、四五〇年頃にはアレマニエン公国が成立する。アレマン人は四八六年に成立したフランク王国に従わず、フランク王国のクロヴィス一世が四九六年の戦いでアレマン人を破っている。さらに七四六年になって、アレマニエン公国を崩壊させる出来事が起こった。それが「カンシュタットの流血裁判」と呼ばれるものである。

この年、フランク王国の宮宰《ハウスマイアー》カールマンがアレマニエン公国の指導者層を会議のためにカンシュタットに招集した。そしてカールマンは反抗的な指導者らを捕らえ、処刑した。その数は「数千人」に及んだともいわれる。指導者層を失ったアレマン人はフランク王国に従属することになる。

バーデン＝ヴュルテンベルク州の州都シュトゥットガルト（Stuttgart）はネッカーの左岸にあって、右岸のカンシュタットは現在、シュトゥットガルトの一市区になっている。けれどもローマ時代、カ

ンシュタットがネッカー中流域でローマ帝国の重要な町だった頃、シュトゥトガルトはまだ存在しない。西暦九八年にはローマ人がこの地にいて、城砦《カステル》を築いていた。後述のようにネッカー＝オーデンヴァルト＝リーメスの、境界線としての意味が薄れると、カンシュタットは民間のローマ人の居住地として重要性を増した。しかし二六〇年にリーメスを突破して侵攻してきたアレマン人によってローマ人は追い払われることになる。そのアレマン人も「カンシュタットの流血裁判」のあとはフランク王国に服従することになった。

カンシュタットはミネラルの豊富な鉱泉に恵まれて、すでにローマ人によって利用されていた。公に湯治場として認められてバート・カンシュタット（Bad Cannstatt）を名乗るようになったのは一九三三年のことだが、湯治場、保養地として早くから知られていて、バルザックのような著名人も湯治客として滞在したという。

カンシュタットに比べると、シュトゥットガルトの歴史は新しく、九五〇年にリウドルフ・フォン・シュヴァーベン公が、ネッカーに注ぐネーゼンバッハという川の平地部に設置したと伝えられる馬の飼育場《シュトゥオトガルテン》と周辺の居住地が発端である。市の今の紋章は一九三八年に制定された新しいものだが、それでも後ろ足で立つ馬が描かれている。町の名前もシュトゥオトガルテンに由来する。

南西部からシュトゥットガルト市内を流れてネッカーに注ぐはずのネーゼンバッハ川が市街地図に見当たらない。それもそのはず、今では地表を流れるのではなく、雨水や生活排水を受入れる地下水道になって市場広場等の市街地の下をくぐり抜けると、北東のシュトゥットガルト＝ミュールハウゼン市区にあるミュールハウゼン浄水場に至るのだという。ミュールハウゼンはシュトゥットガルトやカンシュタットより下流に位置し、とくにシュトゥットガルトからはかなり離れているが、一九三八年にシュトゥットガルトに吸収されて一市区になった町である。一九五〇年代にミュールハウゼンのネッカー沿いに浄水場が設けられたのだ。かつてネーゼンバッハ川は、シュトゥットガルトとバート＝カンシュタットを結ぶケーニヒ＝カールス＝橋のたもと付近でネッカーに注いでいたはずだから、ずいぶん流れを変えられたことになる。大胆な発想に基づく都市計画がもたらしたものだ。

シュトゥットガルトは一三世紀の前半にフォン・バーデン辺境伯の手で都市に格上げされ、その後婚姻によってフォン・ヴュルテンベルク伯の所領になる。カンシュタットが都市に格上げされたのは一三三〇年のことだから、すでに居住地としてはカンシュタットを凌駕していた。

そして一四世紀に伯領の中心地に拡充されていき、一四九五年から一八〇五年まで、一時期ルートヴィヒスブルクにその地位を譲ることがあったとはいえ、ヴュルテンベルク公国の首都であった。

宗教改革の時期、ウルリヒ公が一五三四年にプロテスタントに宗旨替えしていたので、一六一八年からの三〇年戦争でシュトゥットガルトはカトリック軍に占領されている。一六〇〇年には約一万人いた住民が、戦争の終わった一六四八年には四五〇〇人になっていた。

シュトゥットガルトは一八〇六年から第一次大戦の終わる一九一八年まではヴュルテンベルク王国の首都でもあった。その後一九四五年まではヴュルテンベルク州の州都であり、第二次大戦後は一九五二年まで新州ヴュルテンベルク＝バーデン州の、さらに一九五二年からは新しいバーデン＝ヴュルテンベルク州の州都なのである。

中央駅を出るとメインストリートのケーニヒ通りだ。一・一もしくは一・二キロメートル続くケーニヒ通りは一九七七年または七八年からヨーロッパ最大ともいわれる歩行者天国になっている。六〇年代までは車も電車も走っていたが、歩行者のための通りにするためにまず車の乗り入れが禁止され、七〇年代に入ると電車は地下に移された。明確な計画と意志のもとに行なわれた中心部の改造だ。一九世紀、ケーニヒ通りは市の富裕層の住む通りだったけれど、現在は市でもっともにぎやかな通りで、両側にはさまざまなお店が軒を並べる。もっとも、「家賃」が非常に高いので、個人経営のお店はあまりないという。

ケーニヒ通りは町を取り囲む市壁の外の壕だった。一八〇六年、王国になったばかりのヴュルテンベルクの国王フリードリヒはこの壕を埋め立て、大通りを建設させた。ケーニヒ（国王）通りの名はこのことにちなんで付けられた。

駅からしばらく歩くと左手に宮殿広場《シュロスプラッツ》が広がり、市民やこの町を訪れた人たちの憩いの場の一つになっている。広場の向こうに新宮殿がみえる。広場の右手奥には、旧宮殿が栗（カスターニエン）の木立の向こうに見え隠れする。木立のベンチに座っていると、一人の女の子が栗拾いをしていた。ドイツの栗は日本の栗と違ってイガの棘がはるかに少なく、その棘がちっとも鋭くない。いっぱい拾ったようで、袋は重たそうにふくらんでいる。

宮殿広場の向い側、ケーニヒ通りの右手のギリシャ建築風の堂々たる建物は「国王館《ケーニヒスバウ》」という。どっしりとした柱に支えられた柱廊玄関《ポルティクーム》が通りに向かっていて、これは典型的な擬古典主義の建築様式らしい。建物の横幅は一三五メートルもあるという。どうみてもこれは議事堂か裁判所のようで入りがたい。ところが「国王館」は、レストラン、喫茶店、専門店等の入った一種のショッピングモールなのだ。通りからは分からないけれど、内部は三階まであるようだ。照明を落としてあるのでそれほど明るくない。天気の良い日には、中のお客よりも、表にたくさん並んだテーブルで飲んだり食べたりする人の方がずっと多い。

「国王館」は一八五六年から六〇年にかけて建てられた。コンサートや舞踏会のためのホールそして店舗のための建物として構想された。当時すでに四三もの店舗が営業していた。「国王館」も第二次大戦末期の空襲で破壊されたが、一九五八年から五九年にかけて再建された。

「国王館」の左隣りに新しい美術館が建つ。「州立絵画館」と違って、ここには現代作家の作品が展示されている。

ドイツの栗（カスターニエン）

ケーニヒ通りをもう少し進んで左折してシュール通りに入るとすぐに市場広場と市庁舎だ。ネーゼンバッハ川こと地下水道はこの下を流れているはずだ。
市庁舎は市民の間であまり評判がよくないという。私たち日本の旅行者にもおもしろい建物といえない。このタイプなら日本の建物と変わらない、ドイツらしくないと思ってしまう。
シュトゥットガルトの最初の市庁舎は一四五六年に建てられた。その後何度も建て直されたが、市が大きくなって住民が増えるにつれて市庁舎は手狭になる。一八九四年に新市庁舎の設計のコンテストが行なわれ、二〇〇点以上の作品が寄せられた。一九〇五年に新しい市庁舎が完成する。ゴシック様式の建物だったらしい。しかし一九四四年の空襲で新市庁舎は破壊されてしまう。戦後あらためて市庁舎の案が公募され、一九五六年五月に新しい、現在の市庁舎の落成式が行われる。戦争で破壊された町を再建するにあたり、多くの場合、破壊される前の姿で建物や家並みを建設する道が選ばれたのに、新市庁舎の二人の設計者たちは、大胆に別の道を選択した。それはしかし、モダンなデザインの建物だった。私たちの眼に平凡と映るのはそのためかもしれない。

堂々たる「国王館」

中央に六一メートルの高さの塔の天辺に時計と月の満ち欠けを示す円盤がみえる。決まった時間には三〇もの鐘がメロディーを奏でる。しかしシュトゥットガルトの市庁舎でおもしろいのはパーターノスターというエレベーターだろう。

学生時代にドイツ語の授業で読んだハインリヒ・ベルの短編『ムルケ博士の沈黙集』にパーターノ

スターが出て来た。担当の先生はこのエレベーターのことをご存知で、シュトゥットガルトの市庁舎にあるとのことだった。それ以来、ドイツに行くことがあればシュトゥットガルトの市庁舎でパーターノスターに乗ろうと決めていた。

パーターノスターはカトリックの「主の祈り」や「ロザリオ（数珠）」を表わすが、変わったエレベーターの名前でもある。このエレベーターにはドアがなく、決してとまらない。幾つもの、開いたままのボックスが数珠つなぎになって休むことなくぐるぐるまわっている。ボックスが数珠つなぎになっていることからパーターノスターと呼ばれるようになったエレベーターなのだ。

大観覧車と同じ要領である。大観覧車を円形ではなく、縦長の長方形にしたようなものだ。上り専用のエレベーターシャフトと下り専用のエレベーターシャフトがあって、最上部や最下部に達したら、ボックスはそのまま他方のエレベーターシャフトに移動する。一つのボックスの定員はせいぜい二人。とにかくつねに動いているので、乗るときも、降りるときも注意と決断が必要だ。ボックスに乗り込むタイミングを逸したら、あせらず次のボックスにする方がいい。降りる時にはもっと気をつけなければならない。

普通のエレベーターの「三〇倍」は危険といわれたりする。実際人身事故も起こっていて、西ドイツでは一九七四年以降パーターノスターの新設は禁止された。さらに一九九三年になると、現存するすべてのパーターノスターの使用を九四年までに中止することが決められた。しかし全面停止には至らなかった。旧東ドイツではパーターノスターが活躍していて、また、通常のエレベーターに切り替える経済的なゆとりもない。東西ドイツの「統一契約」は機械的な画一化を避け、いくつもの例外を認めたようだ。それに、全面停止に対するパーターノスターの愛好者からの抗議も相次いだ。おかげで、数は少ないけれどパーターノスターは健在だ。

市庁舎のパーターノスター（エレベーター）。左が上りで、右が下り

危険ではあるがパーターノスターはどこにでもあるわけではないだけに、乗るのを楽しみにしてパーターノスターのある建物を訪れる人も多い。ある土曜日の午後、シュトゥットガルトの市庁舎のパーターノスターは停まっていた。子供連れのお父さんが「残念だね」といいながら子供たちに仕組みを説明していた。旧東ドイツの町ゲルリッツの市庁舎にもパーターノスターがあった。ちょうどヨーロッパの他の国の人たちがいたけれど、このタイプのエレベーターをみるのははじめてだったらしく、彼らは大喜びで乗ったり降りたりしていた。

発祥の地イギリスでもまだ使用されているのだろうか。ドイツには一八八〇年代に導入された。シュトゥットガルトの市庁舎は最近改修され、でも、幸いパーターノスターは撤去されることなく、生き延びた。普通のエレベーターより「三〇倍」も危険ではいずれ消えゆく運命なのだろうが、何とか安全性を格段に増して、働き続けてほしい文明の利器だ。

ルートヴィヒスブルク（海抜二九三メートル）――「国で一番高い山」ホーエンアスペルク

ルートヴィヒスブルク（Ludwigsburg）は意外に新しい町だ。シュヴァーベン派の詩人で、医学を学んだテュービンゲンで詩人ヘルダーリンの看護をしたこともある医師ユスティーヌス・ケルナー（一七八六〜一八六二）、プロテスタントの神学者ダーフィト・フリードリヒ・シュトラウス（一八〇三〜七四）、『旅の日のモーツァルト』の詩人エドゥアルト・メーリケ（一八〇四〜七五）、美学者で、一八四八年のフランクフルト国民議会議員をつとめたフリードリヒ・テーオドーア・フィシャー（一八〇七〜八七）らがこの町で生まれている。少年時代のシラーも十年以上住んでいた。父や姉とロンドン、パリへの長途の旅に出た七歳のモーツァルトもルートヴィヒスブルクを訪れている。後述するシューバルトはここの宮廷楽団長として活動した。『ローレライ』のジルヒャーもオルガン奏者だったことがある。このように由緒ある町でありながら、歴史的にはむしろ新しい町だった。

現在ルートヴィヒスブルク宮殿のある場所に、一六九三年にフランス軍によって焼き払われるまでエアラハホーフという公爵家の荘園があった。ヴュルテンベルク公国（その頃はヴィルテンベルクといったが）のエーバーハルト・ルートヴィヒ公は当初荘園に代えて離宮や狩猟館のようなものを構えるつもりでいたが、広大なバロック様式の宮殿へと構想は羽ばたいた。公は一七〇四年の「ヘヒシュテットの戦い」にオーストリア、イギリス等の連合軍の少尉として加わっていて、連合軍側の勝利で公の威信も高まっていた。当時は第二の居城を構えて、都市を創設することが君主たる者の権威を表わしたようで、公はこの二つを手がけるのである。シュトゥットガルトの宮殿は手狭となり、宮廷での催しや狩猟熱に応えるためにも新しい城が必要になっていたようだ。

一七〇四年に着工した居城は一七三三年に完成した。その間に背後の広大な敷地にファヴォリーテ館が建てられた。居城は公の名を取ってルートヴィヒスブルクと命名される。新都市は「製図板」上の設計にしたがって一七〇九年に建設が始まる。公にちなんで町もルートヴィヒスブルクと名付けられた。「はじめに計画ありき」だったので公は住民を「創出」する必要があった。人々の移住を容易にするために公の講じた方策がおもしろい。土地と建築資材は無償で提供された。また、住民は一五年間の納税を免除された。事情がよく分からないが、いくつかの役所の建物《アムツハウス》を建てさせて、これも寵臣に贈与したという。すべて新都市に住民を確保するためである。

エーバーハルト・ルートヴィヒは実際にルートヴィヒスブルク宮殿に住み、ルートヴィヒスブルクを公国の首都とした。彼が実際に住んで、名実共に新都市が首都であることが明らかでないと移住者増が望めなかったようだ。一七二四年から、彼の死の年であり、城の完成する年でもある三三年まで、シュトゥットガルトにかわってルートヴィヒスブルクがヴュルテンベルク公国の首都だった。もっとも、後を継いだカール・アレクサンダーは三四年に首都をシュトゥットガルトに戻している。公国の首都として機能するにはルートヴィヒスブルクはまだまだ条件が整っていなかったのだろう。

専制君主だったカール・オイゲン公の治世下の一七六五年から七五年にかけて、ルートヴィヒスブルクはやはり公国の首都だった。しかし彼も七六年にはシュトゥットガルトに戻っている。

モーツァルトがルートヴィヒスブルクに来たのは一七六三年だから、町が二度目に首都になる前々年のことだ。ウルムの大聖堂でオルガンを演奏したあと、七月七日にウルムを発って九日夕刻に到着している。父レオポルトの手紙から、ルートヴィヒスブルクのその頃の様子がうかがえる。「もしあなたがつばを吐けば、将校のポケットか兵士のポケットにつばしてしまいます。通りでひっきりなしにあなたに聞こえるものといえば、『とまれ！』『前へ進め！』『回れ右！』等々ばかりです。武器、ドラム、軍需資材しかあなたの目にとまりますまい……それでも私はあなたに、ヴィルテンベルクはもっとも美しい国だといわざるをえません……」とレオポルトは書いている。ガイスリンゲンからルートヴィヒスブルクに至るまではのどかな田園風景のなかを旅してきただけに、兵隊の多い町が異様に映ったようだ。

ルートヴィヒスブルクは「シュヴァーベンのヴェルサイユ」とか「シュヴァーベンのポツダム」と例えられる。エーバーハルト・ルートヴィヒは実際にルイ一四世のヴェルサイユ宮殿を訪れたことがあるらしく、ヴェルサイユ宮殿はお手本になっていた。

「シュヴァーベンのポツダム」は、ルートヴィヒスブルク宮殿がフリードリヒ大王のサンスーシ宮殿を想起させたことと、町に兵舎と兵隊が多かったことに由来するという。町全体が兵舎のような感じだったのかもしれない。

モーツァルト親子はルートヴィヒスブルクでニコロ・ヨメリという総楽長を訪問する。宮殿で演奏してはいない。レオポルトは翌々日の一一日には旅立つつもりでいたのにどこにも馬がみつからず、出発は一日遅れてしまう。大公が郵便馬車や貸し馬車の馬を全部召し上げてしまったからだ。狩猟に馬を必要としたのかもしれない。一国の君主や貴族の好みがどこにどう影響するか分からないものである。

宮殿に沿って南北に走る宮殿通りに「ヴァルトホルン」というレストランがある。ふと見ると、通りに面した壁にプレートがはめ込まれている。モーツァルト親子はここに宿泊したのだ。「ヴァルトホルン」は格式ある宿泊施設でもあった。

四年後の一七六七年にはジャコモ・カサノヴァがルートヴィヒスブルクにいて、やはり「ヴァルトホルン」に宿泊した。訳書で町は「ルイスブルク」と記されているが、フランスの人名ルイはドイツではルートヴィヒなので、「ルイスブルク」はルートヴィヒスブルクのことだ。この町での滞在にカサノヴァは数ページを費やしている。もっとも、『回想録』では「わたしは宿駅の旅館に泊りにいき、鞄を部屋に運ばせた」とあるだけで、旅館の名前までは出てこない。それでもその「旅館」は「ヴァルトホルン」だったと推測されている。それは、彼が手紙かどこかで「ポスト（郵便馬車）亭」に泊ったと書いているからだ。しかし当時ルートヴィヒスブルクに「ポスト亭」という旅館はなく、「ヴァルトホルン」の看板が「郵便馬車のらっぱ《ポストホルン》」であることから、旅館の名は「ポスト亭」だとカサノヴァが思い込んだのだと考えられている。ルイスブルクことルートヴィヒスブルクの後、カサノヴァはマンハイム、シュヴェツィンゲンに向かう。

雨宿りしていると、男の子がいきなり雨の中に走り出し、お父さんが追いかけていた。ルートヴィヒスブルク宮殿の中庭にて

一七七九年にはゲーテが一二月に一泊だけだが、この「ヴァルトホルン」に宿泊している。ゲーテはテュービンゲンのコッタを訪問した後スイスに向かったが、スイスからワイマルに戻る途中、ルートヴィヒスブルクに立ち寄ったのである。宮廷に用事はなかったようだ。

ルートヴィヒスブルクからSバーンでひと駅走るとアスペルクの町がある。駅を出てやや右手にみえる小山はホーエンアスペルクという。歩いて登れるものの息が切れて苦しい。途中に一つベンチがあって、外国人と思われる夫婦が座っておしゃべりしていた。ゆっくり登っている年配の女性を息を切らせて追い越したところ、その先で右にも左にも行けるようになっているから、どちらかになさい、と教えてくれた。よほど無理しているようにみえたのだろう。直進して登るのをやめて、左を回る道を選ぶことにする。ふもとのアスペルクの町がみえるはずだ。山腹はぶどう畑になっていて、赤い車両のSバーンの走る様子もみえる。

ホーエンアスペルクの頂きには「ホーエンアスペルク要塞」があって、要塞施設はその後刑務所に変わり、現在はバーデン＝ヴュルテンベルク州の「ホーエンアスペルク刑務所病院」になっている。刑に服している囚人が特別な治療等を必要とする場合にこの病院で治療を受けるようだ。病院のホームページに「私たちの行動はすべての人の人権と人間の尊厳の尊重によって決定されます」という一文がある。

ホーエンアスペルク要塞の建物は一九四五年まで、長い間刑務所として使われた。標高九〇メートルの小山の上の刑務所には暗いイメージがつきまとう。「国（ヴュルテンベルク）で一番高い山は？ ホーエンアスペルクさ。五分で登れるけれど、下におりるのに一生かかるから」と言われたほどである。

紀元前四、五〇〇年頃のケルトの時代から頂きには城郭があったようだが、今につながる城は一一世紀にさかのぼる。ふもとの町は一三世紀に都市に昇格したというからかなり早い。城は占領されたり、焼かれたり、軍の駐屯地として利用されたりの紆余曲折を経て、一六世紀に入って要塞に改造されていく。ずっと刑務所としても使われてきたが、一七三八年からヴュルテンベルク公国の刑務所となる。

先述の、ミュンヒェンで逮捕されたアウアーバッハは一八三六年一二月に刑期二カ月の判決を受けて、三七年一月から三月までこの刑務所に収容された。テュービンゲン大学で学生組合に所属していた百名ほどの学生と一緒だった。よく事情が分からないが、刑務所での生活、とくに食と住の費用は囚人の自己負担だったようで、払えない彼は、監獄として使われた要塞の「装甲室」で過ごすことになる。友人のおかげで、執筆中の小説『スピノザ』の出版社がみつかると、アウアーバッハは印税の半分を前払いしてもらい、要塞内を歩き回ることのできる「要塞の自由」を手に入れている。

シューバルトの場合ははるかに深刻だった。のちにシューベルトが作曲する詩「ます」を書いたクリスティアン・フリードリヒ・ダニエル・シューバルトは一七七七年から八七年までこの刑務所に収容された。一年目はかつての望楼に入れられていて、ここはのちに「シューバルト塔」と呼ばれる。二年目からは「アルゼナール（武器庫）館」に移される。

彼は多才で、批判精神と毒舌と破天荒な生活の人だった。ルートヴィヒスブルクの宮殿でオルガニスト、楽長を勤めたことから明らかなように、音楽の才能に恵まれていた。さらに「疾風怒濤」の詩人、文筆家でもあり、彼がほとんど一人で編集・発行した「ドイツ年代記」は二万名の購読者数を誇ったという。

彼の批判精神は君主、貴族、聖職者らに向けられ、彼の毒舌は居酒屋で鋭さを増した。ルートヴィヒスブルクやアウクスブルクの市当局から立ち退きを命ぜられている。シューバルトは君主カール・オイゲン公と愛人との関係もからかった。公国の軍学校を「奴隷農場」と揶揄した。相手が悪く、公は根に持つタイプだった。一七七七年、シューバルトはヴュルテンベルク公国に近いウルムにいた。この頃ウルムは帝国都市で、帝国都市の市民に手を出す権限はない。公はウルムに近い公国の町ブラウボイレンの修道院関係者をシューバルトをブラウボイレンに誘い出させる。シューバルトはここで逮捕されると、ただちに馬車でホーエンアスペルクの刑務所に搬送される。裁判は行なわれていない。公の私怨による「超法規的」命令によるものだった。

ほとんど家族を顧みない夫だったのに、奥さんのヘレーネは立派だった。何度も嘆願書を書き送っては夫の釈放を求めた。書状だけではない。気丈にも、謁見を許されて七度も釈放を直訴している。しかし奥さんの奔走も報われなかった。

数年後、シューバルトはようやく獄中で書くことが許されるようになる。獄中で彼が書いた詩のなかに、彼が子供の頃から崇拝していたプロイセンのフリードリヒ大王への賛歌があった。この賛歌が彼を救出することになる。賛歌は評判となり、北のプロイセンにまで知れ渡って、プロイセン政府がカール・オイゲン公にシューバルトの釈放を働きかけたのである。一七八七年五月にシューバルトは釈放されたが、心身ともに弱っていた彼は四年後の九一年一〇月に他界する。

シューバルトが獄中で書いた作品に「ます」があった。「ます」は彼がまだホーエンアスペルクにいた一七八二年に発表された。シューベルトが作曲したのは一八一七年のことである。シューバルト自身も作曲している。ところで、シューベルトは詩の第四節をカットした。第三節までは、澄んだ小川を陽気に泳ぎ回っていたのに、小川を濁らせた釣り人に捕らえられる「ます」の詩だ。しかし第四節は、若い女性に、誘惑者に対する注意を促す警告の詩句に一変する。カール・オイゲンの奸計で投獄されたシューバルトが、釣り人の術策にかかって捕らえられる「ます」に自分の姿を投影したと言われている。そして、まだ獄中にいる詩人としては、それと気づかれぬように、第四節をもって全体を若い女性への警告の詩に衣替えしたのだとも言われる。ともかくシューベルトはこの第四節を削除した。

しかし第三節の「ディー・ベトローゲネ」の一語が気になる。シューベルトの曲でも「ベトローゲネ」の頭文字は大文字のBのままになっている点だ。大文字であれば、この語は文法上「形容詞の名詞化」であって、具体的には女性名詞化だから「欺かれた女」になる。もしシューベルトの曲で、頭文字が小文字のbにしてあれば、「ベトローゲネ」の後にフォレレ(ます)が省略されていることになって「欺かれたます」を意味する。

文法にこだわってもいけないけれど、第四節を削除して第三節で完結させたのに、シューベルトは第三節の「ディー・ベトローゲネ」の「べ」をbeにしないで、つまり「欺かれたます」にしないで、Beのままに、つまり「欺かれた女」のままにしている。第三節までに女性は登場しないにもかかわらずである。
シューバルトの詩の第三節で「欺かれた女」になっているのは、若い女性への警告という、第四節の主旨を先取りした語であるともいえる。シューベルトはあえて「欺かれたます」にしないで「欺かれた女」のままにしておいたのは、シューバルトの「ます」の警告の詩としての片鱗は残しておこうとしたからなのかもしれない。

ホーエンアスペルクの刑務所の暗いイメージは一九世紀で終わらなかった。二〇世紀に入って刑務所は決定的な役割を演じる。一九四〇年五月一六日にドイツ国内のジプシー（以後シンティ・ロマと記す）の人たちのうち二八〇〇人が、占領されたポーランド内のゲットーや収容所に「追放」される。一九四〇年といえば、第二次大戦の始まった年の翌年である。この時ホーエンアスペルクの刑務所には、ごく短期間であったが、シンティ・ロマの人たちが集められていた。ここと、ハンブルク（港の果物倉庫）、ケルン（見本市会場）が主な収容場所だったようだ。ホーエンアスペルクには八〇〇人が収容された。人々はここで「人種生物学的」な検査を受けた。ホーエンアスペルクに集められたシンティ・ロマの人たちは五月二二日に帝国鉄道の特別列車で東に「追放」される。刑務所を出て、駅まで歩かねばならなかった。ナチス・ドイツの時代に二二万から五〇万ものシンティ・ロマの人たち

かつてはホーエンアスペルク唯一の出入り口だった「獅子門」

が犠牲になったといわれる。

もちろん現在の州立「ホーエンアスペルク刑務所病院」はこうした過去とまったく関係ない。しかし、関係がなくても、同じ施設を使う以上、暗い過去を意識せざるをえず、また意識しない方がおかしいのかもしれない。「私たちの行動はすべての人の人権と人間の尊厳の尊重によって決定されます」と明記するのは、暗い過去を十分知ったうえで、だからこそそれと決別して、「人権」と「人間の尊厳」の尊重という理念のもとに運営するという宣言だからなのだ。

年配の婦人のアドバイスにしたがって、アスペルクの町を見下ろしながら左の道を歩くと、やがて「獅子門」にたどり着く。かつては要塞、刑務所のただ一つの出入り口だった。門をくぐり抜けてもしばらくは高い壁に挟まれた通路が続く。まもなく要塞、刑務所、現在の病院にたどり着くが、深い壕が掘り巡らされているのに驚く。さすが要塞に改造されただけのことはある。また、刑務所として利用されたのもよく分かる。

これでは脱出は不可能だろう。施設の敷地には「シューバルト亭」というレストランがあって、よいお天気だったので町の人たちが外の庭のベンチでビールを飲んだりしてくつろいでいた。

「シューバルト塔」はほかの建物から離れた場所にぽつんと立っていた。シューバルトは人との接触もできず、ここに一人きりで監禁されていたのだ。

「シューバルト塔」。詩人シューバルトが1777年から78年にかけてここに捕われていた。78年から87年まで「武器庫館」に移される

敷地内をぐるっと回って行き止まりの所で、下をみるとやはり深い壕でぞくぞくっとする。その向こうに平地が広がり、列車の走る音が聞こえてくる。この鉄道がいつ開通したのか知らないが、広々とした景色と列車の響きは、ここに収容されていた人たちには、決して得られない自由の象徴に思えたのではないか。

「獅子門」をくぐり抜けて、来たときと同じルートをたどって「国で一番高い山」を下りて駅に戻ることにする。登ってくる時に挨拶した二人はまだベンチに座っていた。

ハイルブロン（海抜一五七メートル）――天文時計、マーク・トウェインの仮想「ネッカー筏下り」

ネッカーの左岸には樹木に覆われた遊歩道が走っている。みごとな枝ぶりで遊歩道が隠れるほどだ。柳がこんもりと枝を水面に垂らしている。緑したたるとはこんな様子をいうのだろう。橋のたもとに立つ塔は「ゲッツ塔」で、ここは市壁の南西の角にあたる。その名は、ゲーテが戯曲『ゲッツ・フォン・ベルリヒンゲン』で取り上げた帝国騎士ゲッツ・フォン・ベルリヒンゲン（一四八〇〜一五六二）に由来する。

ウルリヒ・フォン・ヴュルテンベルク公とハプスブルク系のシュヴァーベン同盟との戦争でゲッツはウルリヒ公の側に立っていたが、一五一九年にシュヴァーベン同盟に捕らえられ、三年間捕らわれの身で、その場所がハイルブロン（Heilbronn）だった。ただし、「ゲッツ塔」といいながら、彼が収容されていたのはこの塔ではなく、市壁の北西角にあって、やはり現存するボルヴェルク塔だった。しかも彼はボルヴェルク塔で一夜を過ごしただけで、あとは「クローネ」という旅館にいたというから、かなり恵まれていた。友人たちの口添えのおかげらしい。ゲッツの時代にこの市壁の北西角の塔にボルヴェルクの名前はなかった。一六一八年に始まった三〇年戦争中、スウェーデン軍とフランス軍がこの塔を中心とする砦（ボルヴェルク）を構築し、そのためボルヴェルク塔と呼ばれるようになる。帝国都市ハイルブロンは一五三〇年に、つまり君主と帝国都市にカトリックかプロテスタント（ルター派）かの宗派選択の自由を認める一五五五年のアウクスブルクの宗教和議に先立ってプロテスタントに改宗しているので、プロテスタントのスウェーデン軍がハイルブロンにいるのは理解できるが、カトリックのフランス軍がスウェーデン軍と戦うどころか、ともに砦を築くとは妙な話である。砦はカトリックの神聖ローマ帝国軍の攻撃に備えるために築かれたのだろう。この共同作業に、神聖ローマ帝国とハプスブルク家の強大化を望まないフランスの介入の意図がよく現われている。三〇年戦争が純然たる宗教戦争ではなかったことをこの挿話も物語っているといえよう。

緑に覆われた河畔の遊歩道

「ゲッツ塔」の上に妙なオブジェがある。塔の天辺からネッカーに向かって一本の棒が伸びていて、一人の男が綱渡りよろしく棒でバランスを取っている像だ。この男は薄っぺらく、切り紙細工のようだ。どんないわれがあるのか、この塔とどんな関係があるのか、当然興味がわいてくるのだが、この像がここ

ゲッツ・フォン・ベルリヒンゲンに関係なかった「ゲッツ塔」

に仕掛けられたのは一九八五年で、つい最近のことだ。案に相違して塔とも、ゲッツ・フォン・ベルリヒンゲンとも無縁のようだ。

マーク・トウェインがなぜハイルブロンに来たのかよく分からない。しかし『ヨーロッパ放浪記』でいくつか紹介しているように、彼は伝説に並々ならぬ関心を抱いていて、この機会にネッカー河畔の伝説を採集しておきたかったのかもしれない。伝説を知る人から直接聞き取ることを彼は好んだ。また、旅行記でゲッツ・フォン・ベルリヒンゲンについて何度も言及していて、ハイルブロンではわざわざゲッツが捕虜として過ごした旅館「クローネ」に、しかも、書かれていることが本当なら、ゲッツのいた部屋に泊っていることから、騎士ゲッツにも関心があったのだろう。それに北のマンハイムやハイデルベルクからネッカーを南へさかのぼる場合、旧自由帝国都市ハイルブロンがいったんは終着の町だったことも関係しよう。

六八九年頃にヴュルツブルクで殉教したアイルランドの伝道師キリアンは、ヴュルツブルクの守護聖人になっていて、マイン川にかかるアルテ・マイン橋には聖キリアンの像が立っている。ハイルブロンの町のシンボルといわれるキリアン教会もその名を聖キリアンに負う。二つの町をつなぐと伝道師キリアンの布教活動の足跡を追うことができるようだ。フランク人によってキリスト教がもたらされて、七世紀にはドイツ南西部はキリスト教化したといわれるが、六八九年前後にキリアンが同僚とともに殺害されたことからも、キリスト教化は一朝一夕に成ったわけではないことがうかがえる。

キリアン教会の前身は七世紀にさかのぼる初期キリスト教の教会堂《バジリカ》で、その頃は聖ミヒャエルを守護聖人としていた。一三世紀になって守護聖人は聖キリアンに替わった。またこの頃にゴシック様式の大きな教区教会に建て替えられたようだ。堂々とした塔（西塔）は一五二九年に完成したもので、変わっているのは、塔の天辺に設置されたのが十字架（頂華）や聖人の像などではなく、世俗の人物であることだ。世俗の人物を天辺に据えるとは、かなり変わった考え方ということになるが、帝国都市ハイルブロンは前述のようにカトリックからプロテスタントに宗旨替えを明確にしているから、この大転換を促した力となんらかの関係があるのかもしれない。

町のもう一つのシンボル、市庁舎は一九五〇年から五三年にかけて再建された。四四年一二月四日のイギリス軍による空襲で町はすっかり破壊され、敗戦直前の四五年四月にはアメリカ軍との間で十日間も戦闘が続き、町はあらためて破壊されてしまった。

市庁舎はほぼ正方形の市場広場《マルクトプラッツ》の北面に立ち、西面と東面の、それぞれ店舗の入った建物とともに市場広場を囲い込むような形だ。広場の南面をカイザー通りが走っていて、電停がある。二〇〇五年に開通したばかりの電車は普通の市街電車ではなく、市電《シュタットバーン》といい、カールスルーエと近郊のエーリンゲンとを結んでいる。

市庁舎の正面の二階部分は長いテラスになっていて、テラスの中央部分に市庁舎への入口がある。テラスには左右の階段から登るようになっている。テラスと左右の階段を含めて屋外階段《フライトレッペ》というようだ。屋外階段の下はアーケードで、柱がテラスを支えている。市が来賓を迎えた時など、来賓はこのテラスから広場に集まった市民に挨拶する。


ハイルブロンの市庁舎を市庁舎たらしめているのは、ゴシックとルネッサンスの建築様式、屋外階段、戦後の再建もさることながら、その時計である。三つもあって、三階の中央にあるのは天文時計、三階の上から急傾斜の屋根になっていて、四階部分にあたる屋根に設置されているのは時を示す時計、その上にあるのは月時計で、月時計の上のアーチに鐘が一つみえる。

天文時計の中央に七つの小円が円形に組まれ、小円は曜日を表わす。頂点の小円が日曜日で、時計回りに月、火と進む。小円の中にそれぞれジュピターやヴィーナスの像が描かれているそうだが、下の広場からそこまでは見分けられない。

外側に黄道一二宮図が記号ではなく、獅子や射手の姿で描かれている。それぞれが月を表わすというが、一番外側に六月を頂点にして時計回りに月が記されていて、これと、内側の黄道一二宮図にずれがあって、どう読めばいいのかもう分からなくなる。針が三本あって、太い金色の短針が曜日を指すのはすぐ分かるけれど、長針の一本の両端には金色の三日月と星、もう一本の長針の両端にはやはり金色の太陽と星があしらわれていて、四つとも黄道一二宮にまで届いている。この二本の長針の読み方も結局分からない。読み取れるという「週」もどうみればいいのか。

天文時計の上はふつうの時計で、読み解くまでもなくほっとする。ところが「ふつうの時計」は早合点だった。短針は分を表わし、長針は時を示すのだという。長針、短針の役割が現在と正反対だった。機械時計がまだ正確な時を刻む時代ではなかったことも無視できないにしても、一分、一秒を争う生活を送る現代と違って、時間を単位にするような、ゆったりした生活もあった時代を証言する小さな「遺産」である。もっとも、時計盤の中ほどにオレンジ色の帯状の円があって、この円はⅣを頂点にして時計回りにⅠ、Ⅱ、Ⅲと四つに分かれていて、一五分を一単位とする考え方が示されている。「分」

を表わす短針より少しでも精度を高めて、一五分単位で時刻を表わそうとする工夫なのだろう。

時計の上の月時計は月の満ち欠けを表わす。けれども月時計の見方もまったく分からない。建物の五階の高さにあるのでよくみえないからだけではなく、どうみたらいいのか見当がつかないのだ。

ハイルブロンの市庁舎の時計はいろいろな仕掛けを凝らした仕掛け時計でもある。月時計の上の鐘のかかるアーチの柱に、腰に布を巻いているらしい男が二人いて、一人が一五分ごとに鐘を打つ仕草をするという。

機械時計の両端にいるのは天使で、向かって右の天使は、時鐘の時にトロンボーンを吹き、左の天使は笏を手にして、鐘に合わせて笏を振るようだ。この天使は砂時計も持っているはずだけれど、とてもそこまで見分けることはできない。

時計盤の下、二人の天使の間に何かみえると思ったら、それは二頭の牡羊で、一時間ごとに角を突き合わせるのだという。これも教えてもらわないと、見落としてしまう。

市庁舎と天文時計

さらに、牡羊のすぐ下、天文時計の上にいるのは金色の雄鶏で、四時、八時、一二時に羽を動かせて鳴く。さまざまな仕掛けの中で私が気がついたのは、この金の鶏の動くところだけだった。コケコッコウの鳴き声が聞こえたかどうか思い出せない。天使のトロンボーンも鶏の鳴き声も現在は電子音である。

市庁舎の時計は一五七九年から八〇年にかけてスイス人イザーク・ハープレヒトと弟子のハンス・ミュラーによって製作された。一八九六年になって全面的に取り替えられた。しかしこの時計は一九四四年の空襲で破壊されたため、市庁舎が再建された一九五三年に新しい時計がここに設置されることになった。現在の時計は三代目ということになる。

月時計も含めて、天文時計を考案して製作する意欲はどこからきたのだろう。時計が、時を、より正確な時を知りたいという要求に応えるものであることは分かるが、たとえば月の満ち欠けを知りたいという社会的な要求があったのだろうか。天体の運行を研究して、何か法則のようなものを解明して、今度は把握した法則を使って天体の秘密を目に見える形で表現しようとする。どのような部品が必要なのかの検討からはじめて、緻密な計算、精確な部品の製作、細部がきちんと全体を構成できるのか、考えること、計算、技術等初めてのことだらけだったはずなのに、と不思議な気がする。

トウェインはその旅行記でハイルブロンの時計をていねいに描写している。彼らが見たのは初代の時計で、もちろん現在のものではない。

トウェインの旅行記で一つ確かめたいことがあった。彼らは夕食後月夜のハイルブロンを歩いている。ある建物の囲いの鎖が支柱と支柱の間でたるんでいて、裸足の子供たちがこれをブランコにして遊んでいる。足元の敷石は子供たちの素足で擦れて溝ができていた。シュティフターの『みかげ石』を思わせる挿話だ。

トウェインは「彼らの曾祖父といえども、最初にその鎖で遊んだ子供ではなかったろう」、「あのようになるまでには、何世代もの時の経過を要しただろう」と書く。古さを偲ばせるものは多々あるけれど「この敷石の擦り減った溝ほど、ハイルブロンの古さを生々しく伝えているものを、私はほかに知らない」と書いている。

鎖でブランコ遊びをする子供たちの裸足に擦られてできた溝、その溝は今でも残っているだろうか。一八七八年のことだ。敷石は取り替えられたかもしれない。建物が建て増しされたかもしれない。町は空襲で破壊されている。どこにあったのかも分からない。でも思い切ってインフォメーションで訊いてみることにした。旅行記を開いて読んでもらったら、女性職員が即答してくれた。「数インチの深さの溝」のできた敷石は本当にあったのだ。でももうそこには建物が建っていて、見ることはできないということだった。しかしそれは周知の場所で、意外にも市場広場の東面に立つ、喫茶店の入った建物だった。トウェインたちは月明かりの通りを歩き回ったのではなさそうだ。トウェインが記録にとどめた敷石が本当にあって、その現在のありかまで確認されていること分かり、訊いてよかったと思った。

シェーンフェルダーによれば、マーク・トウェインは一八七八年四月に奥さん、二人のお嬢さんとニューヨーク港からヨーロッパ旅行に出発する。ローザという子守り役のドイツ人女性、奥さんの知り合いのスポールディングという女性も同行した。ハンブルク港に到着すると列車でフランクフルトを経てハイデルベルクに落ち着く。八月には友人の牧師ジョゼフ・トウィッチェルが到着する。『ヨーロッパ放浪記』では、旅行全体が、トウィッチェル牧師をモデルとするハリスとマーク・トウェインとの二人旅になっている。『ヨーロッパ放浪記』にはいろいろ仕掛けが凝らされていて、この「二人旅」がすでにその仕掛けの一つだ。ところで、トウェインとトウィッチェル、つまり「私」とハリスはハイデルベルクから南のハイルブロンを目指して小旅行に出かける。徒歩旅行のためのものものしい出で立ちのわりには、ホテルからハイデルベルク駅までやってくるとすぐ列車に乗っている。この頃ハイデルベルクの駅は今と違ってもっと町中にあった。ハイルブロンの手前まで列車で移動し、その後は荷車に乗せてもらってハイルブロン入りする。帰りはトウェインの発案でネッカー川をハイルブロンから「筏」で下ることにする。

ドイツの再統一後、旧東ドイツのある町の路上古本スタンドでトウェインのA Tramp Abroadのドイツ語版Bummel durch Europa(一九六五)を買った。アウフバウ社から出版されたものだ。編集者シェーンフェルダーはその「あとがき」で、トウェインの凝らしたさまざまな仕掛けの種明かしもしていて、たとえば、ハイルブロンのホテルにおける「闇の中での悪戦苦闘」は、ハイルブロンでのことではなく、一家がのちに滞在したミュンヒェンのアパートでの体験を下敷きにしているという。しかしもっとも意表をつくのは、のどかで危険な「ネッカー川筏下り」、この旅行記でもとくに忘れがたい「筏下り」がフィクションだということだ。帰途、彼らは筏に乗っていなかった。なぜそれが分かるのかといえば、牧師ジョゼフ・トウィッチェルが手記を書いていて、「ネッカー川筏下り」が実際には行なわれなかったことはその手記から明らかなのだという。

ハイルブロンの歴史で挙げておかねばならないのは一三三三年だろう。一三七一年に帝国都市になるより早く、この年、町は皇帝ルートヴィヒ四世より、町の役に立つようにネッカーの流れを変える権利を与えられている。この年ネッカーが氾濫したのだろうか、市壁の外を流れるようになったようだ。ハイルブロンの市民が皇帝に許可を要請したのだろう。

町は認められた権利をもとにネッカーに堰を築いて流れをせき止め、流れ落ちる水の力を、水車や製材所、鍛造工場の原動力として利用した。こうして得られた水力は一八世紀には南ドイツで最大といわれるまでになる。

一方、ネッカーがここでせき止められることによって船や筏の自由な通過は不可能になる。(人や馬が曳く)上りの舟にとっても、上流から物資を運ぶ船、筏にとってもハイルブロンは終点になる。その意味するところは非常に大きく、町は行き交う物資、商品等の積み替え地になる。皇帝の与えた権利には、都市を通過する商人に強制的に商品を販売させることのできる互市強制権《シュターペルレヒト》や本来の買主の前に市が買ってしまう先買権《フォーアカウフレヒト》が含まれていたようで、これによってハイルブロンはどんどん富を蓄積していく。

他方で、ハイルブロンの堰はネッカーを一貫した水路としようとする際には障害物以外のなにものでもない。一八〇二年にハイルブロンが帝国都市でなくなり、ヴュルテンベルクに帰属することになると、この障壁を克服する合意がえられることになった。一八二一年にヴィルヘルム運河が構築されたのである。ヴィルヘルム運河は、船の航行を不可能にしていた堰を迂回するもので、運河を通行することによってようやく船はマンハイムと上流のカンシュタットとの間を自由に航行できるようになった。

ヴィルヘルム運河は、駅通りとカイザー通りとを結ぶ、ネッカーに架かるフリードリヒ＝エーベルト橋の辺りから北北西の方向に河跡湖のように残っている。

バート・ヴィンプフェン（海抜一九五メートル）――旅する宮廷、トウェインの伝説

ハイデルベルクと上流のハイルブロンを結ぶ鉄道は一八六六年に開通した。マーク・トウェインがドイツに来る一二年前だ。ハイデルベルクを発ったマーク・トウェイン一行はハイルブロンに直行しないで手前のヴィンプフェンで途中下車すると、町を散策して、ホテルで昼食をとり、昼寝までしていて、急ぐ様子はない。ヴィンプフェンに立ち寄るよう勧められていたのかもしれない。

東フランク（ドイツ）王国のオットー一世が九六二年にローマ教皇の手でローマ皇帝に戴冠され神聖ローマ帝国が誕生した。以後ドイツ国王は教皇の戴冠によって帝国の皇帝を兼ねるようになる。おもしろいのはドイツ王国に首都がなかったといわれていることである。首都の宮廷にいて全国を統治する形態は取れなかった。正確さに欠けるかもしれないが、分権的な傾向の強い王国にあって国王は

各地を掌握するために点々と移動して、政務を行ない、統治する必要があった。各藩の大名が参勤交代の義務を負っていた日本とは反対に、国王が宮廷全体を伴って王国内を移動したのである。国王は行く先々で諸侯会議や司教会議を招集したり、裁判を行ない、復活祭等キリスト教における重要な祝祭日を祝った。そのために国王が各地に、多くは王領に構えた滞在先を王宮《プファルツ》という。国王は宮廷の構成員全体を伴って滞在するのだから建物（居館）だけではすまない。王族はもとより女官、役人、騎士、兵士、馬、馬車、武器等々、プファルツが受入れるべきものは多岐にわたる。礼拝堂も欠かせない。各地の王宮は国王一行に食事と宿泊施設を用意する義務を負った。このような、国王が各地の王宮から王宮に移動して行なう統治の仕方を、「旅する王権《ライゼケーニヒトゥーム》」という。

国王が移動する統治の形態になったのには現実的な理由もあって、「食料を宮廷に送る代わりに、宮廷が食料のところに移動した」という記述のあるように、それほど大きな都市もなく、道路網も不十分であったため、一カ所で持続して宮廷全体を維持することが不可能だったともいわれる。

バート・ヴィンプフェン（Bad Wimpfen）の市史には「もっとも、その度に町の住民にはひどい経済的な負担となった」と書かれている。結局、宮廷に肉、野菜等の食料や、おそらく住も提供する義務を直接負ったのは住民と周辺の農民だったに違いなく、その負担の重さが偲ばれる。

バート・ヴィンプフェンはこの「王宮」の所在地の一つだった。王宮の見取り図では、王宮は東西に長く、南北に短い長方形に近く、周囲は防壁で守られていた。北側の防壁は現存していて、防壁を出ると緑の多い遊歩道が通っているが、全体としては急勾配にネッカー川に落ち込む。北側は防壁と自然の急勾配で二重に守られていたことになる。北側以外はかつては防壁と、さらにその外側の壕とで守られていた。

西側の防壁も今は存在しないので、町と王宮とを隔てるものは何もない。市中を歩いていて、いきなりバート・ヴィンプフェンのシンボルといわれる「青の塔」に出くわして、どうして町の真ん中にこんな塔が立っているのかいぶかしく思ったりする。「青の塔」の所に来たら、すでにかつての王宮の敷地内に入ったということなのだ。

王宮の中心となる居館は、北つまりネッカー川を背にして、宮廷礼拝堂と並んで建ち、当時のまま残るのは北面のアーケードをなす柱だけになっている。このアーケードは居館の、今は存在しない広間に沿って通る廊下だったと推測されている。アーチ状の開口部は廊下の窓だったようだ。このアーケードは北側の防壁の上を走っているので、アーケードの外側には、今でこそ真下に遊歩道が通っているが、すぐにネッカーに落ち込んでいる。宮廷関係者は広間からこの廊下に出て眼下のネッカーや対岸の景色を楽しんだのかもしれない。

なぜかアーチを支える柱の紋様、装飾が一本ごとに違うのが特徴で、一カ所の柱なのだから一つの意匠で統一されている方が自然と思われるのに、ここではそれぞれ異なっていて、そのバラバラぶりがおもしろい。このアーケードは規模こそまことに小さいけれど、現存するロマネスク様式の建築物としてはもっとも美しいものの一つといわれている。柱廊を見つけるのはむずかしいと聞いたが、見つかる時は早い。

「青の塔」は、ドイツでただ一人、女性の塔守りが住んでいることでも知られている。彼女は一九九七年から塔守りを勤めている。若い頃からの夢だった。ホテルのおばさんの話では、お嬢さんたちもいるわよ、ということだった。あいにく次の日、塔の入口は閉まっていた。月曜日で休館だった。未練がましく入口の説明をみたりしていると一人の初老の女性が近づいて来て、残念ね、と声をかけてくれた。アメリカに移住していて、故郷の町に一時帰ってきたのだという。そういえば私が泊ったホテルにも、オーストラリアに移住したという初老の男性がいて、やはり一時帰国したといっていた。同年輩の二人はひょっとしたら幼なじみかもしれない。お互い知らないまでも同じように移住して、偶然同じ時に帰郷した二人であれば、会えばいろいろ話すことがあったに違いない。それなのに、オーストラリアから帰って来たという紳士にホテルで会いましたよ、と言えずに終わってしまった。

「青の塔」は王宮の西の望楼《ベルクフリート》で、一二〇〇年頃に建てられた。現在、塔の入口は南側にあるが、かつては地表ではなく、東面の高さ七、五メートルの所にあって、はしごでそこまで登ったのだという。南側の現在の入口の上、昔の入口とほぼ同じ高さの所に張り出した部分があってアップオルト・エルカーという。直訳すると「トイレ張り出し窓」だ。その昔、塔守りは大も小もここで用を足し、全部真下の地面に落下した。

塔はもともと二五メートルほどの高さで、尖塔も屋根もなかった。石造りなので火災に無縁にみえながら、三度も火事にあっている。一六七四年の火災のあとバロック様式の丸屋根がかけられ、二度目の一八四八年に大幅に改修され、現在の姿は一八四八年からのものである。中央の、尖塔をもつスレートで葺いたとんがり屋根と、屋根の四隅の、同じくスレートで葺いた小屋根をもつ四本の尖塔が加えられた。また入口が南面の下に移された。わざわざ望楼を占領するような戦闘が行なわれるタイプの戦争の時代ではなくなっていたのだろう。一九八四年、といえばつい最近のことであるが、「青の塔」は落雷による火災にあっていて、この時は元通りに修復された。

王宮の東端に立つもう一つの望楼は「赤の塔」といって、やはり一二〇〇年頃に建造された。高さは二三メートルでも壁の厚さが三メートルもあって、二・五メートルの「青の塔」を上回る。もしもの場合「赤の塔」は国王一家の最後の避難場所として考えられていたようだ。何度も戦争の被害を受けたヴィンプフェンであるが、宮廷がちょうどヴィンプフェンの王宮に来ていた時に起こった戦争はなかったようだ。国王一家がじっさいに「赤の塔」に逃れることはなかった。第二次大戦中、「赤の塔」は防空壕として使われたという。

「赤い塔」は赤くないけれど、隣りに立つ「ニュルンベルクの小塔」には赤い屋根が載っていた。

右の窓はかつての入り口、左下は現在の入り口。その上がかつての「トイレ張り出し窓」

別の機会に曜日に気をつけてバート・ヴィンプフェンに行ってみた。「青の塔」に登るためで、上の受付には息子さんらしい若者がいた。降りる時になって「下にシュヴェスター（姉・妹）がいるので渡してほしい」と毛布を渡された。英語同様、ドイツ語でも年齢を問題にしないので、姉か妹か分からない。途中でみかけた昔の入口の開口部や「トイレの出窓」の写真を撮りながら入口から出ると、停まっていた車から長身の美しい女性が駆け寄ってきた。しびれをきらしていたかもしれない。

ヴィンプフェンのプファルツ（王宮）がいつ頃建造されたの

かははっきりしない。皇帝フリードリヒ一世バルバロッサが一一八二年にヴィンプフェンに滞在したと推測されていて、一一八二年が王宮設立の年といわれているが、一二〇〇年頃とする説もある。皇帝の滞在が、ただちにここにすでに王宮があったことを意味するわけではなく、フリードリヒ一世は「谷のヴィンプフェン」の「騎士修道教会」にいた可能性もあるというのである。「騎士修道教会」は帝国直属の修道教会で、帝国直属の施設は王宮の役割を果たすこともあったからである。

バート・ヴィンプフェンは「谷のヴィンプフェン《ヴィンプフェン イム タール》」と「山のヴィンプフェン《ヴィンプフェン アム ベルク》」とから成り立つ。「谷」といっても谷間にあるわけではなく、ネッカー左岸の少々狭い平地を指す。「谷のヴィンプフェン」のほぼ対岸で支流のヤクスト川がネッカーに合流する。

同じように、「山」といっても、じっさいにはネッカー沿いの高台だ。両者はやや離れていて、「谷のヴィンプフェン」の方が上流に位置する。町の歴史は下の「谷のヴィンプフェン」から始まった。ローマ人はここにローマ軍の城砦《カステル》を築いた。すでに、フランスの方からネッカー河畔の「谷のヴィンプフェン」に至り、ここで二手に分かれてさらに東に向かう街道があった。

また、ローマ人はゲルマン部族に対する自然の境界線ライン川とドナウ川よりさらにゲルマン部族の領域に食い込むようにリーメスと呼ばれる「万里の長城」のような防壁を築いていた。その中にネッカー・リーメスとオーデンヴァルト・リーメスがあって、ヴィンプフェンの城砦は二本のリーメスをつなぐ役割も果たしていた。ただ、西暦八五年頃に築かれたネッカー・リーメスの場合、ヴィンプフェン、カンシュタット、ロッテンブルク、ロットヴァイルなどに城砦こそ建造されたけれど、ほかのリーメスと違って、城砦をつなぐ防御柵《パリザーデ》や監視塔、堀等はなく、「開かれたリーメス」とも呼ばれている。

かつての王宮の柱廊。カメラケースで大きさが推定できる?

ヴィンプフェンから北寄りのマイン川にかけての一帯が手薄であるため、一〇〇年頃に、ヴィンプフェンの近くからマイン河畔のヴェルトを結ぶ、約七〇キロのオーデンヴァルト・リーメスが築かれる。はじめは城砦、木造の監視塔、監視塔と監視塔とを結ぶ「歩哨道」だけだったのが、「歩哨道」は先端を鋭く削った杭を地中に打ち込んだ防御柵に替えられていく。リーメスは石を積み上げた壁や、石造りの監視塔、堀や土塁で強化されていくが、オーデンヴァルト・リーメスはそこまで強化されるに至らなかった。ローマはこの地域のリーメスをそれほど強化する必要を感じなかったらしい。一五〇年頃に、対ゲルマン部族の境界線は三〇キロほど北東に移され、さらに北に向かう「オーバーゲルマン・リーメス」が築かれたことも関係しているかもしれない。

二〇〇五年に、イギリスの「ハドリアヌスの長城」にドイツのリーメスを加えて新たに「ローマ帝国の境界線」が世界文化遺産として登録されたが、ネッカー＝オーデンヴァルト＝リーメスはこの「ローマ帝国の境界線」に含まれてはいない。


対ゲルマン部族の最前線が東にずれたことによってヴィンプフェンの城砦の軍事上の意味はなくなり、それだけ軍事色は薄れて、ヴィンプフェンは居住地として考えられるようになる。すでに城砦だった頃に商人や手工業者が周辺に入植していたが、旅館や飲食店も開かれようになる。兵士の中にはローマに帰らないで定住する者も現われる。二五年間兵役について退役した兵士は貯めておいた給料で土地を購入できた。交通の要地にある「谷のヴィンプフェン」はローマの町として発展する。二〇〇年頃には町はすでに市壁で囲まれていた。

二六〇年頃、ゲルマン部族のアレマン人がついにリーメスを破ってネッカー流域に侵入するとローマ軍はライン川に後退し、ドイツ南西部はアレマン人の土地になる。斎藤茂吉も旅行記で語っているように、ドイツ南西部に語尾インゲンで終わる土地が多い。南西部にやってきたドイツ人も笑ってしまうほどで、インゲンのほかにハイムの語尾を持つ地名はかつてアレマン人の居住地だった。テュービンゲンやベンスハイムなどはみなそうである。

五世紀末から今度はフランク人がアレマン人を圧倒し始め、それとともにキリスト教化も始まる。ヴィンプフェンはフランク王国の王領だったが、国王から寄進を受けたヴォルムスの司教の所領となっている。ヴィンプフェンには早くから教会があったが、この教会は一〇世紀に破壊されたようだ。破壊したのはマジャール人（ハンガリー人）らしく、アッチラの率いるフン族が西ヨーロッパを侵攻したことは世界史で習った覚えがあるが、続いてマジャール人も襲来していたのだ。ネッカー河畔の小さなヴィンプフェンまで襲われているのが不思議だが、この時に最初の教会は破壊されたという。いや、建物だけならまだしも、ヴィンプフェンの住民に加えられた暴虐ぶりが記録されている。マジャール人はその凶暴さで恐れられていたようだ。

破壊された教会は建て直されて、それが「谷のヴィンプフェン」の「聖ペトロ騎士司教座教会」である。その名の通り聖ペトロに捧げられた教会で、聖ペトロはヴォルムスの大聖堂とヴォルムス司教領の守護聖人でもあるから教会が聖ペトロの名を戴くのは当然だろう。バート・ヴィンプフェン市の紋章には鍵をくわえた鷲が描かれている。鷲は市が自由帝国都市であることを明かしていて、鍵は、それが聖ペトロのシンボルで、ヴォルムス司教領のシンボルでもあったことによる。

一二〇〇年頃に「山のヴィンプフェン」に王宮が建造されて、一三〇〇年前後に自由帝国都市になると、手工業や商業、農業はますます盛んになり、町は繁栄し、この頃から次第に町の中心は「谷のヴィンプフェン」から「山のヴィンプフェン」に移った。

一六一八年からの三〇年戦争では、ヴィンプフェンの近くで繰り広げられたティリ将軍率いるカトリック皇帝軍とバーデン辺境伯軍との戦闘を皮切りにして、町は破滅の危機にさらされる。脅迫、放火、略奪、収穫物の全滅が日常茶飯事になり、疫病の蔓延がこれに加わる。三〇年戦争の終わる頃町に生存していたのは三七家族で、戦争前の住民の十分の一になってしまった。どの町であれ市史をみていると幾度となく戦争の記述が出てくる。三〇年戦争のような、西洋史で習った「有名な」戦争にとどまらない。大小さまざまな戦争が起こって、その度に住民が蹂躙されてきたことがうかがえるのである。

三〇年戦争後、王宮の建物や防御施設は取り壊された。町の再建に石が必要だったからだ。自由帝国都市、かつて王宮の置かれた「ヴィンプフェンは貧しい、忘れられた小さな田舎町になっていた」という。

町を復興させるための試行錯誤と混乱にヴィンプフェンならではの出来事が二つある。一つは製塩所を建設して塩を生産する試みである。しかしこれは失敗に終わり、町の負債が増えるばかりでますます困窮することになる。

もう一つは「ヴィンプフェン木材革命」といわれる騒動である。従来ヴィンプフェン市民は慣例として近くの森林で自由に木を切り出すことが認められていた。かつてドイツ国王ハインリヒ七世から贈られた森林である。ところが市の参事会は市の絶望的な財政を救おうと、市民の伐採の自由を制限しようとした。税をかけようとしたのである。しかし伐採の自由の剥奪と課税は市民には耐え難く、市民が何らかの意思表示に訴えたのだろう。市の混乱は一八七三年に最高潮に達し、市当局に事態を収拾する力はなかった。一八七一年にドイツ帝国が成立したばかりだった。市当局は秩序回復のために皇帝ヴィルヘルム一世に善処を依頼せざるをえなかった。

この間、疲弊したヴィンプフェンに対して、同じ旧自由帝国都市ニュルンベルクが援助の手を差し伸べ、援助への感謝としてヴィンプフェン市が建てたのが、「赤の塔」の近くの、赤い屋根の「ニュルンベルクの小塔」だ。

一八一七年に「ルートヴィヒスハレ製塩所」が創設され、塩泉の採掘に成功してようやくヴィンプフェンは復興の足がかりを得ることになる。市は次第に湯治場として知られるようになり、とくに一八六六年の鉄道の開通がその後の発展を可能にした。
トウェインがこの土地をヴィンプフェンと呼んでいるように、湯治場《クーアオルト》であることを表わすバートという「肩書」はまだ付いていなかった。湯治場として国家の承認を受けてはじめてバート・〇〇を名乗れる。ヴィンプフェンが塩泉による湯治場として認められたのは一九三〇年のことだ。カンシュタットより三年早い。

トウェイン一行は昼寝をすませると午後三時頃ヴィンプフェンを出立する。徒歩旅行のはずなのにハイデルベルクでは駅で列車に飛び乗ったのと同じように、ヴィンプフェンの市門を出て牛とロバの引く農家の荷車に会うと、今度は荷車に乗せてもらってハイルブロンまで揺られていく。その出で立ちのわりにはどうも本気で歩くつもりはなかったようだ。

トウェインが紹介するネッカー河畔の伝説のなかにいくつか悲劇的なお話があるが、その中でもホルンベルク城のお姫様ガートルードと騎士ローベンフェルトの悲恋を語る「幽霊の出る洞窟」はその哀れさにおいて群を抜いている。
ホルンベルク城といえば前述のゲッツ・フォン・ベルリヒンゲンの居城として知られる。自由の身になった彼はネッカーツィメルンのこの城に戻るのだが、ここを根城にしてなおも多くの戦争に参加している。ついに戦死することもなく八二歳の天寿をまっとうしてホルンベルク城で亡くなる。戦争に明け暮れた彼の生涯を考えると希有の人でもあるのだが、彼がホルンベルク城の城主になったのは城を購入した一五一七年で、「幽霊の出る洞窟」はもっと前の時代のことなので、ゲッツとは関係がない。

ところでトウェインが「筏」の船頭から聞いたという「幽霊の出る洞窟」は、似たお話がこの地方に残されているものの、彼の旅行記のほかにこのお話を伝えるものに出会えない。近くのハスマースハイムのホッホハウゼン地区に伝わるお話では、ホルンベルク城のノートブルガという姫が、異教徒の領主との結婚を父親の城主に迫られたために城を出てネッカー川の崖っぷちの洞窟に隠れることになっている。複数のバージョンがあるが、ともかくホッホハウゼンの教会に彼女の墓はあるという。教会はノートブルガ教会といい、彼女はホッホハウゼンの守護聖人になっている。

ホッホハウゼンのネッカー沿いに、彼女が隠れたという洞窟があって、インターネットでその画像をみることもできる。もっとも、この「ノートブルガ伝説」では姫と騎士の悲恋ではなく、キリスト教徒としての潔白を守る潔さが讃えられている。ネッカー流域がキリスト教化されていく過程で生じたお話なのだろう。

一方、異教との確執ではなく、悲恋を語る点で「幽霊の出る洞窟」に似た言い伝えもある。同じくネッカー河畔のネッカーゲラハの町の「ミンネ城の伝説」がそれで、グッテンバッハ地区にあるミンネ城にまつわる伝説として残されている。中心人物はやはりホルンベルク城の姫でミンナ・フォン・ホルネクという。彼女はひそかに貧しい騎士エーデルムート・フォン・エーレンベルクを愛しているが、騎士は十字軍に従軍して不在である。勧められるディルスベルクの伯爵との結婚をよしとしない姫は洞窟に逃れる。恋人エーデルムートが十字軍から戻った時すでに彼女は死の床についていた。騎士は、城を建て、彼女の愛の思い出に城をミンネ城と名付けると誓う、というものである。

お姫様と貧しい騎士、十字軍、望まぬ結婚、洞窟への逃亡、騎士の帰還、お姫様の死。これらは「幽霊の出る洞窟」と「ミンネ城の伝説」に共通する。しかしトウェインの伝える伝説はそのドラマチックさにおいて「ミンネ城の伝説」をはるかにしのぐ。もしかしたらトウェインが船頭から聞いたのは「ミンネ城の伝説」で、これをもとに彼は「幽霊の出る洞窟」を創作したのかもしれない。

エーバーバッハ（海抜一二四〜二九五メートル）——ネッカーの氾濫、漁夫の像

エーバーバッハ（Eberbach）という町の名を直訳すれば「イノシシの小川」になる。町の紋章は、

帯状の曲線と、その上をイノシシが歩く図柄になっている。帯状の曲線はもちろん川を表わす。鷲とか熊とかをあしらって、似たような図柄の紋章の多い中で、この紋章なら私たちにもエーバーバッハの町だとひと目で分かる。

町はネッカー川の右岸に位置していて、遊覧船の船着き場がある。船着き場は遊歩道になっていて、乗船客のための駐車スペースもある。この遊歩道はその様子から、かつては、ネッカーをさかのぼるために舟を曳く馬たちが歩んだ舟曳き道だった違いない。

ネッカー沿いの道路は遊歩道より二、三メートル高くなっていて、車が行き交う。車道が高くなっているので、法面は堤防の役割を果たすことになる。車道に並んでさらに道がある。いくら増水したとしても、ネッカーの水が高い法面をこえて車道や道にまで達するとは思えない。それほどネッカーはおだやかに流れている。でも、そんなに氾濫することはあるまいと思うのは、ネッカーの「暴れん坊」ぶりを知らないからだ。道から旧市街に入る横丁が何本もあって、気がつくと、横丁が道に交わる角に、ネッカーの氾濫でここまで水が達したという印が残されている。ネッカーの水は、水辺の遊歩道はいうまでもなく、車道や道をはるかにこえて家々を襲うことがあるのだ。

横丁の一つ、バラ横丁《ローゼンガッセ》の角にいくつもの水位が記録されている。ここに残された記録でもっとも水位の高いのは一八八二年で、次が一九九三年一二月二一日、一九四七年、一九九四年と続く。

バラ横町の角には、氾濫したネッカーの水位が示されていた

別の横丁の角の記録でもっとも水位が高かったのは一八二四年、次が一七八九年、フランス革命の年だ。次いで一七八四年、一五二九年、一八一七年、一七八四年、一八八二年が続く。一七八四年にネッカーは二度も氾濫したのだ。全ヨーロッパを襲ったあの大寒波の冬の終わる時期である。

市庁舎はネッカーから一〇〇メートルは離れた市中にある。市庁舎の駐車場入口の壁面にまで水位の記録が二つ残されている。やや詳しく記されていて、一つは「一九九三年一二月二一日二一時四五分、海抜一二八・八四メートル」、もう一つは「一九九四年四月一四日一二時〇〇分、海抜一二七・七九メートル」である。四カ月の間にエーバーバッハの町は二度大洪水を経験したのである。

バラ横丁の角に獅子の看板のパン屋さんがある。ちょうど店のおばさんが歩道にテーブルと椅子を並べ始めるところだった。聞き間違いでなければ、一五世紀からここでパン屋を開いていて、ネッカーが氾濫すると一階は水に浸かってしまう、パン焼き竈は動かせないから使えなくなる、でもよそへ引っ越そうとは思わない、と言っていた。ずいぶん歴史あるお店であることにびっくりしたが、創業以来何度も「暴れん坊」に苦しめられてきたのに、おばさんは悠然と構えていた。

旧市場《アルターマルクト》に面する市博物館はもともと市庁舎だった。新市庁舎が現在の場所に建つと博物館に衣替えした。ネッカーを航行した船に関する展示資料がおもしろいと聞いていた。郷土博物館なので、町を描いた絵画のコレクション、町の歴史と市民生活、人と森や川との関わり等が要領よくまとめられている。オーデンヴァルト森林地帯最後の狼の剥製が展示されていた。一八六六年三月にしとめられたという狼だ。狼は案外小柄だった。「最後の狼」は一頭で暮らしていたのだろうか。鋭い牙を剥いていても、どこか寂しそうだ。

エーバーバッハと先述のホッホハウゼンとの間にツヴィンゲンベルクという町がある。この町に、森林地帯からネッカーに注ぐ渓流があって、渓流に沿う一帯は「狼谷《ヴォルフスタール》」と呼ばれる。オーデンヴァルト森林地帯の「最後の狼」はこの「狼谷」でしとめられた。「狼谷」といえばウェーバーの歌劇『魔弾の射手』第二幕の「狼谷」の場面が連想されるが、ウェーバーはここツヴィンゲンベルクの「狼谷」からインスピレーションを受けたといわれる。東のボヘミア地方を舞台とする『魔弾の射手』と西のネッカー河畔との意外な関係を示すのだが、ウェーバーのツヴィンゲンベルク訪問は歴史的には確認されていないらしい。ウェーバーは二〇代の前半、一八一〇年頃にルートヴィヒスブルクやシュトゥットガルト、マンハイム等ドイツ南西部の町々に滞在したことがあり、このことから、ツヴィンゲンベルクでインスピレーションを受けたという話が生まれたのかもしれない。

市博物館には一本の木をくり抜いた丸木舟から漁師の舟等各種の小舟から近代の蒸気船、内燃機船までが模型で展示されていた。見たかったのは、人や馬に曳かれて川をさかのぼった舟と、蒸気機関を使った鎖曳航船といえばいいのか、川底に敷設された鎖を巻き上げ機でたぐって流れをさかのぼったという船（ケッテンシュレッパー）だ。とくに後者はどんな具合になっているのか知りたかったのだが、模型はすべてガラスケースの中なのでよく分からない。マンハイムから上流のハイルブルンまで、ネッカーの川底に一一三キロもの鎖が敷設され、鎖曳航船はこの鎖を巻き上げて上流に進んだのである。この船に何隻もの荷船がつながっていて、物資を積んだ荷船を上流に曳いて行くのがその役割である。帰路、荷船は母船である鎖曳航船から放たれて流れに乗って下った。本船はまた鎖をたぐって川を下った。鎖曳航船はネッカーでは一八七八年に導入され、じつに一九三五年まで物資の運搬に利用された。

マーク・トウェインはハイルブロンから「筏」で、実際は船で下る途中、川をさかのぼるこの鎖曳航船とすれ違い、その模様を描いている。「われわれはその船を見るために前方へ駈けて行った。蒸気船だった――五月になって初めて蒸気船がネッカー川を航行し出したのである……」鎖曳航船が就航した直後のことだった。博物館には鎖の実物も展示されていた。これで大丈夫かな思うほどほっそりしている。

レーゲンスブルクの「石の橋」の銅版画を制作したメーリアンの作品にハイデルベルクのパノラマ図がある。ネッカーの北側の高い地点から対岸のハイデルベルクの町や城、尾根を臨むスケールの大きい銅版画である。図の左下、ネッカー右岸に馬がいる。川に一艘の小舟が浮かび、馬はこの小舟を曳いている。パノラマ図のほんの一部なのでほとんど目にとまらないが、その舟曳きの部分の拡大写真がこの博物館の壁に展示されていた。馬は一頭で、主人が鞭をふるっている。何十倍にも拡大されているのに、少しもおかしな感じがしない。メーリアンの銅版画がとてもすぐれていることの証でもある。全体の拡大写真もかけられている。

投網や魚篭等さまざまな漁具、漁の写真も展示されている。ネッカーでも漁業が盛んだった。急速に川魚を食さなくなったのは、やはり河川の汚染が理由なのか。川を行き交う船の廃油、あるいは生活排水が川を汚染することになったのか。どうもまだよく分からない。

四つ残る塔の一つ、プルファー塔は一三世紀の市壁の北西の角に一五世紀に建てられた。プルファー塔と並んで、タールハイム家の名を冠するタールハイムシェス・ハウスという建物がある。現在はここに市のインフォメーションとネッカータール＝オーデンヴァルト自然公園のインフォメーションが入っている。一三九〇年に建てられた、市で最古の建物の一つで、自由帝国都市時代の代官屋敷、プファルツ選帝侯国時代の役場、ライニンゲン侯の狩猟館、市庁舎等さまざまな役割を演じてきた。タールハイムシェス・ハウスの庭に二つの泉がある。一つは獅子像を持つ「プファルツ選帝侯の泉」で、エーバーバッハがかつてはプファルツ選帝侯国の町だったことを示している。

しかし私たちの興味を引くのは、もう一つの「漁夫の泉」の方だ。三人の漁夫が大漁の網を引き上げているところだ。魚の口から水が流れ出ている。魚でふくれ上がった網は、かつてネッカーで行なわれた漁業が盛んであったことを表わしている。

写真でははっきりしないけれど、魚の口から流れ落ちる水を受ける岩から下の水盤にかけて何本もの鎖がかかっている。これは、博物館に展示されているものと同じ、鎖曳航船のためにネッカーの川底に敷設されていた鎖の実物である。「漁夫の泉」の鎖の方ががっちりしているようにみえた。

インフォメーションに日本語のリーフレットが二種類も置いてあった。かつては自由帝国都市だったとはいえ小さな町にしてはめずらしい。エーバーバッハはマンハイムと、チェコのプラハとを結ぶ古城街道上の町だからと思ったら、それだけではなかった。リーフレットに漫画家青池保子さんと、青池さんの作品『エロイカより愛をこめて』が紹介されていた。登場人物の一人に、町と同じ名前のエーベルバッハ少佐というドイツ人がいて、愛読者の間でとても人気があるらしい。生みの親の作者はエーベルバッハ少佐と同じ名前の町があることを知って、エーバーバッハに取材に来ている。以後、作品中にこの町が登場するようになったようだ。エーバーバッハを訪れる日本の若い人が多くなる。市は日本からの来訪者が多くなったいわれを知って、作者の青山さんは一九九〇年にエーバーバッハの名誉賞を授与されている。

ネッカー川の「漁夫の泉」の像。鎖曳航船のために川底に敷設された鎖もある

ヒルシュホルン（海抜一六五メートル）――ふくろうと山猫

ネッカー川は所々でU字型を描いて流れる。シュライフェという。ヒルシュホルン（Hirschhorn）にさしかかると、Uの字

でいえば、左上から流れてくるとターンして右の線となって流れて行く。ヒルシュホルンの町は右の線の右側に位置する。ただ、町の高い場所、たとえばヒルシュホルン城の望楼に上っても、まだ高さが不足して、シュライフェ全体を見渡すことはできない。しかし、シュライフェ特有の形状を望めなくても、眼下の、右手に消えていくネッカー、可動堰と船の航行のための閘門《こうもん》、対岸のエルスハイム地区の景観は美しい。

大きな通りから北に入り込む横丁がみえる。狭い通りにテーブルと椅子が出て、多くの人が座ってくつろいでいるのがみえる。にぎわっているこの横丁を歩くことにして、家の壁を見上げると、「ハウプトシュトラーセ」（中央通り）のプレートが目に入る。横丁風であっても、この通りがメインストリートなのだ。細い通りを挟んで両側にいわゆる木組みの家、木骨家屋が並ぶ。レストラン、カフェが多く、ホテルも兼ねている。路上のテーブルでお客のいないテーブルはないくらいで、年配の人が多い。ヒルシュホルンは保養地なのだ。

ハウプトシュトラーセを行くとヒルシュホルン城に通じる坂道がある。この坂道を登るとまず教会にさしかかる。カルメル会修道院と「マリア受胎告知教会」だ。ヒルシュホルンの騎士層が建造して、一四〇六年にカルメル会に委譲されたといわれる。宗教改革以後の百年ほど修道院は放置されたままでいたが、一八世紀後半に新しい中央祭壇が設けられ装いを新たにしたものの、一八〇三年に修道院は放棄され、教会も放置されたようだ。フランス革命後の相次ぐ戦乱のためかもしれない。内部の壁面には古くは多くの墓碑銘板やパトロンの像があったそうだが、現存するものは少ないという。マーク・トウェインは「…… われわれは丘に登り、古いヒルシュホルン城とその近くにある教会の廃墟を見物した」と書いている。一九一二年になってようやく修復され現在に至っている。

結婚式が終わったばかりらしく、正装した人たちが三々五々談笑していた。ところが談笑する人たちだけではなかった。一人の女性が泣いていて、男性が慰めているようだった。親族か友人の結婚を喜んでうれし涙にくれているようには決してみえない。何が悲しいのか、あとまで気になった。

ヒルシュホルン城は一二五〇年頃築城され、その後改修、増築を繰り返し、現在はホテルとして使われているので中に入ることはできない。しかし宿泊客でなくても、自由に望楼に登れる。狭い石段や木の階段を登って望楼の天辺にたどり着く。前述のようにシュライフェを確認できないものの、すばらしい眺めが広がっている。下流のシュタイナハ方面からネッカーをさかのぼってきた遊覧船はヒルシュホルンが目的地だったらしい。Uターンして向きを変えるところだった。航跡がうつくしい。

階段には砂岩が使われている。まさか中世からの石段ではないだろうが、とにかく長年何人もの人に踏まれてきたためにすり減って凹んでいる。自分の足がかならずしもへこみに合うわけではないので、足首をひねらないよう少々気をつける。雨が降ると雨水はこのへこみに集まって流れ落ちるよう

遊覧船がヒルシュホルンで向きを変え、下流に戻っていく

だ。流れた跡が黒い二本の筋になって残っている。木の階段にはへこみも二本の筋も見当たらないのは、木の階段の方が改修しやすいからだろうか。

階段の途中、山の手側の壁の開口部に蚊のような虫が集まって飛び交っていた。中に入るでもなく、開口部のすぐ外側に集団を作っていた。気温、風向き、日光その他の何の具合で開口部のそこにだけ集まるのか、不思議な気がする。

マーク・トウェインとトウィッチェル牧師、後述の若きスミス領事はハイルブロンから筏ならぬ船でネッカー川を下って、ヒルシュホルンで一泊する。彼らが、そして旅行記で「私」「ハリス」「X氏」「若いZ氏」の四人が投宿したのが「博物学者の宿《ホテル ツーム ナトゥラリステン》」で、宿の主人はカール・ラングバイン（一八一六〜八二）という人。このヒルシュホルンの「あしなが」おじさんは一八五八年に結婚したころから憑かれたようにコレクションに力を入れるようになる。対象はこの地方の鳥類や小動物（彼は自分で剥製を制作している）、家具・調度品、工芸品、武具、書物、彫刻等で、幅広い。主人はその収集品を宿のあちこちに置いていたようだ。「前に会ったことがあるのだが、はっきりとは思い出せないという顔つきで」「私」を見下ろしている「白い大きな剥製の梟《ふくろう》」を見ながら「私」は眠りにつく。一方「若いZ氏」はそうはいかない。彼は大きな剥製の山猫が気になるのだ。今にも山猫が跳びかかってくるようにみえてならない。結局「若いZ氏」は山猫を廊下に運び出すことで難題を解決する。

　カール・ラングバインの死後、相続人である妹のイーダさんは兄のコレクションを寄贈して、遺言で、コレクションをヒルシュホルン城に収納し、永く誰もが見学できるように定めた。一九〇九年から五七年まで、ラングバインのコレクションは妹の遺志のとおり城の「騎士の間」に展示されていたが、城がホテルとして利用されることになると、改築のために、一部はホテルの部屋を飾ったものの、コレクションは各所に分散して保管されるだけになる。コレクションは散逸の危機にさらされたのだが、アレー通り二番地の建物が改装され、ここにラングバインのコレクションは一括して収蔵されることに

城の石の階段。踏まれて擦りへり、雨の流れる跡がくっきり

「若いZ氏」を脅かした山猫

なった。一九八五年、この建物内に「ラングバイン博物館」が開設され、現在に至っている。

トウェインの白いふくろうと、「若いZ氏」を脅かした山猫もこの博物館で展示されている。関係者の尽力のおかげで、記念すべきこの二つを今でもみることができるのだ。開館されるのが水曜日と日曜日だけで、それも午後三時からなのが旅行者にはつらい。

「ふくろうはすぐそこにいるよ」と言われたとおり、ふくろうはすぐに見つかった。窓際に置かれたガラスケースの中にいた。真っ白な、みごとなふくろうだ。すぐ見つかるようにとサービス精神を発揮してくれたのかもしれないが、これではあっけない。まだか、まだかと探すたのしみが奪われてしまう。それに窓際では明るすぎる。

時間がなかったとはいえ、みたいものが決まっていると、せっかくのコレクションなのに他の展示物に興味が湧いてこない。ふくろうをみつけたあとはほとんど素通りして山猫を探す。今度はなかなか見つからない。ガラス張りの空間にかなり大きなジオラマがあって、各種の鳥や小動物がいる。照明が落としてあるのでかなり暗い。ジオラマの外にも剥製が展示されている。どこに山猫がいるのか分からないので係の人に教えてもらうことにする。山猫はジオラマの中にいた。これが「若いZ氏」を眠らせなかった山猫だ。剥製でもたしかに精悍な感じがする。ガラス越しでは物足りないが、仕方ない。

トウェイン一行が宿泊した「博物学者の宿」はもうない。小さな公園とアレー通りをはさんで博物館と並ぶ「市民《ビュルガー》の家《ハウス》」の辺りにその宿はあったようだ。

ネッカーシュタイナハ（海抜一二〇メートル）――「四つの城の町」の「お天気測候所」

ネッカーシュタイナハの町もネッカーの右岸にある。船着場には白い遊覧船が待機している。ネッカーに沿って遊歩道が走り、「ラインプファート」という名前のとおり、かつては馬が舟を曳いて歩いた「舟曳き道」である。

対岸には、すり鉢状の山がそびえている。マーク・トウェインの言い方を借りれば「伏せたボウル」のような山だ。木々に覆われていて、山頂の梢越しにかろうじてみえるのは教会の尖塔だけだ。対岸はネッカーゲミュント市のディルスベルク地区で、小山の頂きには市壁に守られたディルスベルクの町がある。しかしふもとのネッカーシュタイナハからは町があるようにはみえない。

遊歩道を下流に向かって歩く。ネッカーシュタイナハは「四つの城の町」と呼ばれていて、前方左手の山腹にみえるのは、そのうちの二つ、「つばめの巣」の異名を持つ「シャーデク城」と、右手の「奥の城《ヒンターブルク》」だ。「シャーデク城」の背後の山腹は広範囲に伐採されて、山肌が露出している。ドイツでこれほど広く山の木々が伐採され、山肌がむき出しになっているのをみたことがなく、ただ事ではない。害虫が大量発生でもしたのだろうか。

「奥の城」が一番古く、一二世紀はじめに建てられた。フォン・シュタイナハ一族の「根城」である。ネッカーは東から流れて、南に向きを変えるちょうど曲がり角の上方にあって、山を背景にして、開かれた東と南を見通せる地の利の良さが、ここに城を建てた理由とみなされている。望楼《ベルクフリート》は二〇メートルの高さで壁の厚さは三メートルあるという。この城に限らず望楼にはいくつかの役割があって、見張りはもとより、食料の備蓄、包囲された場合の避難所等さまざまである。入口は一カ所で地上から一二メートルの高さにあった。いざという時には縄梯子を使ったが、今は上の「展望台」まで階段で登れる。電気がないので真っ暗だ。この階段や「展望台」は二〇世紀になって造られた。

四つの城のなかでは「シャーデク城」が最後で、一二三〇年頃、あるいは一二六〇年頃にブリガー四世の手で建てられたといわれる。かつてはネッカー川のほうから城にたどり着くには曲がりくねった小道を登るほかなく、したがって城の関心はむしろ背後の山に向けられていた。敵がこの城を攻撃するとすれば背後の山側からと考えられたからだ。一六五三年にフォン・シュタイナハ家が途絶えたあと、次第に廃墟となって、一八世紀にはリンデンシュミットという人物が率いる盗賊たちの隠れ家になっていたという。住みにくかったかもしれないが、労せずして願ってもない要塞を手に入れたことになる。二つの城は現在は廃墟だが、ヘッセン州が管理している。

シュターレック城からの眺望

今では市中にあるといえる「前の城《フォルダーブルク》」はブリガー二世の息子ウルリヒ一世によって一二〇〇年ころに建てられた。望楼も居住部分もかつてのままだといわれている。財政が苦しくなったフォン・シュタイナハ家はこの城をヴォルムスの司教に売却したが、一四七四年には一族の手に戻った。一九四三年からはW男爵家の私有である。

「中の城」は「前の城」に先立って一一七〇頃にブリガー二世の弟コンラート一世によって建てられた。ツタの絡まる外観から「中の城《ミッテルブルク》」であるとすぐ分かる。季節の移り変わりとともにツタも緑から赤にその色を変えていく。この城の主もよく替わったが、やはり一九四三年からはW男爵家に属し、一家はこの城で暮らしているという。「入構禁止」である。町中から順路に従って「中の城」「奥の城」「シャーデク城」に行ける。「人工《クンスト》の道《ヴェーク》」が切り開かれている。

川沿いの遊歩道の途中にみごとな柳の木が一本立っていて、枝が濃い緑の影を落としている。日差しは明るく、右手に芝生が広がってたいへんのどかなお昼前のひとときだ。白い石板をぶら下げた木枠があった。近寄ってみると「ネッカーシュタイナハお天気測候所」と書いてある。どうやって天気が分かるのかと思ったら、右手にちゃんと、石を観察して天気を読み取ろう、と説明書きがあった。「石が見えなければ、霧」「石が濡れていたら、雨」「石が白ければ、雪が積もっている」「石が揺れていれば、嵐」「石が乾いていたら、お日様が照っている」「石が下に落ちていたら、地震」「石が見当たらなければ、誰かがくすねたんです」だそうである。どれもごもっともで、所長は冗談好きの人のようだ。「すてきな一日を願っています」とも書いてくれている。しかしご主人の好意を知ってか知らずか、飛び出してきた飼い犬にはずいぶん吠えられた。

市街地は遊歩道より三メートルは高くなっているが、まずレストランやビアガーデンがあって、ネッカーの流れと対岸の景色を堪能しながら小休止できる。ネッカーの様子をみるためにそんなレストランの横を通りかかったら、円柱にネッカー氾濫時の水位が一つだけマークされていた。普段の水位と三、四メートルの違いがあるはずなのに、こんな所まで水は達したのだ。日付は一八八二年一二月二八日になっている。エーバーバッハのバラ横丁の角に残る跡では最高水位を記録した日である。

ネッカーシュタイナハの「お天気測候所」

このレストランの背後は小公園で「ニーベルンゲン公園」と呼ばれ、中世ドイツの英雄叙事詩『ニーベルンゲンの歌』に登場する中心人物六人の像が並ぶ。一二〇〇年頃に成立した『ニーベルンゲンの歌』は作者不明といわれている。ところで、四つの城を築城した貴族の一族に前述のブリガー二世がいて、彼は宮廷恋愛歌人《ミンネゼンガー》でもあった。ヴァルター・フォン・デア・フォーゲルヴァイデとも知り合いで、ゴットフリート・フォン・シュトラースブルクは詩人ブリガー二世を高く評価したという。このブリガー二世の『ウムベハンク』という作品は所在が不明なのだが、しばらく前に、この作品がじつは『ニーベルンゲンの歌』であるとする説が浮上したらしい。つまり『ニーベルンゲンの歌』の作者はブリガー二世だというのである。この説を支持する人はいないようだが、町はブリガー二世に敬意を表して、この一画を「ニーベルンゲン公園」として、六人の頭部像を設置した。モアイ像のような六人は向かって左からジークフリート、クリームヒルトの順に並ぶ。

「ニーベルンゲン公園」には『ニーベルンゲンの歌』の中心人物たちの顔の像が並んでいた

メインストリートの途中で少し低くなるヒルシュ横丁が始まるが、横丁の角に、メインストリートに向かって「アムプトマン」というレストランがある。壁の白さと濃い木骨のあざやかな木組みの家である。一五八七年に建てられ、所有する騎士一族が一六五三年に途絶えると、ここにトゥルン・ウント・タクシスの郵便馬車の宿駅が置かれることになる。鉄道が敷設されて郵便馬車の役割が終えるまでのほぼ二〇〇年間、馬車による交通網の拠点の一つだった。その後市の所有するところとなって一九四二年まではユースホステルとして利用された。一九七九年に現在の所有者の手に移ると、彼は文化財保護局の厳格な条件をクリヤーして大改修に成功する。四〇〇年の「古さび」を落とさなければならない。

厚さが二〇センチに達する化粧塗りが家を覆い、ドアや窓枠に塗られた塗料は一二層に及んでいたという。

ネッカーシュタイナハの町はもともとシュタイナハといった。フォン・シュタイナハ家を領主に仰いでいて、一三七七年に「都市法」を与えられた。ドイツの町の市史をみているとよく「都市法」が出てくる。どんなものであるのか分かりにくい用語だが、「都市法」を得ることでこの町は市場権を獲得し、市壁と三つの市門の建設が可能になった。

かつてトゥルン・ウント・タクシス家の郵便馬車の宿駅やユースホステルとして利用されたことのある「アムプトマン」。現在はレストラン

町の背後のオーデンヴァルトの山から流れ出てネッカー川に注ぐ小川もシュタイナハという。ネッカーの小さな支流である。小さいながらも気は強く、多くの支流は本流と同じ方向に流れながら合流するけれど、小川シュタイナハは違う。ネッカーの流れに逆らうように、上流に向かって注ぎ込んでいる。町の名はのちにネッカーと合わせて現在のネッカー

シュタイナハになった。

ネッカーゲミュント（海抜一二七メートル）——ディルスベルクの城と城坑道（トンネル）

ネッカーゲミュント（Neckargemünd）は小さな町だが、歴史は古く、すでに九八八年の古文書にその名が記されているという。その頃は「グムンディ」といった。エルゼンツという川がネッカーに合流する地点に位置していて、現在の名は「ネッカーへの合流部」を表わす。

市の年表によると、一二四一年には自由帝国都市として神聖ローマ帝国の課税録に挙げられている。自由帝国都市でもあったのだ。ただ、一四世紀末にハイデルベルクの宮中伯ループレヒト二世の所領となる。それでも帝国に認められていたさまざまな特権は、さらに一八三一年にバーデン大公国に編入されても尊重されたようだ。神聖ローマ帝国は一八〇六年に解体していたから、帝国の解体後もしばらく効力を失わなかったのだ。

ネッカーゲミュントからバスでディルスベルクに行く。ネッカーシュタイナハから見上げても見えない小山の上の町である。三〇分位だろうか。次第に上り坂になる。ここで降りなさいといわれて下車する。バスは町に入らず、向きを変えて走り去った。一〇〇メートルほどの上り坂の向こうにディルスベルクの市門と家並みがみえる。昔の市門が健在なのだ。市門をくぐり抜けて市街に入る。荷物を引っ張っていると息が切れる。

市門の高いところに時計がある。正式には門ではなく、門塔であることが分かったが、とくに塔らしい塔にはみえない。時計が塔の部分に設置されている。左下の、もう一つの時計は日時計だ。門塔に隣接する建物はかつての夜警の家で、一九二一年からワンダーフォーゲルの宿泊所、一九二四年からは、一時中断があるものの、現在に至るまでユースホステルとして利用されている。

男子用トイレ室のドアには「騎士」、女性用には「女官」と書かれている。「騎士」の中にシャワー室もあったので中を覗くと、左右に一つずつシャワーがあるものの、間にカーテンも何もない。仕切るものがないのである。狭いシャワー室で二人並んでシャワーを浴びることになるので、どうしようか迷っているうちに腰にタオルを巻いた青年がやってきた。あなたもどうぞ、と少しも臆する様子がない。今は見に来ただけ、と退散することにした。銭湯で裸に慣れているはずなのに、仕切りがないからといってシャワーで怖じ気づくとはおかしいと思いながら、やはり気が引けてしまう。

食堂に行くには回廊を通るようになっている。朝、回廊の窓から外の様子がみえた。「下界」は霧で覆われている。時間が経つにつれて霧は薄くなっていった。

ディルスベルクの山城からみたネッカーシュタイナハのシュターレック城

ディルスベルクの山頂は市壁をめぐらした住宅地と城から成り立っている。この城はベルクフェステと呼ばれることが多い。山岳要塞である。城はフォン・ラウフェン伯の一族の手で一二〇〇年頃には完成していた。築城には、やや北のヴォルムスの司教の承認が必要だった。九八八年からディルスベルクはヴォルムス司教領に入っていた。ヴォルムスの司教には、ハイデルベルクで力をつけつつある宮中伯に睨みを利かせる意図があったようだ。一三世紀半ばに城はフォン・デュルン一族のものとなるが、財政難の一族が宮中伯に依存するようになると、宮中伯の勢力拡大を望まない神聖ローマ帝国は一二八七年にディルスベルクを買い取っている。ヴォルムス司教領も神聖ローマ帝国もハイデルベルクの宮中伯を警戒していたようだ。ディルスベルクはハイデルベルクに近く、要所にあったのである。しかしディルスベルクは結局一三四七年までには宮中伯領となる。

宗教改革でディルスベルクはプロテスタントに改宗していたので、三〇年戦争では一六二一年にヨハン・ティリ将軍率いるカトリック皇帝軍の攻撃を受けるが、皇帝軍はディルスベルクの城を攻略できなかった。最終的に占領されるが、それは、ハイデルベルクが陥落して、ディルスベルクが自ら降伏したからである。その後プロテスタントのスウェーデン軍が奪回したかと思うと、また皇帝軍に奪回されている。戦争が一六四八年に終わると、ディルスベルクはあらためて宮中伯領と定められる。ディルスベルクは一七世紀末のプファルツ継承戦争でフランス軍の攻撃を受け、さらに一八世紀末にもフランス革命軍の攻撃を受けるが、ディルベルクの城は陥落しなかった。

しかし地形にも恵まれた城がいくら難攻不落でも、戦争でディルスベルクは疲弊しきっていた。ディルスベルクの城は現在「荒城」だが、それは戦闘の結果ではなく、家々の再建のために城の石が使われたためだという。ディルスベルクは一八〇三年にバーデン大公国領となっていたが、一八二六年、大公国は町の復興のために公式に城の取り壊しを承認している。石を住宅の建築資材として利用することを認めたのである。

城の中庭の塔に入ってらせん階段を登ると、半円形に残った城壁の回廊に出る。回廊からオーデンヴァルト森林地帯の大パノラマを見渡すことができる。遠く左と右にネッカーの流れがみえる。右手が上流で、それからディルスベルクの町の屋根や木々でみえなくなり、左手にまたみえる流れは、ハイデルベルクに向かう下流部分である。右手の流れには上流に向かう白い遊覧船と航跡がかすかにみ

地元の子供たちがトウェイン一行に一番見せたがったという城の中庭の古井戸

える。途中の、ネッカーがみえなくなる辺りにネッカーシュタイナハの町が横たわる。

周りがみごとな緑であるだけに、茶色の山肌をさらけだした伐採の痕が目に飛び込んでくる。「シュターレック城」の背後の山肌だ。

真下にディルスベルクの家々のオレンジ色の屋根が連なり、建て替えか新築なのか区別がつかないが、建築中の建物もある。ディルスベルクが決して静止した街ではないことを表わすシンボルのようだ。

真下の住宅の白壁に私の影が映っている。狭い地区なのにカトリックとプロテスタントの教会が一つずつある。ネッカーシュタイナハからわずかにみえた尖塔はプロテスタントの教会のものなのだろう。

マーク・トウェイン一行を「城壁の上を歩かせ、高い塔の上へ連れて行き、広々とした美しい景色を見せてくれた」ディルスベルクの子供たちが、彼らに「もっとも見せたかった」中庭の「古い、空《から》の井戸」は今も残っている。ただし「空」ではなく、井戸に張られた鉄格子越しに中を覗くと、はるか下の方に、明るく光る丸い水面がみえる。約四六メートルの深さがある。

一方トウェインが一番感銘を受けたのは「城跡」の菩提樹だった。「その昔、鎧に身を固めた男たちが攻めてくるのを見たことであろう（…）菩提樹は今でもここに立っていて、やがて『今日』が『昔』と呼ばれる時が来ても、同じように（…）ここに立っていることだろう」とトウェインは書いている。

トウェインが感嘆した菩提樹の二代目

大きな菩提樹が四、五本は立っている。どれがマーク・トウェインに感銘を与えた菩提樹なのか。大きいけれど、「樽」のように太い菩提樹は見当たらない。団体客のガイドをしていた女性に尋ねると、トウェインが書き記した菩提樹は一九二三年に嵐で倒されてしまった、今のは二代目である、ということだった。そしてその二代目の菩提樹を指さしてくれた。城の受付の女性が一本の菩提樹の木の下に車を止めていたが、それが二代目の菩提樹だった。二代目といってもすでに枝々を大きく広げた大樹に育っている。初代を継いでここに立ち、人々の営みをみているのだ。

トウェインは見ることができなかったけれど、トウェインのおかげで後世の私たちに可能になったものがある。少々離れた山腹から、中庭で覗いた井戸の泉に達する「城坑道《ブルクシュトレン》」がそれである。

切符売り場でパスポートを預ければ坑道（トンネル）の入口の鍵を貸してくれる。いったん城を出て、庭を抜けて木々に覆われた山道をしばらく下ると入口だ。この辺りは栗の木が多く、栗が落ちている。シュトゥットガルトの宮殿広場で女の子が拾っていたのと同じ栗だ。ここの栗のイガも鋭くない。

借りた鍵で鉄の格子戸を開けて、また閉めておく。坑道の中は所々の蛍光灯の照明で明るい。かなり大きな、蚊のような虫が集団で飛び交っている。ヒルシュホルンの城で見た虫と同じだ。ここではトンネルの内部に集まっている。外には一匹もいなかった。刺されたらひどいことになりそうだが、刺す虫ではなかった。ほぼ七八メートルあるという坑道は水平に走っていて、やがて中庭の井戸から真下にみえた泉に達する。人が落ちないように鉄さくが張られていて、泉は足元から二メートルほど低いところにある。鉄さくから身を乗り出して見上げると、はるか高いところに明るい円がみえる。さっき下を覗いた井戸の縁《ふち》だ。

築城のあとで掘られ時、井戸は約二一・五〇メートルの深さだったが、一七世紀の後半になってさらに深く掘られたのだという。城の住人が増えるにつれ、もっと多くの水が必要になったからだ。

なぜ坑道が通されたのか。いろいろな説があったようだけれど、一七世紀後半の第二期工事の時に山腹から掘り進められたこと、その目的は井戸掘りの作業員を地下の有毒ガスから守る換気のためだったことが明らかになったという。じっさいに犠牲者が出たのかもしれない。上昇気流を作って換気を促すため坑道内で火が燃やされたとも、あるいは坑道の入口で火が燃やされたともいわれる。

トンネルの内部

井戸が完成すると坑道は埋められた。そして前述のように一九世紀初めに家々の再建のために城の石が使われ、城が取り壊されていった頃、井戸の泉も埋められたのだという。

旅行記にあるように、トウェインらのために子供たちが火をつけて落としたわらの束が燃え尽きるまで消えなかったのは、井戸の泉が埋められていたからだ。また、煙が上がって来なかったのは、「地下に煙の出口があることは明らかである」というトウェインの推定は正しかった。横に走る坑道が完全には塞がれていなかったからだ。

マーク・トウェインはもちろんだが、ディルスベルクの住民も坑道があることまでは知らなかった。しかし、坑道の存在が確認され、その姿が明らかになるきっかけを与えたのはトウェインだった。

『ヨーロッパ放浪記』を読んだフリッツ・フォン・ブリーゼンというニューヨークのドイツ系アメリカ人がディルスベルクを訪れ、私財を投じて坑道を発見した。自分で中庭の井戸からロープで降りていって、「煙の出口」つまり坑道の一端を見つけたのだ。井戸の泉や坑道を埋めていた土などは取り除かれた。七八メートル離れた山腹の、坑道の入口もこの時発見された。一九二六年のことである。現在誰もが、天井に気をつけながら坑道を通って井戸の泉まで歩いていけるのはフォン・ブリーゼンとトウェインのおかげである。

一〇月半ばから人は坑道に入れない。何種類ものコウモリが坑道を冬眠の場とするからだ。


ネッカーゲミュントからハイデルベルクまでは一〇キロほどだ。ネッカーゲミュントはハイデルベルクの通勤圏に入っている。ネッカーゲミュントのバス停で、バスを待つ女性にディルスベルク行きのバスのことを尋ねた。彼女はハイデルベルクで働いていて、自宅に帰るところだった。翌朝、ディルスベルクのバス停で出会った女性は、自分で編む毛糸を買いにこれからハイデルベルクに行くということだった。いつもなら車なのだけれど女友達に貸してあげたので今日はバスにするのだという。

ハイデルベルク（海抜一一四メートル）――ハックルベリーの山？

ネッカー川の右岸、「哲学者の道」の通る側の高い視点からハイデルベルク（Heidelberg）を描いた絵（版画）がいくつかある。「哲学者の道」から眺めるハイデルベルクの町はやはり美しい。すでにヴィクトル・ユゴーが『ライン河幻想紀行』で「哲学者の道」のことを書いているから、この道は早くからその名で知られていたようだ。ユゴーはその旅行記を一人称単数の「私」で書いている。てっきり一人旅だとばかり思って読んでいたら、編訳者のあとがきによると「終世の恋人ジュリエット・ドルーエ」が同行していた。奥さんがいたのに、である。誰と、とまではいわないが、せめて「私たち」と書いてほしいところである。

「哲学者の道」の通るネッカー右岸の山はハイリゲンベルクという。ローマ時代の「通信網」の充実ぶりとアイデアには驚くべきものがあった。ハイリゲンベルクの頂きには伝令塔《メルデトゥルム》が立っていた。伝令塔は各所に設けられていて、のろし《ジグナールフォイアー》によって情報は塔から塔へ伝達された。ローマで発せられた知らせが一日でヴィンプフェンやラーデンブルクに達することが多かったという。ラーデンブルクはハイデルベルクとマンハイムとの間にあって、ローマ時代には重要な町だった。

G・ブラウンとF・ホーゲンベルクが描いたハイデルベルク（1572～1618年）
(http://commons.wikimedia.org/wiki/File:Heidelberg_Braun-Hogenberg.jpg)

ところで、右岸から対岸を描いた図の一枚はG・ブラウンとF・ホーゲンベルクによって制作された「ハイデルベルガ」で、彩色されている。対岸のケーニヒシュトゥールと山腹の城、右隣のやや小ぶりのガイスベルクの山、堂々たる精霊教会と市街、そしてネッカーを一望して、スケールが大きい。ネッカーには舟が二艘浮かんでいて、一艘は人の乗った馬に曳かれて上流に向かっている。図では左手が東で上流、右手が下流だ。馬がネッカーの真ん中を歩いているのがおもしろい。浅瀬を選んで歩んでいるようだ。現在の「アルテ橋」と同じ場所にかかる橋はこの頃は屋根付きの木橋だった。橋のこちら側にも門がある。

二枚目は、マテーウス・メーリアンが一六二〇年に制作した銅版画だ。エーバーバッハの博物館にはこの拡大写真が展示されていた。ブラウンらのものより緻密で、視界はさらに広い。

一六二〇年といえば三〇年戦争が始まって二年経っていることになるが、まだ戦火はハイデルベルクに及んでいない。ハイデルベルクはのどかなたた

M・メーリアンが描いたハイデルベルク(1620年)。「哲学者の道」にこの図が設置されている
(http://commons.wikimedia.org/wiki/File:Heidelberg-Panorama_von_Matthaeus_Merian_1620.jpg)

ずまいをみせている。城は健在だ。右手には広々とした平野が描かれていて、かなたに地平線がかすんでいる。オーデンヴァルト森林地帯はここで途切れ、平野に流れ出たネッカーは北西に向かう。マンハイムの町とライン川はもう近い。

眼下のネッカーに数隻の舟が浮かんでいる。川の真ん中に長くみえるのは筏だろう。分かりにくいけれど、橋のやや上流、右岸側にみえる舟は馬に曳かれている。エーバーバッハの博物館にあったのはこの部分の拡大写真だ(三四九頁参照)。橋のこちら側の門から岸までの部分にも屋根が架けられている。ブラウンらの図にはまだ描かれていなかった。

これから橋を渡ろうとする人や手前に描かれた樹木、こんもりとした木立がのどかな印象を醸し出す。図の右半分に市壁が確認できる。ガイスベルクのふもとに、ネッカーに並行して築かれた市壁は丸みを帯びた塔の所で右折してネッカーの方向に向かっている。

二年後の一六二二年にティリ将軍率いるカトリック連合軍の攻撃を受けてハイデルベルクは降伏する。三枚目はカトリック連合軍がハイデルベルクを攻撃する模様を描いている。ティリ将軍の軍は右岸と平野の二方面から攻撃している。やや下流では右岸から川を渡って市街地に乱入する騎馬隊が描かれている。ケーニヒシュトゥールやガイスベルクの山腹に点々とみえるのは兵士だ。木立のようにみえる白い球形は大砲の硝煙なのだろう。

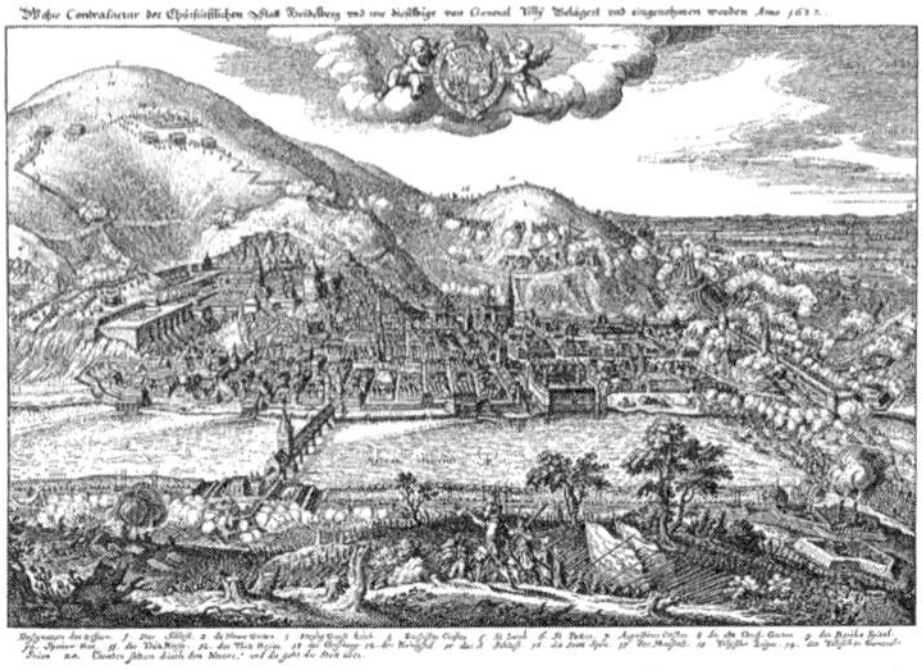

三〇年戦争でティリ将軍の攻撃を受ける1622年のハイデルベルク（1643年制作？）M. メーリアン
(http://commons.wikimedia.org/wiki/File:Generalsturm_auf_Heidelberg_Merian_1622_1643.jpg)

四枚目は、プファルツ継承戦争（一六八八～九七）でハイデルベルクを占領したルイ一四世のフランス軍が町を壊滅させる有様を描いている。一六九三年のことで、家々は炎上し、城は破壊される。図では、城のいくつかの塔が折しもばらばらに飛び散るところである。屋根付きの木橋は床版《しょうばん》というのか、道路にあたる部分を含めて跡形もなく、橋脚だけが残っている。下流に仮の橋、舟をつないだ舟橋が架けられている。もっとも、橋は一六九三年のこの時に破壊されたのではない。継承戦争でハイデルベルクはフランス軍にすでに一度占領されていた。一六九三年は二度目なのだ。一度目の一六八九年に木橋はフランス軍の手で爆破されていた。橋の再建どころか、四年後に全市がもう一度灰燼に帰したのである。

城には一時修復の手が加えられたが、結局廃墟となって、現在に至る。選帝侯フィリップ・カール三世はハイデルベルクの城を放棄して、近くのマンハイムに居城を建造することにする。それは、プファルツ選帝侯国の首都がハイデルベルクからマンハイムに移ることでもあった。

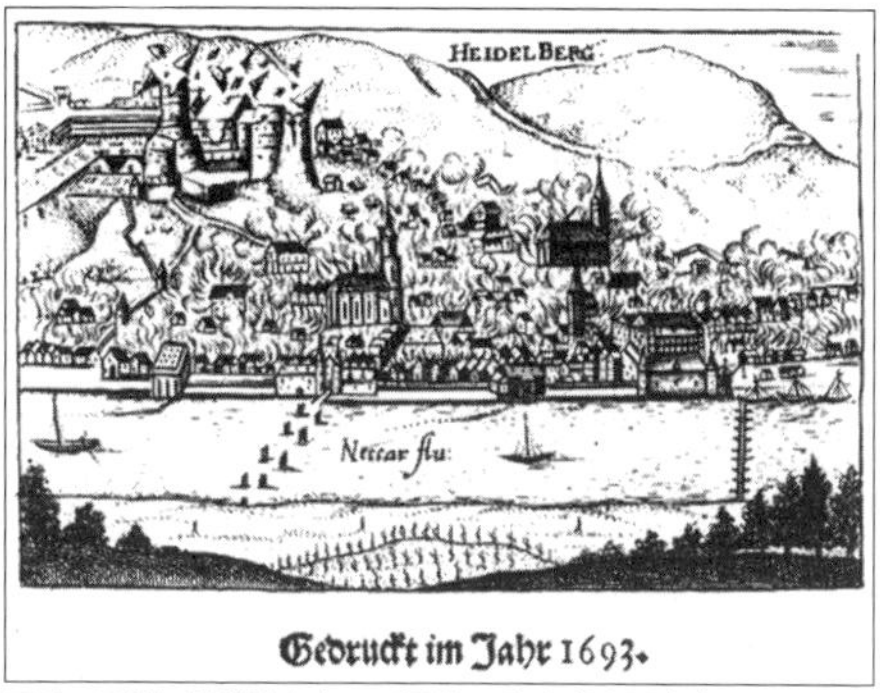

フランス軍に破壊されたハイデルベルク（1693年）
（http://commons.wikimedia.org/wiki/File:Heidelberger_Schloss_1693_nach_Zerstoerung.jpg）

現在のアルテ橋の場所に橋が架けられたのは一二世紀末から一三世紀にかけてのことだった。一二八四年の古文書にその橋の記述があるという。メーリアンのパノラマ図に描かれた木橋は七代目で、この木橋がフランス軍によって破壊されたのである。一九年後の一七〇八年にようやく八代目の橋が架けられた。レーゲンスブルクの「石の橋」でもそうだったように、戦争で破壊された七番目を除いて、ハイデルベルクの橋を倒壊させたのがネッカー川の流氷群だったのが意外である。各地の各所に残る氾濫の跡からネッカーが「荒ぶる川」であることを認めざるをえないとしても、普段のおだやかな流れからは氾濫は想像しにくい。まして洪水より脅威となる流氷群までもたらすとはほとんどありえないようにみえる。けれどもメーリアンの図に描かれた橋と九代目以外は流氷群に破壊されたのである。

一七〇八年に架けられた第八の橋も同じ運命をたどる。一七八四年の二月は洪水と流氷群とが同時に牙をむき、橋は倒壊する。巨大な氷塊が木の橋を襲う絵が描かれていて、インターネット上でもみることができるが、画面全体が暗いこともあって、何がどうなっているのか分からない、ほとんど抽象画である。フリードリヒの『氷の海』風でもある。

残った橋脚の上に石の橋を架ける案を選帝侯カール・テーオドーアが採用し、一七八八年に九番目の橋が完成した。橋には選帝侯の名が付けられた。もっとも、費用はハイデルベルクが支出し、市民は別個に税を負担しなければならなかったという。

しかしこの橋は二〇世紀になって人の手で破壊されてしまう。一九四五年の敗戦直前に、アメリカ軍の進出を遅らせるためにドイツ軍によって石のカール・テーオドーア橋は爆破される。しかし早くも翌四六年には再建された。現在の「アルテ橋」はこの場所に架かる一〇代目の橋である。

ハイデルベルク中央駅で下車して駅を出ると、駅前は妙にモダンで、アルト・ハイデルベルク（古き良きハイデルベルク）の趣きはない。現在の駅は二代目で、一八四〇年に建てられた最初の駅はもっと旧市街に近かった。町が急速に発展すると、一九世紀中に早くも駅を移設する案が浮上したが、ようやく一九五五年になって一キロ余り西に完成したのが現在の駅である。

マーク・トウェイン一家は一八七八年五月六日にハイデルベルクに到着すると、「駅前のホテル」に宿泊する。この駅はもちろん旧駅のことで、ホテルはホテル・シュリーダーといった。ホテル・シュリーダーは今はホテル・クラウン・プラザになっている。

一家は翌日にはシュロスホテルに移ると、七月二三日までここに滞在する。古城の立つ山ケーニヒシュトウールの中腹の左手、ネッカー川に近いところにみえる白い建物がシュロスホテルだ。

マーク・トウェインがなぜハイデルベルクを選んで、三カ月近くも滞在したのかについていろいろ推測されている。多くのドイツ人が移民としてアメリカに渡った。オーデンヴァルト森林地帯の町々からも多くの市民がアメリカに移住している。生活苦、飢餓と並んで信教の不自由も人々に移住を決意させた理由の一つだった。君主の宗旨替えのたびに住民はカトリック、ルター派、改革（カルヴァン）派の間で翻弄された。一五五六年から一六八五年までの間にハイデルベルクの市民は六回も信仰の変更を余儀なくされている。

ハイデルベルク周辺の地域からの移民も多かったため、アメリカにはハイデルベルクという町や村が五つもあって、そのうちの一つがミシシッピ川のほとりにあるという。ミシシッピを航行する蒸気船の水先案内人だったことのあるトウェインはそのハイデルベルクを思い出したのではないか。あるいは、ハイデルベルクの名はハイデルベーレンベルク（コケモモの山）に由来していて、これが、彼が『トム・ソーヤーの冒険』で登場させたハックルベリー・フィン少年のハックルベリー（コケモモ）を意味していることに気づき、それが彼にハイデルベルクに親近感を抱かせたのだろうともいわれる。ハイデルベルクはハックルベリー・マウンテンでもあるのだ。あるいは、単純にハイデルベルクの町がトウェイン一家の気に入ったからではないか…。決定的なことは分からないにしても、どれも当たっているのだろう。

ドイツからアメリカへの移民が多かったことは前述のとおりだが、これと関連しておもしろい指摘

アルテ橋と山の中腹の古城。中腹の左端の建物が、マーク・トウェイン一家が長期滞在したシュロスホテル

がある。第二次大戦中ハイデルベルクは例外的に空襲を免れた。ほかの都市と違って、連合軍がなぜかハイデルベルクだけは爆撃しなかった。このことに関するヴェルナー・ピーパーという人の紹介する見解がそれである。要約すれば、ハイデルベルクの周辺の地域からアメリカに移住した住民の中にはアイゼンハウアー（Eisenhauer）姓の人たちがいた。Eisenhauer はアメリカで次第に Eisenhower と綴られるようになる。そして連合軍司令官ドワイト・アイゼンハワーはハイデルベルク周辺の地域から移住したアイゼンハウアーたちの末裔だったのだ。こうした話を聞くと、アイゼンハワーが、あるいは連合軍がハイデルベルクの空襲を避けたのもなるほどと思えてくる。

マンハイム（海抜九五メートル）――「あるときはネッカーで草を刈り…」

緑濃いオーデンヴァルト森林地帯はハイデルベルク辺りでいきなり途切れる。マンハイム（Mannheim）方面からハイデルベルクに向かう列車に乗ると、列車は前方の低い山々の連なりに直進する。この低い山々がオーデンヴァルト森林地帯なのだ。インターネットでみると、東にオーデンヴァルト、西に平地、という具合に両者がきれいに別れ、境目が南北に走るのがよく分かる。

谷あいを縫ってきたネッカーは平野に出ると北北西に向きを変え、ローマ時代の遺跡を残す「ローマの町」ラーデンブルクを経てマンハイムを目指す。ライン川は近い。「ライン・ネッカー・三角地帯」とはもっと広い地域を指すけれど、やがてラインとネッカーが合流するこの平野一帯はその名にふさわしい。土地は肥沃で、ドイツにしては温暖な気候に恵まれている。

あるときはネッカーで草を刈り、あるときはラインで草を刈る
恋人がいるときもあれば、一人のときもある

農夫と思われる若者がこんな具合に歌うドイツ民謡があるが、若者はこの三角地帯で生活していたのだろう。

ハイデルベルクまでのネッカーはオーデンヴァルトの谷あいを縫って流れるので、氾濫しても流れを奔放に変えることはできなかった。しかし平地に出てからは自在に流れるようになる。ゆるやかな蛇行はラーデンブルクや、とくにフォイデンハイム辺りからは繰り返しS字型を描くようになる。しかしそれだけではない。『マンハイム地方におけるかつてのラインとネッカーの流れ』という図があって、それを見ると、ラインとネッカーがこの地域でどれほど気まぐれにその流れを変えてきたかが分

かる。ある時点でのラインまたはネッカーの流れを追おうとしても、あまりに曲がりくねり、かつ交差しているためにそれも難しいほどだ。為政者や地域住民の治水対策、努力を上回る水の力だった。

ネッカーについてみれば、この地域での流れを制御する上で大きな成果を挙げたのがコリーニという人だった。一七六五年、コシモ・A・コリーニが抜本的な治水策を提案する。イタリアのポー川での成功を踏まえていたという。フォイデンハイムからラインに合流するまでのネッカーの蛇行を断ち切って、ネッカーがまっすぐ流れるようにするというのだ。直線にすれば、水流が衝突する箇所の決壊を防げるとともに、ネッカーの水が早くラインに達するようになる。

コリーニの提案は大胆すぎたのか、実現には至らなかった。しかし一七八九年七月の大洪水が転機となった。一七八九年の氾濫は上流のエーバーバッハでも記録されていた。この年はドイツにとどまらずヨーロッパ全域で自然災害の年として記憶されている年だ。一七九〇年にコリーニは彼の治水策を再提案し、ついに一七九四年にフォイデンハイムからマンハイムまでのネッカーの直線化が完成する。現在のネッカーの流れはコリーニの提案による改修に基づいている。

上の図は一七八二年頃に制作されたもので、マンハイムを挟んで左がライン川で、右側を蛇行するのがネッカー川である。新しい流れから取り残された部分が「古ネッカー」という三日月湖になっている。次の図は一八一四年の制作で、すでにネッカーはまっすぐ流れるようになっている。新しい

右側のネッカー川がマンハイムの北でライン川に合流。二つの川の蛇行ぶりがよく分かる。F・デーニスの銅版画（1780-82 制作）
(Generallandesarchiv Karsruhe H / Rheinstrom Nr.47)

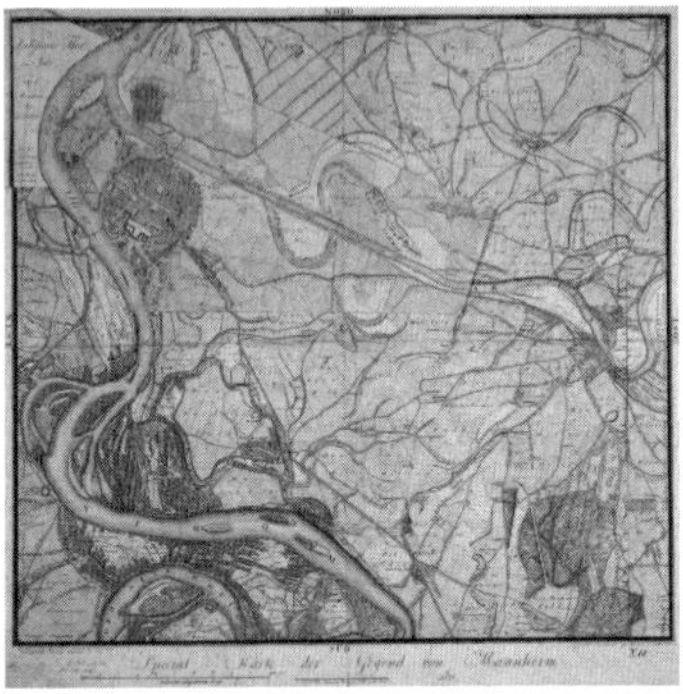

前の図から 30 余年後に描かれたネッカー川とライン川の流れ。ネッカー川の改修（直線化）工事はすでに完了し、新しい河跡湖（三日月湖）が形成されつつある
(Generallandesarchiv Karlsruhe /Rheinstrom Nr.47# mit Klappe)

流れから断たれために新しい河跡湖が形成されつつある。なお、マンハイムの市壁は撤去されている。

プファルツ選帝侯国の中心はライン河畔のバハラッハ（シュターレック城）からハイデルベルクに移っていたが、プファルツ継承戦争でハイデルベルクがフランス軍に破壊され、一七二〇年にカール・フィリップが居城をマンハイムに新築して、新たな首都としたことによって小村だったマンハイムが並び立つことになる。

マンハイムの名は七七六年の古文書に出てくるという。当時はラインやネッカーで漁をする小さな漁村にすぎなかった。一五世紀に入ってマンハイムの名がヨーロッパ史に垣間見える一瞬があった。

一四一五年にコンスタンツで開かれた公会議で宗教改革者ヤン・フスが火刑に処せられることになったが、当時は教皇が三人もいるという教会大分裂の時代でもあった。三人の教皇の一人ヨハネス二三世がこの公会議で退位を宣告され、彼はマンハイムの村まで連れてこられるとアイヒェルスハイムという城に幽閉されたのである。この城はラインを行き来する船から通行税を徴収するために築かれた城の一つだった。一四一七年に教皇はマルチヌス五世一人となり、一四一九年、ヨハネス二三世は多額の金銭を払ってようやく自由の身となった。

一五六六年に選帝侯オットハインリヒはプロテスタント（ルター派）を選択する。一五五五年のアウクスブルク宗教和議で君主に宗派選択の自由が認められたことによる。

一六〇六年に選帝侯フリードリヒ四世がマンハイムの村に要塞を築かせることにする。彼の名を取って、要塞はフリードリヒスブルクと名付けられた。要塞はラインを背にした砦部分と、ネッカー側の住民のための市街地から成り立っていて、それぞれ七角形と八角形の星形の防壁で堅固に守られている。なぜオットハインリヒは要塞を造らせたのか。宗教戦争としての三〇年戦争が始まるのは一二年後の一六一八年だが、宗派間の対立は高まるばかりで、いつ戦争が起こってもおかしくなかったのだろう。オットハインリヒは選帝侯国を守るとともにプロテスタント側の防衛の中枢となる要塞の必要を感じたようだ。そしてすでに一五九八年に、要塞を構築する場所の選定が指示されていた。

結局ラインとネッカーが合流する村マンハイムの土地が選ばれたのである。

マンハイムは村に過ぎなかったので、市街地は整備されても住民の住宅はまだ少なかった。通りは格子状に交差していた。マンハイムの町の通りは、ドイツだからチェス盤ということになるが、碁盤の目状に直角に交わっていることで知られる。ほかの町と違うこの通りの作り方は一六〇六年の要塞都市の造営にまでさかのぼる。


ハイデルベルク同様、マンハイムは要塞も市街地も三〇年戦争ではティリ将軍のカトリック軍に破壊される。戦後選帝侯カール・ルートヴィヒの取った行動がおもしろい。彼はルター派の人だが、要塞フリードリヒスブルク内に教会を建てて、三本の十字架を立てたという。三つの宗派、つまりカトリック、改革派（カルヴァン派）そしてルター派のためのもので、三者の和解と共存を図ろうとしたのだという。

プファルツ継承戦争ではフランス軍に徹底的に破壊される。しかし、プファルツ継承戦争後、一七二〇年に選帝侯カール・フィリップがハイデルベルクからマンハイムへの遷都を決定し、砦跡地に城を建てさせ、城は一七六〇年に完成する。この時はすでにカール・テーオドーアが選帝侯になっていた。

カール・テーオドーアは城の完成を待たず、一七四三年からマンハイムにいた。廷臣たちはもとより行政機関もマンハイムに移った。カール・テーオドーアはさらに一七七八年には選帝侯としてミュンヒェンに移る。彼がバイエルンのヴィッテルスバッハ家の後継者となったからで、ミュンヒェンのヴィッテルスバッハ家の居城の主となったのである。

マンハイムはカール・テーオドーアの治世下で急速に繁栄する。「国民劇場」「プファルツ選帝侯国学術アカデミー」「選帝侯ドイツ協会」の設立や、音楽における「マンハイム楽派」の存在がマンハイムを文化の発信地として人々を引きつける。

当時、オペラと同じく演劇でも、舞台はイタリア語やフランス語で演じられたという。しかし国民劇場ではドイツ語で上演するようになった。シラーの『群盗』の初演（一七八二）を可能にしたのは「国民劇場」だった。逮捕の恐れのあるシュトゥットガルトを逃れてマンハイムに来たシラーは一七八三年から八五年にかけて国民劇場の専属劇作家として迎えられる。

パリへの旅の途上、モーツァルトは宮廷楽長の職を得るために母親とマンハイムに二、三カ月滞在した（一七七七〜七八）。モーツァルトはマンハイムの宮廷楽長カナビヒの娘ローザに恋したかと思うと、若きソプラノ歌手アロイジア・ヴェーバーのことがすっかり好きになる。親子がマンハイムに比較的ながく滞在したのも、マンハイムがアロイジアのいる町だったからかもしれない。

学生組合に加入していた疑いで一八三三年にアウアーバッハが逮捕され、一時ホーエンアスペルクの刑務所に投獄されていたことは前述のとおりだが、一八一九年に劇作家アウグスト・フォン・コツェブがイェーナの大学生カール・ルートヴィヒ・ザントに殺されたのがマンハイムだった。ナポレオン・フランスが破れてヨーロッパでは旧体制が復活したとはいえ、ドイツでは自由主義的、民族主義的機運が高まり、自由主義的風潮をからかうコツェブがザントに殺害されたのである。これを機に、ドイツ出身のオーストリアの宰相メッテルニヒの主導で学生組合の禁止等、自由主義的な運動に対する弾圧が強められていた。さらに、一八三〇年のフランス七月革命の影響で、ドイツでも変革を求める機運が高まっていた時である。アウアーバッハの逮捕と投獄には旧体制の側の危機感が現われていた。

マンハイム市の年表によると、一八四四年にアメリカ合衆国がマンハイムに領事館を開設している。アメリカ領事館の開設はマーク・トウェインとたいへん関係があって、三四年後にハイデルベルクにやってきたトウェインが、親友のトウィッチェル牧師とハイルブロンまでのネッカー旅行をする時に、領事館の若きエドワード・スミスを「エージェント」として雇ったのである。スミスは『ヨーロッパ放浪記』で「X氏」と「若いZ氏」の二役を演じることになる。

市の年表で意外だったことがある。第二次大戦で一五〇回以上の空襲ですっかり破壊されたマンハイムだが、一九一五年、つまり第一次大戦の二年目に町は四六回もの空襲を受けていたのである。第一次大戦で航空機が使用されたことは聞いたことがあったが、都市の空襲に、それもわずか開戦二年目に飛行機が投入されたとは知らなかった。ましてマンハイムが空襲を受けた町であったことはもちろん知らなかった。

近くの大きなホテルにタクシー乗り場があったので、朝そこでタクシーに乗って、ネッカーがラインに合流する地点を目指した。タクシーは工場の敷地のような所を縫って合流点に走った。個人が歩いて行けるようなルートではなかった。合流点にポールが立っている。右側のネッカーが左のラインに斜めに流れ込む。ラインの対岸はルートヴィヒスハーフェン市で、そちらにもずっと工場が並んでいる。タクシーの運転手の話では、対岸にみえるのはＢＡＳＦの工場で、聞き間違いでなければ、工場群はラインの岸に沿って三キロも続き、十万人もの人が働いているという。

トルコ出身のこの人は子供の頃からマンハイムに住んでいて、ラインを泳いで渡ったこともあり、まっすぐ泳いでいても、向こう岸に泳ぎ着く時にはずっと川下に流されていたという。大河の流れはやはり早い。

ネッカー川を下ってきた貨物船がここでラインに移り、今度はラインをさかのぼり始めた

船体の長い貨物船がネッカーを下ってきた。ラインに合流して、流れに乗ってそのまま下っていくものと思っていたら、そうではない。目の前でカーブして、今度はラインを遡上するようだ。そのためにはここで百度以上の角度で鋭角に曲がらねばならない。船体の長い船ほどたいへんだ。ここはかなりの操舵術が必要とされるところである。船はほとんど停止した状態で向きを変えると、ラインに移り、やがて悠々とラインをさかのぼり始めた。

ネッカーは早くから水路、輸送路、通商路として利用されていた。シュヴァルツヴァルトやオーデンヴァルトの木材は筏に組まれて川を下った。筏に荷物が積まれるようにもなる。ローマ人はとくにカンシュタットからヴィンプフェンやラーデンブルク等の城砦や居住地に商品や必要な物資を荷舟で運んだ。

船の建造のために木材を必要とするオランダにシュヴァルツヴァルトの木がネッカーからラインを経て供給された。一七世紀になると輸送用の船が建造されるようになる。輸送船は目的地に着くと、そこで解体され、イン川やドナウ川の船と違い、馬車に積まれて上流に帰って来た。

一八世紀には品物や人を乗せた市場船がネッカーを定期的に航行するようになる。ハイルブロンからネッカーを下り、マイン川がラインに合流する辺りまで行ったようだ。エーバーバッハの博物館には市場船の模型も展示してあった。一七一四年から一八〇〇年ころまで週に一度カンシュタットからハイルブロンまで市場船が下った。市場船は大きな修道院に所属していて、修道院に貴重な収入をもたらした。

下流の物資を上流に運ぶ必要もある。岸辺に小道が通され、はじめは人がロープで舟を曳いて歩いた。マストにロープを固定して、一方の端を人が曳くのである。この舟がいわば主舟で、これに荷物を積んだ二隻の舟がつながれていた。帆が張られて風の力も利用した。一九世紀になって荷物が増え、舟が大きくなると人に代わって馬が曳くようになる。馬一頭が人間七、八人に相当したという。馬に乗る場合馬丁は鞍にまたがるのではなく、「婦人乗り」つまり横向きに座った。緊急時にすぐに降りられるようにするためだった。また、斧を携えていた。もし舟が渦に巻き込まれるような場合にロープを切断して馬を救うためである。

多くの場合六頭から一〇頭の馬が舟を曳き、三、四名の馬丁がいた。馬、主舟、荷舟を一グループとして、流れの危険な箇所で互いに手助けできるように二、三グループが前後して川をさかのぼった。

マンハイムからハイルブロンまで、流れの強さにもよるが、五日から八日をかけて物資を運んだ。馬に曳かせて物資を上流に輸送するこの方法の強敵は鉄道だった。前述のようにハイデルベルクとハイルブロン間の鉄道が一八六六年に開通すると、要する時間、経費ともに舟曳きは鉄道にかなわない。鉄道に対抗するために登場したのが、川底に敷設された一一三キロメートルの長さの鎖を巻き上げて航行し、荷船を曳く蒸気船である。この輸送法はすでに一八六九年にエルベ川の上流で導入されていた。専用の船が建造され、三カ月にわたる鎖の敷設工事が終わった一八七八年五月にヴィンプフェンでおごそかに最初の航行が祝われた。

ネッカー川では外輪船は一八四一年に登場したしたけれど、物資ではなくもっぱら人の運搬にあてられたという。それも一八六九年には航行しなくなった。ハイルブロン―マンハイム間の一三六メートルの水位の違いを克服して上流に航行するには蒸気機関はまだまだ非力だった。もっとも、ライン川では強力な蒸気船が投入されて荷船を曳いたようだ。

荷船を曳く主船が鎖を巻き上げて上流に向かうこの輸送法なら二、三日に短縮できた。馬丁たちへの労賃や馬たちの飼料代も不要になり、輸送費が下がったので鉄道に十分対抗できたという。一八八九年に鎖はハイルブロンからさらにやや上流のラウフェンの町まで延長されている。下流の物資は一九三五年までこうしてハイルブロンあるいはラウフェンまで運ばれた。

古くから輸送路として利用されたネッカーには筏や船の航行にとって難点があった。それは、ネッカーの水位の変化が激しく、年間を通した、安定した航行が不可能だったことだ。とくに、水位の低さが問題だった。もともとネッカー流域はシュヴァルツヴァルトの影響で「雨のかげ」といわれる降水量の少ない地帯のようで、とくに夏期には低水位のために航行を停止せざるをえなくなる。航行できるとしても、貨物は減らすほかないこともある。一九二一年には水位が一八センチしかなく、五月から一一月まで操業停止になる。一九二八年にもやはり五カ月間航行できなかった。航行停止は船の関係者には死活問題であるとともに、輸送を委託する側にも重大問題で、船から鉄道に切り替えざるをえなくなる。

さらに、既述のように春先の雪解け水による洪水がある。ネッカー流域の土地は水を吸収しにくい土質であるために、水の多くは地表を流れることになるという。また、厳冬には川が凍結し、春の訪れとともに解け始めると氷河と化すこともあって、航行はやはり不可能になる。

メーリアンの銅版画「ハイデルベルクのパノラマ図」の拡大写真（エーバーバッハの市博物館）。舟曳きの様子が描き込まれている。これだけ拡大しても少しも間延びしたところがない

夏季の低水位および下流と中流との水位の差を克服してネッカーを安定した水路とするためにネッカーの運河化が提案されて、一九二五年には着工する。一九三五年、マンハイムとハイルブロンの間に一二の可動堰《シュタウシュトゥーフェ》と閘門《シュロイゼ》が完成して、船の航行が可能になった。マンハイムに近いフォイデンハイムとハイデルベルクの可動堰には閘門が二基ずつ設けられていた。フォイデンハイムには現在三基の閘門が稼働しているという。

戦後、一九五八年にはハイルブロンからシュトゥットガルトまでの工事が進み、一九六八年にはさらに上流のプロヒンゲンまでの運河化が完了する。こうしてマンハイムとプロヒンゲンとの間の二〇二キロメートルを船が航行できるようになった。合計二七の可動堰によって船の航行に必要な二・六メートルの水位が確保されて、洪水時以外、船は自由にネッカーを往来できるのである。近年、ネッカーが凍結して、橋や建造物が流氷に脅かされることはなくなったようだ。

可動堰の上流部と下流部ではかなりの水位の差がある。堰には閘門が併設されていて、船は閘門《シュロイゼン》の閘室《カマー》に入る。例えば上流に向かう船が閘室に入ると、船の背後で閘室の水門が閉じられる。前方の水門の下の方から閘室に水が入って来て閘室の水位は徐々に上がっていく。やがて上流部の水位と同じになると、前方の水門が開き、船はしずしずと進み始めるのである。往来する船が多くなり、閘門に入る順番を待たねばならぬこともあり、現在ではそれぞれの堰にもう一基ずつ閘門が設けられているようだ。

堰の上流部から下流部に流れ落ちる水の力を利用して電気を起こしているというから無駄がない。

ネッカーがラインに合流する場所を尋ねたホテルに以前宿泊したことがあった。その時は、朝食時に宿泊客のテーブルの間をゆったりと歩く恰幅の良い紳士がいた。客に声をかけるわけではないが、にこやかで、自信に満ちているようでもあった。壁に貼られている写真に気がついて、みると、元首相のコール氏らと一緒にその紳士が写っていた。何やらレストランの監督・指導をする立場にいた人だったようで、長年の仕事が認められて表彰されたのだ。その授賞式のパーティーでの写真だった。

今回も同じホテルに宿泊した。朝食の時にあの紳士は姿を現わさなかった。壁の写真ももうなかった。受付の女性に写真のことや紳士の消息を訊ねてみた。紳士は女性の父親で、前年か前々年のクリスマス・イブの晩に、一日の仕事を終えて自分で

上りの船が閘門の閘室に入り、だいぶ水位が上がってきた

ホテルのドアを閉め、家族の待つ上階の居間にのぼりかけて倒れたという。家族に見守られた、とてもおだやかな死だったのが、父にも私たちにも幸いだった、と娘さんは言っていた。

参考文献・資料

『阿呆物語　上』グリンメルスハウゼン　望月市恵訳　岩波書店　一九六九年

『ドナウ・源流域紀行　ヨーロッパ分水界のドラマ』堀　淳一　東京書籍　一九九三年

『ヨーロッパ放浪記　上』マーク・トウェイン　飯塚英一訳　彩流社　一九九六年

『ライン河幻想紀行』ヴィクトル・ユゴー　榊原晃三編訳　岩波書店　一九八五年

『カザノヴァ回想録　一〇』ジャコモ・カザノヴァ　窪田般弥訳　河出書房新社　一九七三年

Neckar: http://de.wikipedia.org/wiki/Neckar

Der Neckar: http://www.neckarkiesel.de/

Neckarquelle, Schwenningen: http://www.sagen.at/doku/quellen/quellen_dl/neckarquelle.html

Schwenninger Moos: http://www.badische-seiten.de/schwenningen/schwenninger-moos.php

Geiger, Otmar A. [Text]: Romantisches Neckartal. K. F. Schimper-Verlag. 1998

Römer, Gerhard [Hrsg.]: Der Neckar in alten Landkarten. Ausstellungskatalog. Badische Landesbibliothek. 1988

Berthold Auerbach:
http://www.hs-augsburg.de/~harsch/germanica/Chronologie/19Jh/Auerbach/aue_prot.html

Scheuffelen, Thomas [bearbeitet]: Berthold Auerbach 1812-1882. Deutsche Schillergesellschasft Marbach am

Neckar. 1986

Manz, Dieter [Text]: Die Wurmlinger Kapelle. Aufnahmen und Druck. Gebr. Metz, Tübingen.1990

Ueding, Gert [Hrsg.]: Tübingen. Insel Verlag, 1990

Schmid, Karl / Schmitt, Herbert: Die astronomische Uhr am Tübinger Rathaus. Hrsg. vom Kulturamt der Universitätsstadt Tübingen. Redaktion Wilfried Setzler. 2003, 2. Auflage

Paternoster Aufzug mit Charme und Risiko: http://www.focus.de/wissen/bildung/paternoster_aid_117131.html

Christian Friedrich Daniel Schubart, Portrait eines ungewöhnlichen Menschen: http://www.netzine.de/schubart.html

Schiffsmodelle im Museum der Stadt Eberbach: Museumsverein Eberbach (2003)

Odenwaldlimes, Neckarlimes: http://w210.ub.uni-tuebingen.de/volltexte/2005/1555/html/alf/texte/1103kleingermanisch.html

Twain, Mark: Bummel durch Europa. Aus dem Amerikanischen übersetzt von Anna Maria Brock. Nachwort von Karl-Heinz Schönfelder. Aufbau-Verlag 1965

Twain, Mark: Bummel durch Europa. Aus dem Amerikanischen übersetzt von Anna Maria Brock. Diogenes

Verlag 1990（このドイツ語版はディオゲネス社がアウフバウ社より翻刻権を得て出版したもの。ただし、シェーンフェルダーの「あとがき」は省略されている）

Pieper, Werner (edited): Mark Twain's Guide to Heidelberg. His journey through Germany in 1878. Werner Pieper's MedienXperimente. 1995

Mark Twain in Heidelberg, Heidelberg: where Mark Twain overcame writer's Block: Lucy Gordan: http://www.heidelberg-marketing.de/content/e3525/index_eng.html

Jahrhundertealte Schiffahrt: Elisabeth Hinz: http://www.neckarsteinach.com/content_html/stadt/hischif.htm

エピローグ

川の流れをみていると時間の経つのを忘れます。みていて飽きません。でも気がつくと、視点が定まらず、川をみているようで、ぼんやりほかのことを考えていることも多い。

さっき来たときと少しも変わらず川は悠々と流れていますが、旅行者には時間に限りがある。いつまでもとどまってはいられません。そろそろ市中に、現実に戻る頃合いです。現実といってもドイツにいる間はまだ疑似現実なのかもしれませんが。

大きな池、あるいは川だと思ったものが、いわゆる「三日月湖」「河跡湖」だったりします。蛇行する川が氾濫してつながり、新しい本流を形成し、新しい流れから取り残され、自然に生じた「湖」もあれば、氾濫を抑えるために、蛇行部分をつないで流れるようにした人々の知恵と努力の跡のこともあります。どの川でもいいのですが、インターネット上で、衛星が捉えた写真でその流れをずっと辿ることができます。すると、たとえばライン川がいかに蛇行する川であったかを確認できます。現在でも蛇行の多いライン川ですが、各所に残る「河跡湖」がラインのかつての姿を見せてくれます。それも一回だけのことではなく、これまで繰り返されてきた幾度もの流れの変化の跡です。

ドイツではコンクリートによる「護岸」ではなく、石を積み重ねたり、あるいは水際に木を植える「護岸」に切り替えています。小さな川であれば、まっすぐに流れるように改修したけれど、直線をやめてわざわざ元の蛇行する流れに戻したりしています。ただ、「川は、それが流れたいように流れるようにする」というドイツ（あるいはヨーロッパ）の川・自然に対する人々の思い、考え方、活動にまで触れることができなかったのは残念です。

旅は「困った」の旅でもあります。小さな町ですと、夕方五時か六時に担当者が来てやっと開くホテルもあります。次の町へ行ってしまおうかと思いながら入口の階段にすわって待ったり、荷物を引っ張りながら通りを歩いて時間をつぶす。

駅にコインロッカーがないと、やはり荷物を引いて歩くことになります。その日が日曜日だったりすると、静まりかえった通りで、両側の建物にキャスターの音が反響して何倍にも音が大きくなるようで肩身の狭い思いがする。遅れが常態化したと「定評」のあるドイツ鉄道DBなのに、ローカル線は案外定刻通りの発着で、列車に乗りそこなって、一時間ほどホームのベンチでぼんやりする。もう一度市内に戻れないこともないが、駅は市街から離れていて、再度歩く元気はない。博物館の開館時間なのにいつまでたっても開かないこともある。苦情を聞いてくれた人が電話で呼んでくれたようで、三人もの職員が駆けつける。来館者はおるまいと三人揃ってどこで油を売っていたのか、まったく、などなど。

でも旅は発見と確認の旅でもあり、これがたのしいから、「困った」も「旅にはつきもの」としてやり過ごせるのでしょう。

計画の段階からずいぶん時間がかかってしまいました。辛抱強い、そして適切な助言をくださった編集担当の菊池　暁さんに厚く御礼申し上げます。

柏木貴久子、松尾誠之、末永　豊

執筆者

柏木貴久子（かしわぎ　きくこ）

文学博士 Dr. phil.（ミュンヒェン大学）
現在、関西大学外国語学部准教授、主専攻独文学

【著書】
Festmahl und frugales Mahl – Nahrungsrituale als Dispositive des Erzählens im Werk Thomas Manns. Rombach. 2003

【主要論文】

『「祝福せられたる食物摂取を！」―民族誌としての『魔の山』における飲食儀礼の実践―』（日本独文学会研究叢書 41号 2006年）　ほか

松尾誠之（まつお　のぶゆき）

1947年生まれ。東京大学大学院修士課程（独語独文学）修了。
現在、愛知県立大学外国語学部ヨーロッパ学科ドイツ語圏専攻教授

【主要論文】
「14世紀シュテルツィング（南チロル）証文研究 ―5枚のドイツ騎士団証文―」
　『愛知県立大学外国語学部紀要（言語・文学編）』第36号（2004年3月）
「14世紀シュテルツィング（南チロル）証文研究 ―関係文―」
　『愛知県立大学外国語学部紀要（言語・文学編）』第39号（2007年3月）　ほか

末永　豊（すえなが　ゆたか）

1942年生まれ。東京教育大学大学院修士課程（独語独文学）修了。
岐阜大学地域科学部を定年退職、現在放送大学岐阜学習センター客員教授(非常勤)

【著書】
『ドナウのほとりの三色旗　ランデスクンデの試み』鳥影社　2008年

【訳書】
『物語の森へ　物語理論入門』法政大学出版局（英訳）　2006年

南ドイツの川と町

〜イーザル、イン、ドナウ、ネッカー〜

2009年10月20日　第1刷発行

著　　者　柏木貴久子・松尾誠之・末永　豊

発 行 者　前田俊秀

発 行 所　株式会社 三修社
〒150-0001 東京都渋谷区神宮前2-2-22
TEL 03-3405-4511　FAX 03-3405-4522
振替 00190-9-72758
http://www.sanshusha.co.jp/
編集担当　菊池　暁

印刷・製本　倉敷印刷株式会社

装丁・本文デザイン　秋田康弘

ISBN978-4-384-04187-3 C0039